广西教育科学"十三五"规划2019年度专
高"引领职业教育技术技能创新平台改革
2020年广西高等教育本科教学改革工程项
技术建构式教学模式创新与研究（2020JGb

职业师范教育学技术技能创新平台建设研究

——广西"特高"引领改革和发展

邱 佳／著

ZHIYE SHIFAN JIAOYUXUE JISHU JINENG
CHUANGXIN PINGTAI JIANSHE YANJIU
——GUANGXI "TEGAO" YINLING
GAIGE HE FAZHAN

电子科技大学出版社
University of Electronic Science and Technology of China Press

·成都·

图书在版编目(CIP)数据

职业师范教育学技术技能创新平台建设研究：广西"特高"引领改革和发展 / 邱佳著. — 成都：电子科技大学出版社，2023.8
ISBN 978-7-5770-0544-7

Ⅰ.①职… Ⅱ.①邱… Ⅲ.①师范教育—研究—广西 Ⅳ.①G659.2

中国国家版本馆CIP数据核字（2023）第162415号

职业师范教育学技术技能创新平台建设研究——广西"特高"引领改革和发展
ZHIYE SHIFAN JIAOYUXUE JISHU JINENG CHUANGXIN PINGTAI JIANSHE YANJIU——GUANGXI "TEGAO" YINLING GAIGE HE FAZHAN

邱 佳 著

策划编辑	岳 慧
责任编辑	刘亚莉

出版发行	电子科技大学出版社
	成都市一环路东一段159号电子信息产业大厦九楼　邮编 610051
主　页	www.uestcp.com.cn
服务电话	028-83203399
邮购电话	028-83201495
印　刷	成都市锦慧彩印有限公司
成品尺寸	170 mm×240 mm
印　张	11.5
字　数	212千字
版　次	2023年8月第1版
印　次	2023年8月第1次印刷
书　号	ISBN 978-7-5770-0544-7
定　价	62.00元

版权所有，侵权必究

前言

职业师范教育是高等教育中的重要类型，兼具职业教育和师范教育的双重特性，为职业教育提供师资力量。随着职业教育的蓬勃发展，不少职业院校尤其是中等职业学校，在教师综合素养、队伍稳定性、师资数量等方面存在结构性矛盾。职业师范教育学是师范教育与职业教育的交叉学科，在教育的对象、环境、目的、功能、原则等方面都具有特殊性与复杂性。本书作为职业师范教育学研究领域的一部著作，基于广西放眼全国分析职业师范教育学发展的现状，通过总结国内外职业教育学研究现状与经验，结合资料搜集、实地考察、专家访谈等方式深入调研教育技术在职业师范教育教学中的应用情况，以及产教融合人才培养基地、职业院校专业建设等促进职业师范教育与区域产业经济发展的重要内容。

紧扣区域产业需求，通过对职业师范教育与专业群协同发展新机制的研究，围绕岗位群的工作任务及培养目标进行职业师范教育专业集群建设，形成基于产业链的跨越行业和职业的链式专业集群。加强跨区域协作，深化产教融合，构建职业师范教育学校、企业、社会共生体，以中国特色高水平高等职业学校和专业建设计划为引领，全力帮扶职业师范教育薄弱地区，有效解决职业师范教育发展不均衡、不充分的短板问题。

本书根据教师职业能力标准，加强职业师范课程与职业教育课程的衔接，完善课程体系；对标职业师范教育专业认证标准，使所学课程与专业需求相关联；以践行师德、学会教学、学会育人、学会发展的素质要求为准则，围绕教育信念与责任、教育知识与能力、教育实践与体验三大板块，以课程思政为引领，构建以能力为导向的"通识教育+学科专业教育+教师教育"课程体系，培养师德践行能力、教学实践能力、综合育人能力和自主发展能力。

本书分析区域优势，积极整合国内外、区域内外优质教育资源，搭建理论与实践相结合的路径，推动职业教育与区域优势产业进行"科技研发—创新教学—企业产品需求—成果转化"一系列协同发展。构建多元态势协同与多区域合作的国际化人才培养模式，开创国内学习与国外学习相衔接、课堂学习与现场实践相融合的国际化人才教学模式，打造同频共振、有机互动的职业师范教育办学格局。从职业师范教育与产业联动发展、创新驱动理论体系建设、产教供需双向对接、行业指导与市场服务新机制等方面，构建职业师范教育学技术技能创新平台。紧密对接行业产业链、人才链、创新链，构建与区域产业转型升级相适应的专业人才培养体系，实现优质资源辐射推广、普惠共享，带动广西职业教育学科建设，强化技术技能积累与创新，为学科专业群与产业集聚发展提供建议。

作　者

2023年7月

目录

第一章 职业师范教育发展研究综述 ··············1

1.1 研究背景与意义 ··············1
1.2 核心概念界定 ··············3
1.3 国外职业师范教育发展概述与经验借鉴 ··············4
1.4 我国职业师范教育发展概述、主要问题及发展路径 ··············13
1.5 实践案例 ··············25

第二章 以技术创新职业师范教育 ··············29

2.1 教育技术演进历程 ··············29
2.2 教育技术融入职业师范教育存在困境 ··············30
2.3 教育技术重塑职业师范教育体系 ··············36
2.4 教育技术创新融合职业师范教育主要形式 ··············38
2.5 技术助力广西职业师范教育发展 ··············50
2.6 实践案例 ··············51

第三章 "特高"引领育人机制创新 ··············55

3.1 构建职业师范教育多元协同育人机制 ··············55
3.2 "特高"引领职业师范教育机制改革 ··············57
3.3 教育技术助力均等化育人机制 ··············61
3.4 广西创新职业师范教育育人机制 ··············69
3.5 实践案例 ··············71

第四章 "特高"引领职业教育专业集群建设 ··············79

4.1 专业集群概述 ··············79

4.2　专业集群建设逻辑 ……………………………………… 80
　　4.3　"特高"引领优化职业教育特色专业集群建设 ……… 82
　　4.4　"特高"引领中高职贯通专业集群建设 ……………… 84
　　4.5　完善专业集群建设发挥前瞻效能 ……………………… 86
　　4.6　"特高"引领广西专业集群建设 ……………………… 88
　　4.7　实践案例 ………………………………………………… 90

第五章　对标标准推动职业教育课程建设 ……………………… 94
　　5.1　职业师范教师教育类课程现状分析 …………………… 94
　　5.2　职业师范教师教育类课程存在问题的原因分析 ……… 99
　　5.3　职业师范教育课程体系优化策略 ……………………… 101
　　5.4　多元化课程实施形式 …………………………………… 105
　　5.5　广西依托支柱产业打造课程体系 ……………………… 108
　　5.6　实践案例 ………………………………………………… 110

第六章　教育技术赋能职业师范教育教学改革 ………………… 114
　　6.1　教育技术赋能教学改革内在机理 ……………………… 114
　　6.2　教育技术创新教学改革路径 …………………………… 116
　　6.3　教育技术赋能教学模式 ………………………………… 117
　　6.4　教育技术提升信息化教学能力创"广西模式" ……… 129
　　6.5　实践案例 ………………………………………………… 130

第七章　共建职业师范教育生态圈 ……………………………… 134
　　7.1　技术技能平台推动教育资源均等化 …………………… 134
　　7.2　共筑职业师范教育育人共生圈 ………………………… 142
　　7.3　畅通延伸合作交流渠道 ………………………………… 148
　　7.4　国际化人才培养与创新 ………………………………… 149
　　7.5　广西"特高"引领多形式合作办学创新服务 ………… 156
　　7.6　实践案例 ………………………………………………… 158

参考文献 ……………………………………………………………… 165

第一章 职业师范教育发展研究综述

职业教育是现代国民教育体系的重要组成部分，在实施科教兴国战略和人才强国战略中具有特殊且重要的地位。职业师范教育是深化新时期国家职业教育改革发展的重要力量，据不完全统计，至2022年年底，我国当前的12所职业技术师范院校每年招收职业师范教育专业学生约2万名，这12所职业技术师范院校中非职业师范教育专业远多于职业师范教育专业。同时，近十年间，先后有6所原本参与职业师范师资培养的综合性大学或师范院校已不再培养职业师资。当前，职业师资培养难以满足职业院校对"双师双能型"卓越职业教育教师的需求。本书立足国内外职业师范教育发展历程和经验，为正确理解职业师范教育，推动其创新发展提供参考借鉴。

1.1 研究背景与意义

1.1.1 研究背景

"一带一路"倡议、新时代西部大开发新格局、全面对接粤港澳大湾区建设发展等重要规划，让广西逐步从"边缘末梢"转向开放前沿。广西一直以来都是国家发展的重点关注对象，职业教育是将人口压力转为人力资源优势的关键因素，是实现创新驱动、转型发展的最直接、最密切的教育方式。广西独特的地理环境、文化魅力、特色产业为广西职业教育发展赋予了特殊使命。2019年1月国务院印发的《国家职业教育改革实施方案》（以下简称"《方案》"）从国家层面进一步明确了职业教育和普通教育的定位，为职业教育实施改革，大幅提升职业教育的现代化水平提供战略依据。2019年3月，为了具体实施《方案》的要求，教育部和财政部下发了《关于实施中国特色高水平高职学校和专业建设计划的意见》，启动实施中国特色高水平高等职业学校和专业建设计划（以下简称"特高"），集中力量建设一批引领改革、支撑发展的具有中国特色、世界水平的高职学校和专业集群，带动职业教育持续深化改革，强化内涵建设，实现高质量发展。《国家中长期教育改革和发展规划纲要（2010—2020年）》的发布，表明了国家对教育和职业教育的关注。作为国家级职业教育综合改革试验区，2016年，广西壮族自治区教育厅出台的《关于深化职业教育教学改革 全面提高人才培养质量的若干意见》提出，加强教师培养培训，建立健全高校与地方政府、行业企业、中职学校协同培养教师的新机制，建设一批职教师资培养培训基地和教师企业实践基地，积极探索高层次"双师型"教师培养模式。2019年，广西壮族自治区人民政府制定了《广西职业教育改革实施方案》，通过建设高水平高等职业学校、高水平高等职业专业集群和高水平专业化产教融合基地，形成具有广西特色的职业教育和培训体系，引领广西职业教育特色发展。当前，广西职业教育发展态势良好，多形式、多层次的职业教育有了一定程度的发展，但与广西经济的发展需求还存在差距。教师是教育不可或缺的因素，职教师资不足、"双师型"教师占比较少、职教教师素养参差不齐、师资培养与产业结构脱节等现象制约了职业教育的发展。将职业教育摆在广西教育改革创新和经济社会发展中更加突出的位置，搭建"特高"引领职业师范教育学技术技能创新平台，培养兼具区域特色的综合型创新人才，进一步共享职业师范教育资源以促进教育均等性，为服务国家战略、融入区域发展、促进产业升级、推动教育强国和人才强国做出重要贡献。

1.1.2　研究意义

本书深入调研广西职业教育、人才培养基地、技术技能平台现状，比较分析国内外职业师范教育管理部门与高校的行动，从职业师范教育与产业联动发展、创新驱动理论体系建设、产教供需双向对接、行业指导与市场服务新机制形成等方面，构建"特高"引领职业师范教育学技术技能创新平台，推动广西职业师范教育革新发展，助力广西经济产业转型升级。对标广西产业转型升级需求，以"特高"为裂变点引领职业师范教育发展，强化技术技能积累与创新，以优质专业集群、人才培养基地、技术平台助力人才培养，为广西发展提供技术与人力支撑。

聚焦职业师范教育多元协同育人机制，通过构建职业师范教育共生体系，调整优化布局，整合教育资源，完善区域内职业师范教育资源公共服务体系、职业师范教育管理公共服务体系，建立区域优质数字教育资源共建共享环境，促进职业师范教育教学和管理创新，提高教育质量。将广西特有的工业、产业、自然、人文资源创新融入职业师范教育教学中，以广西地区行业动态需求为依托，立足区位优势，激活产教融合内生动力，拆分锻造产业链，重组价值链，塑造人才培养链，将工业、技艺、文化注入职业师范教育，打造职教师资新格局，切实发挥职业教育推动经济产业高质高效发展的引擎作用。围绕广西"协同创新、开放共享"的职业师范教育发展理念，突出需求和应用双导向，紧密对接优势产业，针对广西特色行业、企业技术工艺和产品研发需求，建设由学校、政府、行业、企业、科研院所、社会组织等多元参与，以高水平职业师范院校、普通师范院校和骨干专业引领的技术技能创新平台，多维度开展技术创新、产品研发、决策咨询、技术服务、创新创业教育和人才培养。紧密对接产业科技发展趋势，以技术技能积累为纽带，建设集职业师资培养、团队建设、技术服务于一体，资源共享、机制灵活、产出高效的人才培养与技术创新平台，促进创新成果与核心技术产业化发展。

1.2 核心概念界定

1.2.1 "特高"引领

"特高"是具有中国特色、世界水平，与国家和区域支柱或重点产业发展战略步调一致的高职学校和专业集群的简称，具有教学资源优质、师资专业能力强、育人模式创新度和适用性高、评价体系通用性好的特点，有效引领、带动、支撑职业师范教育学持续深化改革，强化内涵建设，实现职业师范教育学高质量发展。

1.2.2 职业师范教育

职业师范教育又称"职业技术师范教育"，是指为职业院校培养专业课、实习指导教师和教学管理人员的，具有专业性、职业性、师范性融合特色的高等师范教育，是中国高等教育的重要组成部分。与普通师范教育不同，职业师范人才培养强调"双师型"，既精通专业知识，掌握专业技术技能及指导能力，又具备现代教学理论、教育方法。

1.2.3 职业师范教育学

职业师范教育学是教育学的分支学科之一，是教育科学体系的组成部分。作为职业师范教育学的分支学科，它在理论、原理等方面与教育学、职业师范教育学有着若干关联与交织，它们从不同维度共同揭示教育发展的客观规律。职业师范教育学与教育学、职业教育学、师范教育学相比又有着诸多差异，它具有自己的研究对象、研究范围、理论体系、特殊规律，它立足于职业师范教育学角度，探索揭示职业师范教育的规律，呈现独特价值。

1.2.4 教育技术

在教育中应用现代科学技术，教育技术中的技术没有范围的限制，一切能运用于教育，对教育范围、教育质量、教育效率有所提升的技术都属于教育技术范畴。

1.2.5 职业师范教育学技术技能创新平台

职业师范教育学技术技能创新平台以职业师范教育学为聚点，将特色文化、产业融入育人环节，打破中职高职、学科专业壁垒，不断迭代创新满足地区人才培养的教学手段与方法，实现跨专业联动，更新教学内容，使人才培养贯通产业发展，打造多元主体育人生态圈，有效连接教育链、人才链与产业链。

1.3 国外职业师范教育发展概述与经验借鉴

1.3.1 国外职业师范教育发展概述

当前，我国职业师范教育受到产业转型和经济结构调整的影响，社会对职业师范教育不断提出新的要求，对人才的需求从应用型人才向高素质的应用型人才转变，综合型人才需求的比例大幅上升。因此，我国在培养职业师范教育教师的道路上不断尝试和努力。寻求适合现今中国国情的职业师范教育发展道路，可以参考如德国、英国、美国、澳大利亚等职业师范教育先行国家的发展道路，借鉴它们较为完善的"双师型"培养体系，从而打造出一条中国式的职业师范教育发展道路。

受第二次工业革命的影响，职业师范教育的制度化首先于国外兴起，它们在职业师范教育教师培养模式的探索中找到了符合自身实际的发展道路。职业师范教育领域较为领先的国家有着较为明显的共性，它们十分重视立法保障、理念培养、课程设置、资格认证等方面的内容，制定出一套可行的发展模式，为世界上其他国家提供了有益借鉴。

（1）德国职业师范教育

第二次工业革命以来，德国工业技术水平和对技术人才的培养模式受到各方肯定，其背后的职业师范教育亦受到广泛关注。德国制度化的职业师范教育发展模式可追溯至20世纪70年代，在这之前，德国职业师范教育集中在中等教育阶段。有的学者将该阶段称为前制度化时期，该用词不够准确。制度化时期前段与前制度化时期分别指的是两个阶段，前者将制度化时期分为前段和后段，均属于制度化时期；后者指的是制度化时期以前的阶段，并不属于制度化时期。20世纪70年代开始，德国职业师范教育转而关注高等教育阶段，开启了制度化职业师范教育道路的探索。可见，德国职业师范教育应分为探索、发展、成熟三个时期，如图1-1所示。

德国职业师范教育探索时期始于20世纪70年代，止于20世纪90年代。这源于政府、商界对选拔实用型人才的共识，因此设立专门性高等教育学院，培养企业、社会需要的技术型人才。出于此种考虑，德国政府开始对职业师范教育进行制度化探索。

首先是明确职业师范教育的法律保障。以法律法规、政府文件等形式，明确职业师范教育的重要地位，为职业教育教师的培养提供基础的立法保障。

其次是教师培养倾向于理论知识框架的构建。1973年，德国政府出台《用于培训职业学校专业实践教师》的文件，要求教师在13个专业领域中选择一项作为主攻课程，把普通科学和教育科学作为基础课程进行学习。尽管此种培养方式确实弥补了之前教师理论知识不足的情况，但在长期的实践过程中发现具备较强理论知识的教师欠缺应有的实践经验，难以给予学生合适、恰当的就业指导。德国政府也逐渐认识到理论和实践在培养职业师范教育教师中的重要性。

最后是分两个阶段完成培养职业师范教育教师的全过程。学生凭借参与职业培训课程和有效的工作实践获取在职业师范院校的毕业证书和学士学位证书，完成第一阶段的培养。第二阶段是通过国家考试，进入一年半的实习期，完成后通过第二次国家考试，才能获得真正意义上的职业师范教育教师从业资格。

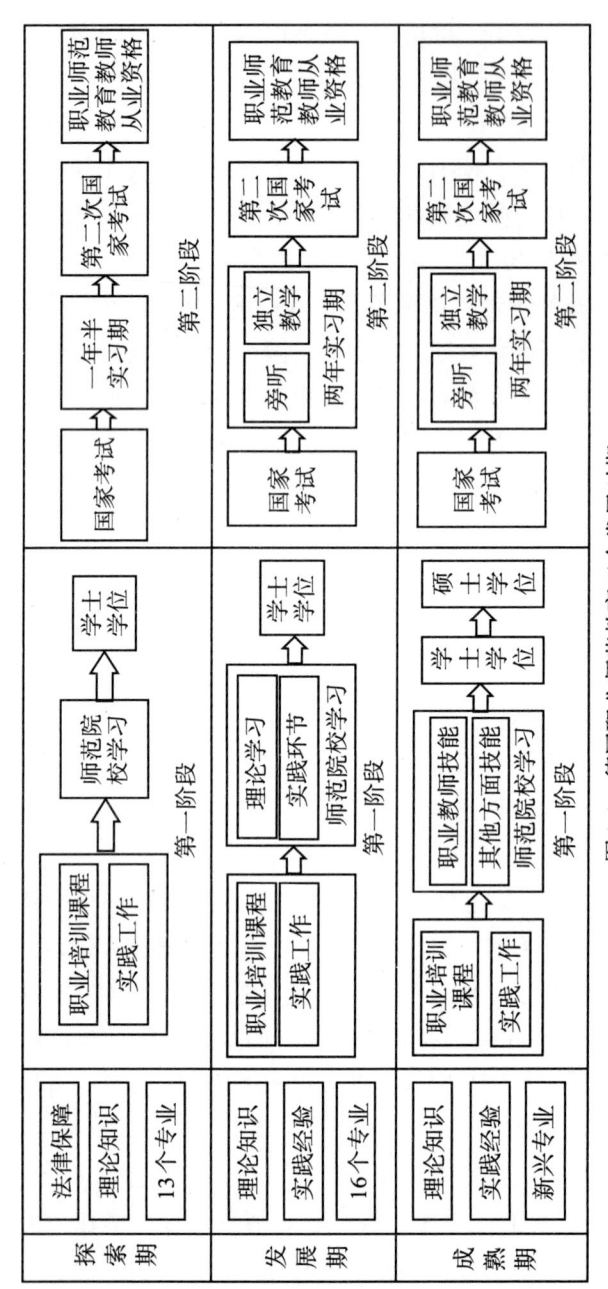

图1-1 德国职业师范教育三个发展时期

探索期：法律保障、理论知识、13个专业 → 职业培训课程/实践工作 → 师范院校学习 → 学士学位（第一阶段）→ 国家考试 → 一年半实习期 → 第二次国家考试 → 职业师范教育教师从业资格（第二阶段）

发展期：理论知识、实践经验、16个专业 → 职业培训课程/实践工作 → 理论学习/实践环节/师范院校学习 → 学士学位（第一阶段）→ 国家考试 → 旁听/独立教学（两年实习期）→ 第二次国家考试 → 职业师范教育教师从业资格（第二阶段）

成熟期：理论知识、实践经验、新兴专业 → 职业培训课程/实践工作 → 职业教师技能/其他方面技能/师范院校学习 → 学士学位 → 硕士学位（第一阶段）→ 国家考试 → 旁听/独立教学（两年实习期）→ 第二次国家考试 → 职业师范教育教师从业资格（第二阶段）

第一章
职业师范教育发展研究综述

基于前一阶段的努力，德国于20世纪90年代开始深化改革，吸取有益经验，解决实践过程中发现的问题，不再单方面地提高职业师范教育教师的理论知识修养，而是注重培养理论知识和实践经验相结合的综合型人才，如在师范院校设置实践环节，在第一次国家考试后的实习期增设旁听、独立教学等具体措施，以弥补前期实践经验的不足的情况。同时，在原有的13个专业领域基础上增加3个专业领域；调整了课时比例，实习时间也相应延长至两年。德国政府在发展职业师范教育过程中不断调整，将该体系进阶为标准化、制度化的发展模式，为欧洲教育的一体化提供了基础模板。

2000年之后，德国职业师范教育进入成熟期。该阶段得以成熟的契机是欧洲高等教育改革会议从欧洲一体化的角度提出了培养符合新世纪职业教育教师的倡议。随后，德国政府积极响应该号召，以培育符合新世纪要求的职业教育教师为目标，积极面对全球化进程下的新挑战。德国政府根据社会需求，调整职业教育教师的培养计划，包括对16个专业领域的调整，设置了新兴专业领域的课程，比如媒体技术、信息工程等。学生不仅需要学习职业教师的基本技能，还需掌握其他方面的技能，以便自身更好地适应全球化、信息化社会的发展。

原有的学士学位已经不能满足社会对职业师范教育教师的学历要求，社会进一步提出了对拥有硕士学位教师的需求。除此之外，德国职业教育研究所还为学生们提供心理咨询，帮助学生判断自身是否具备成为职业教育教师的能力，引导学生从学习者身份转变为教育者身份。同时，这也是一项对学生从事教育教学决心的考核，从而保证职业师范教育教师队伍的纯洁性。

培养一位德国职业师范教育教师需要经过长时间的沉淀，要求他既是职业师范院校中理论知识丰富的教育者，也是企业中具备丰富实践经验的研究者。这一切的成功离不开德国专业化、系统化的职业师范教育体系。德国职业师范教育学生在学生时期，要将主修专业和辅修专业相结合，将课堂学习与课外实习融为一体，毕业后参与考试和综合考核，才能获取职业教师资格证。"双师型"教师的培养与企业相辅相成，企业为学生和教师提供实践机会，学生可以获得先进技术的实操经验，了解行业动态，教师可以给予改进建议，提高企业的研发能力。这一体系蕴含着严谨的工匠精神。

（2）英国职业师范教育

根据相关职业教育机构的设立及重要时间节点，英国职业师范教育发展的历程可分为以下四个时期，如图1-2所示。

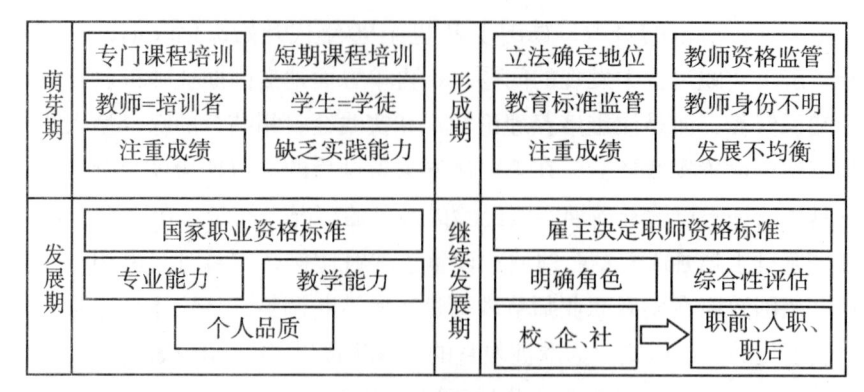

萌芽期	专门课程培训	短期课程培训	形成期	立法确定地位	教师资格监管
	教师=培训者	学生=学徒		教育标准监管	教师身份不明
	注重成绩	缺乏实践能力		注重成绩	发展不均衡
发展期	国家职业资格标准		继续发展期	雇主决定职师资格标准	
	专业能力	教学能力		明确角色	综合性评估
	个人品质			校、企、社 ⇒ 职前、入职、职后	

图1-2 英国职业师范教育四个时期

第一时期：萌芽期（1944年以前）。1944年以前，英国政府层面未对职业教育资格作出明确规定，这一阶段的职业师范教育基于教育培训行业发展而产生，因而该时期内含实践复制、以利诱导、专门培训等信息。在市场的影响下，此时期的英国职业师范教育课程设置主要为专门课程培训和短期课程培训，教师更像是培训者，学生与学徒二者身份难以区分。同时，教师的薪酬与学生课程成绩挂钩，存在职业教育教师一味注重学生成绩、缺乏对学生实践能力把控等弊端。

第二时期：形成期（1944—1995年）。1944年，英国政府立法承认职业师范教育的地位，逐步引导职业师范教育行业的发展，由此开始加强对职业师范教育教师资格、标准等方面的监管。但这一时期并未解决根本性问题，如职业教育教师身份认同、经济报酬、培养不平衡等问题。

第三时期：发展期（1996—2011年）。该时期从国家层面上解决了前面两个时期仍存在的问题，英国政府制定了国家职业资格标准，对教师专业能力、教学能力、个人品质等方面做了详尽的规定。从1966年提出标准要求到1999年出台政策实施，再到2005年《14—19岁教育与技能白皮书》的颁布及2006年各项细则的强化，英国政府以强有力的手段推动了职业师范教育的发展。这一时期是英国职业师范教育大力发展的时期，总体上领先于全世界大多数国家。

第四时期：继续发展期（2012年至今）。2012年开始，英国政府将制定职业师范教育教师的资格标准的权力交给雇主。该时期的一大特点是简政放权，在充分倾听雇主意见的前提下，制定合理的行业规则，包括合格教师的学习和技能认证、2007年职业教育教师资格标准的废止、大学与企业的互联合作等。2021年，英国政府修订了《对早期职业教师的入职培训》，它将早期职业教育教师、指导教师、辅导员、校长等多种角色的任务标明，各种角色需要完成自己所属的任务；并对早期职业教育教师进行综合性评估，教师在每一次评估之后都能得到反馈，这也是教师不断完善和改进的机会，若是在两年期限内评估不合格，教师将被解聘，并且列入不合格名单。此种方式大大提高了教师学习的主动性，有利于教师的自我成长。

英国的职业师范教育领域欣欣向荣，教师、学生、企业三方得到有利于自身发展的机会，教师的知识水平和教学水平更倾向于科学化和技术化，且越发具备实操能力；学生获得未来工作所需的必备技能；企业获得了大量的专业人才，实现生产效率的进一步提高。由此，英国形成了学生、企业、普通高校、职业院校三方参与，以及入职前、入职时、入职后三段融合的"双师型"教师培养体系。该体系强调各种资源的优化利用，从而保障学校和企业之间的有效合作，在人员交流、互通等方面提供便利，有助于建设高水平的"双师型"教师人才队伍。这一时期英国职业师范教育渐渐成熟，蓬勃发展。

（3）美国职业师范教育

美国属于联邦制国家，各州政府拥有较大的权力，对于各州出现的职业师范教育问题，州政府出台各种不同的政策去解决。以职业师范教育教师人才资源短缺问题为例，美国各州均存在相同问题，各州政府采取积极应对的政策，其中纽约州的"成功学徒项目（SVA）"为其他州所效仿，并取得成功。以俄亥俄州为例，SVA项目对参与者的条件有着严格的标准，中等职业学校毕业生身份为基本要求。除此之外，政府还要求参与者自身具备过硬的成绩，经过提名、选拔、面试等考验，获取资格之后，参与者须参加教学实习、工作经验和学术研究三个方面的培训。培训过程包含多项考核，要求参与者不断提升自身能力，以达到足够胜任教育教学的标准。该项目之所以吸引多人参与并选择之后仍从事职业师范教育工作，与其实行丰厚的经济补偿和完善的福利待遇有关。除了SVA项目，美国获取职业教师资源的来源还包括替代途径，即寻求具有丰富经验的工作者成为职业师范教育教师，并对其进行教育学等相关知识的培养。

对于以上提及的吸纳职教人才的政策，美国在组织和流程上做出了具有针对性的配置。一方面，职业教育教师资格认证部门的设立，如明尼苏达州设立了职业教师资格证和标准委员会，监督职业教育教师资格证的合法颁发，颁发流程（提交材料—审查材料—颁发资格证）简洁明了，认证程序少而严格,保证了认证效率;另一方面,考虑到多方面情况,将职业教育教师资格证分为四个级别,另有短期或长期替代资格证、场外资格证、创新项目资格证等。

成为一名正式的职业师范教育教师之后,美国分别对应入职、在职、职后三个阶段建立"双师型"教师培养体系,如图1-3所示。第一,入职阶段。通过配发培训手册、以老带新、增加培训机会等方式,引导新教师适应职前到入职的变化,树立成为"双师型"教师的目标,高效地投入教学工作之中。第二,在职阶段。该阶段主要针对入职2~5年的职业教育教师而设置,鼓励教师在企业中获取最新的技术信息,提供立项服务,为"双师型"教师的晋升提供可行性帮助。第三,职后阶段。此阶段针对具有6年以上任教经验的教师而设,帮助他们度过职业倦怠期,鼓励资深教师培训新入职的教师,讲解"双师型"教师的经验,同时根据自身的经验进行教学创新、实践创新。美国"双师型"教师的培养,贯穿教师职业生涯的始终,建立了较为完善的"双师型"教师培养体系。

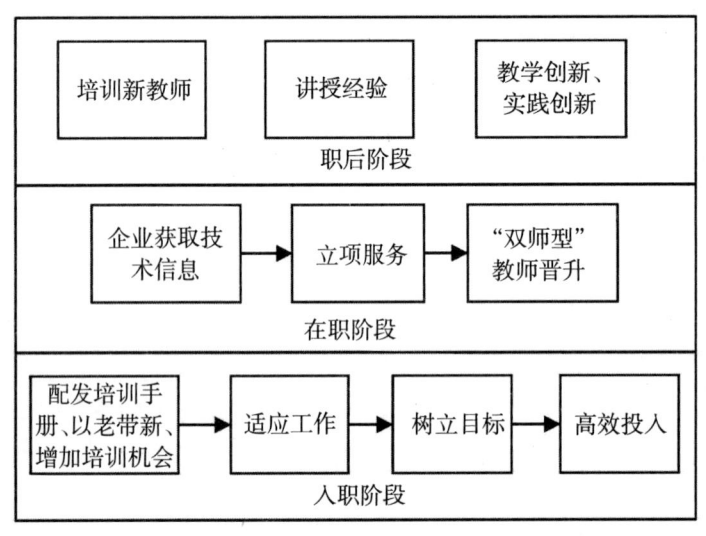

图1-3 美国职业师范教育

(4) 澳大利亚职业师范教育

澳大利亚培养职业师范教育教师有着符合自身发展的独特模式。从教师的聘用、任职资质、从业资格、在职培训等方面可分析出澳大利亚职业教育教师队伍构成以兼职教师为主,专职教师为辅,专、兼职共同培育学生成为主流方式。与美国招收毕业生作为今后职业师范教育教师的发展对象不同,澳大利亚一般不引进毕业生，而是注重经验技术，一般聘用技术人员成为专职教师，采取评估、考核的方式，保证专职教师的队伍质量。

澳大利亚对职业师范教育教师的准入条件有着严格的把控，必须满足三个条件：一是具备相应的资格证书，且学历为副学士及以上；二是获得四级职业教育资格证书；三是具有3～5年的工作经历。与英国、德国、美国三个国家注重职业教育教师学历不同，澳大利亚对教师学历的准入条件并不高，更为注重教师是否具备培养学生的能力，以及自身通过不断学习适应社会需求的能力。这就要求职业教育教师具备终身学习的能力，不断更新自我知识，反思自己的不足，与行业最新技术接轨。为提高招收职业教育教师的教学水平，澳大利亚对教师的八种能力进行相关培训，分别是适应教学环境能力、考核评估能力、处理数据能力、语言表达能力、教学质量能力、答疑解惑能力、教案设计能力、人际关系能力，如图1-4所示。严进严出的培养方式，为澳大利亚职业师范教育行业提供了足够优秀的人才，职业师范教育水平也相对较高。

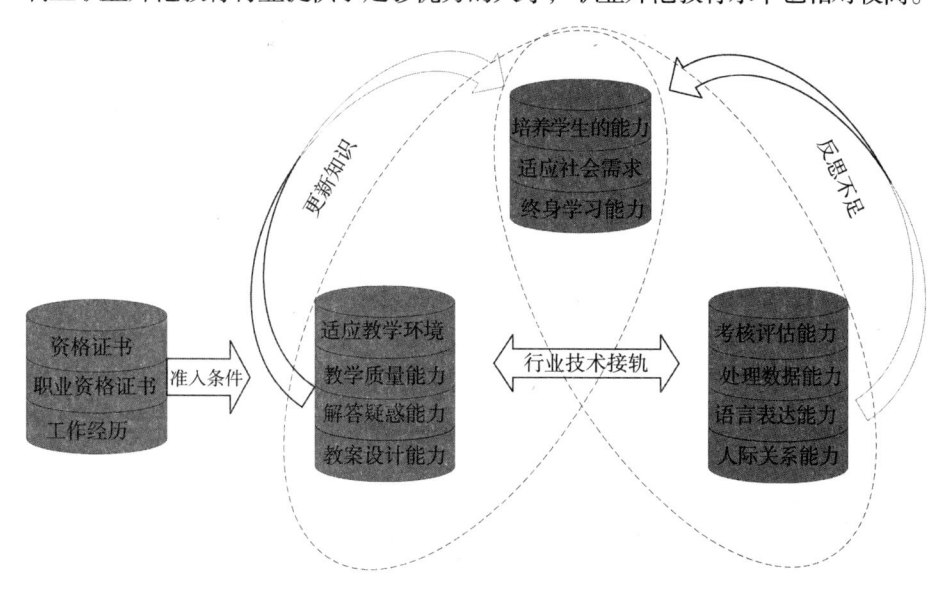

图1-4 澳大利亚职业师范教育

1.3.2 国外职业师范教育经验借鉴

纵观英国职业教育发展历程，有关注教师本身的师范教育标准规则的政策，也有从学生角度出发的弥补职业教育不足的白皮书，可用来借鉴与参考。其一，政府充当引导者，采用立法支持行业发展，充分保障教师专业标准和教师资格证书认证的实施，在政策和法律上维护教师的基本权益；同时，将教师队伍建设置于可控的标准之下，切实有效地推动职业师范教育的科学化和专业化。其二，将主导权交由雇主，由雇主自主决定职业教育教师专业规范和资格认证标准，要求教师具备扎实的专业知识及娴熟的技术能力，并且加强职前、入职、在职三个阶段的培养，确保教师具备最新的专业知识与技能。这就要求行业须重视企业技师对于职业师范教育的重要性，明确其经验是职业教育发展的助推力。其三，职业教育教师与普通教师一样须做到教学相长，教师既要做学生的引导者、促进者，同时也要做学生终身学习的典范。职业教育教师需要进行行为管理并提高教学技能，普通教师需要建立完善的专业知识结构并提高工作技能，二者均需要融合教学和专业二者之长，即成为"双师型"教师。

综上所述，国外职业师范教育有值得借鉴的有益经验。我国职业师范院校在招生时可效仿SVA项目招收一定比例的中职院校毕业生，该类学生具备专业基础较好的优势，通过长期综合性的培养，可以很好地达到提升职业教育人才能力的目的。在培养过程中，严格的制度化管理必不可少，适当的考核和经费补贴有利于优秀人才比例的提高。政府和企业共同出资、校企合作等方式既可以满足经费需求，又可以为企业输送技能人才。另外，在社会各个领域招收具备丰富经验的人才也是发展职业师范教育的重要方法之一。开辟独立且严谨的职业教育教师认证渠道，针对不同专业设置标准，最大限度地吸纳人才，注重职业教育教师的工作经验，使职业教育师资队伍结构更加专业化和合理化。

职业师范教育的发展受到国家政策、经济、文化等多方面因素的影响，不同国家的基本情况也会对职业师范教育产生不同的需求和挑战，不能把不适合我国国情的职业师范教育体系照抄照搬。我国的职业师范教育需要秉承发现问题并解决问题的原则，充分应对资源发展不平衡、不充分的问题，建设标准化、系统化的职业师范教育体系。我国的职业师范教育应脚踏实地、实事求是地发展和进步，逐步迈进成熟的体系之下，把理论与实际相结合，建立一支高质量的职业师范教育教师队伍，为社会输送更多的综合型人才。

第一章 职业师范教育发展研究综述

1.4 我国职业师范教育发展概述、主要问题及发展路径

1.4.1 新中国成立前我国职业师范教育发展概述

（1）清末职业师范教育

19世纪60年代起，以李鸿章、张之洞为代表的洋务派在全国掀起"师夷之长技以自强"的改良运动，倡导"中学为体、西学为用"的方针，政府官员和有志之士纷纷创办福建船政学堂、京师同文馆、天津电报学堂等14所外语、军事、技术学堂，培养职业技能型人才，由于当时极度缺乏师资，清政府鼓励学堂招募外国教习。甲午战争后，康有为、梁启超等维新派代表结合西方改革经验，提出发展实业、广设学堂的主张。1901年，清政府实行"新政"，进行教育改革，建立了中国近代职业教育制度并设立实业师范教育机构。1902年《钦定学堂章程》（又称"壬寅学制"）颁布，初步形成了职业教育体系框架。1903年，清政府颁布《奏定实业学堂通例》，选派人员赴日本等国接受实业教育，学成归国担任实业学堂教师。1904年，《奏定学堂章程》（又称"癸卯学制"）正式使用实业学堂称谓，对实业学堂的性质、任务、修业年限等进行了规定，标志着我国职业教育相对独立体系的基本形成。与"壬寅学制"相比，"癸卯学制"更重视师范教育，将师范学堂从附设于普通学堂转变为独立设置，并颁布了专门的师范学堂章程。针对高等师范教育，"癸卯学制"中包含《奏定优级师范学堂章程》《奏定实业教员讲习所章程》，详细阐释实业学堂师资政策。1906年，严复在上海商部高等实业学校的演说中正式使用"实业教育"一词，将其定义为工商各业所必需的知识和技能教育。1907年，清学部奏准《女子师范学堂章程》，鼓励民间办学，使女子"深造学识、研精技艺"。1910年，清学部为解决实业教习严重不足问题，递交奏折《学部奏筹议实业教员讲习所毕业奖励办法折》，建议比照优级师范学堂分等级奖励，以资鼓励实业教习，呼吁报考实习讲习所。

1902年，张謇在江苏通州（今南通）创办了通州师范学校，是中国近代职业技术师范教育的开端。1903年，张謇制定了《通州师范学校章程》，是中国第一部师范学校章程。之后，他相继制定了《通州师范学校开办章程》《通州师范学校招集生徒章程》等一系列制度章程，通州师范学校成为当时

办学水平较高的民间师范学校。张謇基于"实业与教育迭相为用"的思想，1906年设立附属小学校，设置农业、工业等预科，作为师范生实训基地。1911年，清政府在吉林设立官立中等农业学堂，同时，附设农业、商业、工业地方实习教员讲习所。清末，随着"兴女学"新政的推行和"男女不得同室"思想的影响，各省依照《奏定女子小学堂章程》和《奏定女子师范学堂章程》，纷纷开办女子学堂。与此同时，出现了女子师范传习所，除学习普通教育外，"尤以裁缝、家事、手艺与修身并重"。女子师范学堂的设立形成了一系列管理制度，为实业师范教育制度建立提供了参考与借鉴，各地实业师范机构虽不完善，但主要章程已基本形成。清末职业师范教育的主要内容见表1-1所列。

表1-1 清末发展职业师范教育的主要内容

时间	运动/制度/政策	主要内容
19世纪60年代至90年代	洋务运动	创办外语、军事、技术学堂，培养职业技能型人才，鼓励学堂招募外国教习
1901年	"新政"中的教育改革	建立中国近代职业教育制度并设立实业师范教育机构
1902年	"壬寅学制"	初步形成职业教育体系框架
1903年	《奏定实业学堂通例》	选派人员赴外国接受实业教育，学成归国担任实业学堂教师
1904年	"癸卯学制"	重视师范教育，将师范学堂从附设于普通学堂转变为独立设置，颁布专门师范学堂章程
1907年	《女子师范学堂章程》	女子教育首次在学制上占有一席之地
1910年	《学部奏筹议实业教员讲习所毕业奖励办法折》	比照优级师范学堂分等级奖励，以资鼓励实业教习，呼吁报考实习讲习所，解决实业教习严重不足问题

（2）民国时期职业师范教育

辛亥革命胜利后中华民国成立，蔡元培出任第一任教育总长，他十分重视实业教育，将实业教育涵盖在教育范围内，将女子职业教育视为争取男女平等的重要路径。1912年，蔡元培发表《对于教育方针之意见》一文，从"养成共和国民健全之人格"的观点出发，提出军国民教育、实利主义教育、公民道德教育、世界观教育和美感教育"五育"并举的教育思想。他认为实利主义教育当作富国强民、发展国家经济的一项重要手段。为解决职业教育师资问题，1913年，教育部出台的《实业学校规程》对实业学校教师资格作出限定，为保证教员质量，教员培养年限较清末有所延长，进一步推动职业师范教育制度的建立。1922年11月，北洋政府颁布《学校系统改革案》，即"壬戌学制"，又称"新学制""六三三学制"，它标志着中国资产阶级新教育制度的确立，标志着中国近代以来的学制体系建设的基本完成。"壬戌学制"把原来清末民初的实业教育改为职业教育，把实业学校改为职业学校，把师范教育、职业教育纳入普通教育系统，不再独立设置职业教育师资培养学校，在高级中学内酌设职业教员养成所。但是，由于师范教育、职业教育和普通教育有着各自不同的教育目的，混合后导致谋生、任教、升学均达不到预定目标，严重影响职业教育发展，职业教育陷入名存实亡的困境。此外，1918年黄炎培等职业教育家在上海开办了中华职业学校，下设职业师资科，以培养职业学校教员，各级各类师范学校甚至普通大学也肩负着培养职业教育师资的任务。1923年5月，全国职业学校联合会第二次会议在上海召开，会议认定"农、工、商家职业教师养成机关"为实施职业教育机关，再次强调独立设置职业教育培养机关，推动了职业师范教育的发展。据中华职业教育社统计，截至1926年，我国培养职业师资的专科学校数量增至8所。

国民政府成立后，职业教育从教育体系中独立出来，在职业学校中设职业师范教育。1928年5月，国民政府大学院在南京召集第一次全国教育会议，在"壬戌学制"基础上根据当时需求局部变通形成《整理中华民国学校系统案》，即"戊辰学制"，修改了1922年的综合中学制，分设中学、师范、职业三种学校。1929年，国民政府颁布《专科学校组织法》，同年8月教育部又公布《专科学校规程》为举办专科学校的依据，标志着中国专科学校的开端。1931年，颁布《奖励职业学校职业学科教员进修办法》建立进修机构，强化职业学校教员职业技能，提高职业教育质量。1932年，教育部以"系统混杂、目标分歧"为由修订学制，主要改变原中学综合设置普通科、师范科和职业科的制度，废除了综合中学制度，仍将中等教育划分为中学、师范和职业教育三个部分，各自独立设立学校，中等职业学校仍分为初、高两级。1933年，教育部公布的《各省市职业学校师资登记检定及训练办法大纲》规定了初、高级职业学科师资的生源层次和学制年限，师资培养的具体课程科目和课程数。1934年，国民政府指定部分公立、私立大学开办中等学校理科教员讲习班，以提高职业师资队伍专业水平、教学水平和综合素养。1940年，中共中央宣传部《关于提高陕甘宁边区国民教育给边区党委和边区政府的信》中提到要培养职业教育师资队伍。这一时期，专门培养职业学校师资的培养机构仍十分不足，但人才培养质量有了显著提升。民国时期发展职业师范教育的主要内容见表1-2所列。

表1-2 民国时期发展职业师范教育的主要内容

时间	制度/举措/会议/文章	主要内容
1912年	《对于教育方针之意见》	军国民教育、实利主义教育、公民道德教育、世界观教育和美感教育"五育"并举
1913年	《实业学校规程》	对实业学校教师资格作出限定，教员培养年限较清末有所延长
1918年	开办中华职业学校	下设职业师资科，以培养职业学校教员
1922年	"壬戌学制"	将师范教育、职业教育纳入普通教育系统，不再独立设置职业教育师资培养学校
1923年	全国职业学校联合会第二次会议	认定"农、工、商家职业教师养成机关"为实施职业教育机关，再次强调独立设置职业教育培养机关
1928年	第一次全国教育会议	分设中学、师范、职业三种学校
1931年	《奖励职业学校职业学科教员进修办法》	建立进修机构，强化职业学校教员职业技能，提高职业教育质量
1932年	修订学制	将中等教育划分为中学、师范和职业教育三个部分，各自独立设立学校
1933年	《各省市职业学校师资登记检定及训练办法大纲》	规定初、高级职业学科师资的生源层次和学制年限，师资培养的具体课程科目和课程数
1934年	开办理科教员讲习班	国民政府指定部分公立、私立大学开办中等学校理科教员讲习班，以提高职业师资队伍专业水平、教学水平和综合素养
1940年	《关于提高陕甘宁边区国民教育给边区党委和边区政府的信》	培养职业教育师资队伍

1.4.2　新中国成立后我国职业师范教育

（1）改革开放前职业师范教育

新中国成立初期，中国开启工业化进程，为了快速填补各行业人才的空缺，国家把教育重心放在培养周期短、实用性强的中等教育上，中央和地方的工业、交通、农林、财贸等国民经济主管部门，创办了一批中等专业技术学校，培养技术干部和管理干部。劳动部门所属的企业建立技工学校，培养面向生产一线的技术工人。1958年，由于人才培养的速度仍远落后于行业发展需求，天津国棉一厂率先提出"半工半读"教育模式，此后这一模式在全国广泛开展，让更多人有接受职业教育的机会，极大拓宽了职业教育的受众面。1959年，国务院批准并先后在天津、上海、沈阳、开封等城市开办4所技工师范院校，主要培养五金工种方面的教师，附带培养文化课教师。据统计，到1965年，我国已有中等职业学校7294所，在校生126.65万人，占当时高中阶段学生总数的53.2%。然而"文化革命"期间，职业教育被认为是资产阶级"双轨制"的标志，大量职业学校被停办、撤并或改为普通中学，4所技工师范院校被停办，改为技工学校。

（2）改革开放后我国职业师范教育

1978年，党的十一届三中全会作出了"把全党工作的重点转移到社会主义现代化建设上来"的重大战略决策，拉开了改革开放的序幕。改革开放后，政府高度重视职业教育，连续召开全国职业教育工作会议，颁布了一系列重要决定，为保障职业教育师资质量，依托普通高等院校、高等师范院校培养职业教育师资。

随着对技术人才需求的扩大，职业师范教育获得发展。例如，通过独立设置职业师范院校、依托普通高等院校、高等师范院校设置职业师范类二级学院或系部，加强对职业师资的培养。1978年，国家劳动总局呈报了《关于恢复四所技工教育师范学院问题的报告》，建议在天津、山东、河南、吉林恢复四所技工教育师范学院，培养通用型、新技术技能专业教师。1979年，国务院批准成立天津技工师范学院（即天津职业技术师范大学前身）和吉林技工师范学院（即吉林工程技术师范学院前身）。1985年，《中共中央关于教育体制改革的决定》颁布，开启了中国教育体制改革，其中强调要大力发展职业技术教育，要建立若干职业技术师范院校，有关大专院校、研究机构都要担负培训职业技术教育师资的任务。1979—1988年，我国先后建立了15所独立设置的职业师范教育院校，依照普通中小学教师培养模式，大规模开展职业学校专业课程和实习指导师资培养。1994年，天津职业技术师范大学基于行业对职业教育人才培养的要求和职业学校对师资的要求，创新性地提出"双师型""一体化"职业师资人才培养模式，此后围绕这一制度进行教育教学改革探索。1995年，国家教委关于印发《普通高等学校本科专业目录〈职业技术师范教育类〉（试行）》的通知，从专业目录和专业简介两方面对职业师范教育作出制度化规范，为高等职业师范建设和管理提供了重要依据。

1999年，《面向21世纪教育振兴行动计划》指出要依托普通高等学校和高等职业技术学院，重点建设50个职业教育专业教师和实习指导教师培养培训基地，地方也要加强职业教育师资培养培训教材基地建设。在国家的大力支持下，教育部先后遴选确定了54个全国重点职教师资培养培训基地，依托大型企业建立了36个全国职业教育师资专业技能培训示范单位，各省相继建成130多个省级职业教育师资培训基地。2000年，在13所具备条件的全国重点建设基地开展中等职业学校教师在职攻读硕士学位工作，至2005年，累计招生5500人。据不完全统计，2000—2005年，仅全国重点建设职业教育师资培训基地完成职教师资培训累计20多万人次。"十五"期间，职业教育师资培养培训基地建设已成为职业教育师资队伍建设中用力最足、影响最广、成效最大的一项工程。为逐步完善职教师资政策制度，国家出台了一系列关于职业教育教师职业道德规范、在职攻读硕士学位工作、加强职业院校校长培训工作等文件，职业师范教育进入标准化、制度化、规范化时代。一条充分利用高等教育资源和各方面的社会资源，以全国重点建设基地为龙头、省级基地为主体、校本培训为基础，涵盖新教师培养、教师继续教育和校长培训等方面的职业院校教师培养新路逐渐展现在世人面前。2013年，《中等职业学校教师专业标准（试行）》更为具体地提出了培养职业师范教育教师的要求。2014年5月，国务院颁布《关于加快发展现代职业教育的决定》，提出要加强职业技术师范院校建设，推进高水平学校和大中型企业共建"双师型"教师培养培训基地。2019年10月，教育部教师工作司印发《职业技术师范教育专业认证标准》，指出要通过构建三级递进的师范类专业认证标准体系，持续提升师范专业人才培养质量。2022年5月，教育部办公厅发布《关于开展职业教育教师队伍能力提升行动的通知》，提出探索多主体跨界协同育人路径；支持地方整合综合（理工科）院校、师范类院校和行业企业优势资源，多主体协同参与职业院校教师培养模式；鼓励高水平学校具有深厚产教融合基础的专业二级学院与职业技术师范教育学院资源互补、协同育人。

2018年，教育部发布了《教育信息化2.0行动计划》《中共中央 国务院关于全面深化新时代教师队伍建设改革的意见》《教育部办公厅关于开展人工智能助推教师队伍建设行动试点工作的通知》，着力通过教育推动教育领域革新发展，助力教育教学创新、复合型人才培养、"双师型"教师队伍建设。2019年2月，《中国教育现代化2035》发布，提出加快推进信息化时代的教育变革，建设智能化校园，统筹建设一体化智能化教学、管理与服务平台，加快推动人才培养模式改革。据统计，党的十八大以来，我国职业教育师资队伍整体素质稳步提升，全国职业院校专任教师规模从2012年的111万人增加到2021年的129万人，中职学校本科及以上学历专任教师占比94%，高职学校本科及以上学历专任教师占比99%，研究生及以上学历专任教师占比41%。我国出台的一系列政策有效解决了职业院校专任教师学历偏低的问题，并鼓励和规范职业院校聘请具有实践经验的专业技术人员、高技能人才担任兼职教师。改革开放后发展职业师范教育的主要内容见表1-3所列。

表1-3 改革开放后发展职业师范教育的主要内容

时间	制度/举措/会议	主要内容
1978年	《关于恢复四所技工教育师范学院问题的报告》	建议在天津、山东、河南、吉林恢复四所技工教育师范学院，培养通用型、新技术技能专业教师
1979年	建立天津技工师范学院和吉林技工师范学院	—
1979—1988年	建立15所独立设置的职业师范教育院校	—
1985年	《中共中央关于教育体制改革的决定》	大力发展职业技术教育，要建立若干职业技术师范院校，有关大专院校、研究机构都要担负培训职业技术教育师资的任务
1994年	"双师型""一体化"职业师资人才培养模式	天津职业技术师范大学基于行业对职业教育人才培养的要求和职业院校对师资的要求，创新性地提出"双师型""一体化"职业人才培养模式
1995年	《普通高等学校本科专业目录〈职业技术师范教育类〉(试行)》	从专业目录和专业简介两方面对职业师范教育作出制度化规范
1999年	《面向21世纪教育振兴行动计划》	依托普通高等学校和高等职业技术学院建设职业教育专业教师和实习指导教师培养培训基地

续表

时间	制度/举措/会议	主要内容
2000年	开展中等职业学校教师在职攻读硕士学位工作	—
2013年	《中等职业学校教师专业标准（试行）》	具体地提出了培养职业师范教育教师的要求
2014年	《关于加快发展现代职业教育的决定》	加强职业技术师范院校建设。推进高水平学校和大中型企业共建"双师型"教师培养培训基地
2019年	《职业技术师范教育专业认证标准》	构建三级递进的师范类专业认证标准体系，持续提升师范专业人才培养质量
2022年	《关于开展职业教育教师队伍能力提升行动的通知》	探索多主体跨界协同育人路径，多主体协同参与职业院校教师培养模式

1.4.3 我国职业师范教育存在的主要问题及发展路径

（1）我国职业师范教育存在的主要问题

我国职业师范教育产生的时间晚于发达国家，与普通师范教育相比也是相对年轻的教育体系，随着国家对职业教育的重视，职业师范教育备受关注。但是，我国职业师范教育仍面临诸多挑战。

师范性特征被淡化。 由于20世纪90年代末师范教育开放，综合院校加入教师教育培养队伍，师范教育不再是教师职前培养的唯一阵地，师范院校也逐渐从单一师范专业院校转为多学科综合院校，职业技术师范院校在师范院校转型发展的浪潮中不少去掉了"师范"，转型为综合院校，保留"师范"两字的院校非师范专业数量远大于师范专业数量，师范教育与非师范教育边界愈发模糊。学历化、专业化让师范教育以专业学科理论学习为主，专业学科与教育教学类学科缺乏互动，学校也倾向于培养研究型教师。职业师范专业的课程设置与非职业师范专业几乎一样，仅简单复制普通高等师范教育课程模式，又增设教育学、心理学和教学论三门课程及教育实践，教育类课程学时仅占6%左右，课程体系缺乏教师技术类、素质素养类内容，学生的师范性难以体现。

教育类课程与专业课程缺乏联系。 专业课程教师与教育类课程教师缺乏交流，在讲授专业课时注重学生知识的掌握，但不太注重运用多样化教法传授知识。教师自身缺乏教学示范意识，为实现知识的高效输出他们往往采用讲授法，学生通过教师教学仅感受到知识从教师到学生的单向输出，难以从现实课堂中体会教育类课程中涉及的多种教学方式。一些教师对教育技术的理解仍停留在表面，虽然以视频、音频、在线教学方式辅助教学，但是未能切实思考技术与专业的契合点，以教育技术丰富知识呈现形式、创新教学形式。

教师职前培养不全面。从事职业师范教育的教师职业素养参差不齐，有的教师具有职业师范教育背景，既能进课堂又能下工厂，是兼具教师和工程师职业素养的"双师双能型"教师，能够较好地完成职业师范教育工作。有的教师来自综合性高校非师范专业，专业素养过硬，但缺少系统的教育类课程学习，在课程设计、教学教法、班主任工作等方面依靠多年求学对教师的观察和自身对教育教学的钻研揣摩。有的教师毕业于普通高等师范院校师范专业，缺少行业实践经历，擅长理论课教学，而实践课程则按照教材内容传授，无法注入个人经验。

（2）探索我国职业师范教育发展路径——以广西为例

"一带一路"倡议、新时代推进西部大开发新格局、全面对接粤港澳大湾区建设发展等重要规划，让广西逐步从"边缘末梢"转向开放前沿。广西民族地区一直以来都是国家发展的重点关注对象，职业教育是将人口压力转为人力资源优势的关键因素，是振兴民族地区实现创新驱动、转型发展的最直接、最密切的教育方式，广西独特的地理环境、文化魅力、特色产业为广西职业教育发展赋予了特殊使命。2019年1月国务院关于印发《国家职业教育改革实施方案的通知》（以下简称"《方案》"）从国家层面进一步明确了职业教育和普通教育的定位，为职业教育实施改革、大幅提升职业教育的现代化水平提供战略依据。2019年4月，为了具体实施《方案》的要求，教育部和财政部下发了《关于实施中国特色高水平高职学校和专业建设计划的意见》，启动实施"特高"计划，集中力量建设一批引领改革、支撑发展、中国特色、世界水平的高职学校和专业集群，带动职业教育持续深化改革，强化内涵建设，实现高质量发展。《国家中长期教育改革和发展规划纲要（2010—2020年）》的发布，也表明了国家对职业教育的关注。

2016年，广西为进一步贯彻落实全国、全区职业教育工作会议精神和《教育部关于深化职业教育教学改革全面提高人才培养质量的若干意见》要求，切实解决广西职业教育教学面临的观念相对落后、产教融合有待加强、人才培养模式创新不足等问题，深入推进广西职业教育教学改革，全面提高人才培养质量。广西教育厅制定《关于深化职业教育教学改革全面提高人才培养质量的若干意见》，指出加强教师培养培训，建立健全高校与地方政府、行业企业、中职学校协同培养教师的新机制，建设一批职教师资培养培训基地和教师企业实践基地，积极探索高层次"双师型"教师培养模式。这为广西职业师范教育发展注入动力。同时，鼓励有办学条件和办学资质的企业与学校深化校企合作，共同探索成立混合所有制二级学院，如在广西师范大学下设职业技术教育学院，广西师范学院（现南宁师范大学）、广西科技大学和广西科技师范学院设立职业技术教育学院，致力于从事职业教育师资培养与培训、职业教育、职业师范教育研究。2019年，广西制定了《广西职业教育改革实施方案》，通过建设高水平高等职业学校、高水平高等职业专业集群和高水平专业化产教融合基地，形成具有广西特色的职业教育和培训体系，引领广西职业教育特色发展。

近十年来，广西职业教育体系越来越完善，优质职业教育资源越来越丰富，职业教育发展质量稳步提升，服务能力愈发增强。目前，广西有职业院校306所，在校生156万人，与2012年相比，中职全日制在校生增加了31%，高职在校生增加了128%。中职、高职、本科有效衔接，职业教育与普通教育协调发展，基本建成类型特色鲜明、纵向贯通、横向融通的现代职业教育体系。广西还被教育部评定为"2022年职业教育改革成效明显省（区、市）"。广西目前拥有国家"双高计划"建设学校4所、自治区"双高计划"建设学校19所、自治区示范性中职学校131所，超过半数的学生在优质职业院校就读。职业教育专业布局与全区产业发展结构更加匹配，建成高水平高职专业群30个、中职品牌专业50个，总共投入36.1亿元；建成了561个自治区职业教育示范特色专业及实训基地，专业人才培养标准和实训条件与先进企业岗位标准和生产标准精准对接。当前，广西职业师范教育发展态势良好，多形式多层次职业教育有了一定程度的发展，但与经济发展需求尚存在差距。教师是教育中不可或缺的重要因素，广西职业教育师资培养在育人理念、专业设置、办学模式、教育经费投入等方面与发达省份尚存在较大差异，职教师资不足、"双师型"教师占比较少、职业教育教师素养参差不齐、师资培养与产业结构脱节等现象依旧制约着广西职业教育的发展。

将职业师范教育摆在广西职业教育改革创新和经济社会发展中更加突出的位置，搭建"特高"引领职业师范教育学技术技能创新平台（如图1-5所示），着力发展蕴含区域特色基因的职业师范教育学体系，在职业师范教育学发展中结合广西糖业、桑蚕养殖业、造纸业、特色农业、文化旅游、食

第一章
职业师范教育发展研究综述

品加工业等优势产业，将壮锦、绣球、坭兴陶、北流陶瓷、六堡茶、黑衣壮等区域特色文化融入职业师范教育，以"特高"计划引领职业师范教育学技术技能创新平台，是推动广西职业师范教育学创新发展的一大动力，更是贴合广西经济、文化特色培养复合型人才的有效途径，为广西产业转型升级、将广西独特优势转化为经济持续增长提供重要助力。

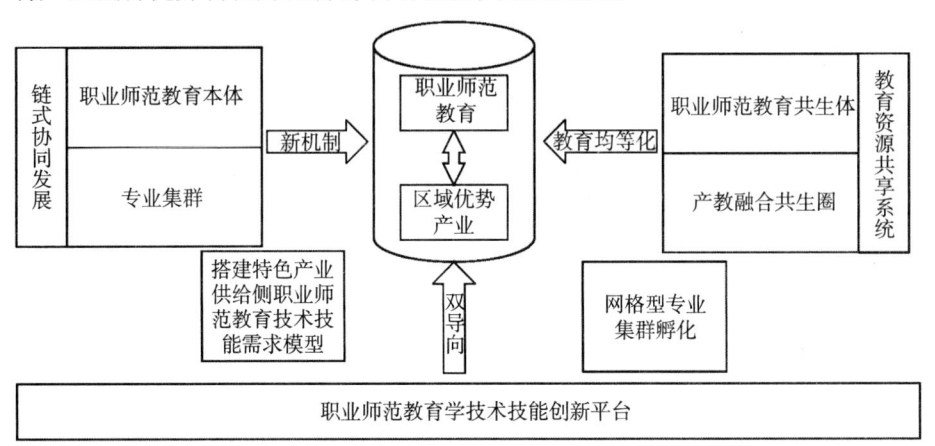

图1-5 "特高"引领职业师范教育学技术技能创新平台

教育技术助力实现专业群链接产业群，创新课程模式和教学模式，产教有机融合打造国际化育人生态圈，培育具有中国特色、世界水平，与国家和区域支柱或重点产业发展战略步调一致的职业院校和专业集群，共创共享优质教学资源，评价体系多维、普适性高，引领、带动、支撑全区域职业师范教育学持续深化改革，促进职业教育学高质量发展。

"特高"引领专业集群发展，形成"特色产业供给侧-职业师范教育技术技能需求"模型。特色高水平职业院校和专业联合区域产业，基于职业岗位（群）实际工作任务、过程和情境构建特色专业体系、打造专业集群，实现特色产业供给侧与职业师范教育技术技能需求双契合，形成职业师范院校复合型、创新型的链式人才库，培养满足特色产业所需的各类职业人才。培育特色鲜明的职业院校和专业群，创新引领区域职业师范教育发展，培养契合区域经济社会发展所需的复合型人才，为区域发展提供人才支撑。当前，职业师范教育的培养目标总体表现出学术性、外向性、轻师范性，区域内职业师范专业或职业师范院校对区域优势行业、产业覆盖不足，未能有效链接全产业链，把握我国经济由高速度发展向高质量发展转变的重大历史机遇，瞄准产业转型升级需求，强化技术技能积累与创新，以优质专业集群、人才培养基地、技术平台引领人才培养。"特高"引领，紧密对接新兴科技发展，以技术技能积累为纽带，建设集人才培养、团队建设、技术服务于一体，资源共享、机制灵活、产出高效的人才培养与技术创新平台，促进创新成果与核心技术产业化。围绕产业发展、行业企业革新和人才培养需求建设产教融合的职业师范技术技能创新服务平台，针对行业企业技术工艺和科技研发需求，以解决主导产业提升、传统产业转型、行业企业发展中的实际问题和人才培养为根本目标，服务企业特别是中小微企业的技术研发和产品升级。

通过对职业师范教育本体与专业群链式协同发展新机制的研究，紧扣地区产业需求，以链式结构为路径，围绕岗位群的工作任务及职业师范教育的培养目标进行职业师范教育专业集群建设，形成基于产业链跨越行业或产业的链式专业群或专业链。构建职业师范教育共生体系，调整优化布局，整合教育资源打造区域内教育资源公共服务体系、教育管理公共服务体系，建立优质数字职业师范教育资源共建共享环境，促进教育教学和管理创新，推动教育均衡发展，提高职业师范教育质量。高水平职业院校结合区域特有的产业、自然、人文资源，创新性地融入教育教学中，并通过特色专业开发建设、教师培训、共享教学资源等多种途径帮扶带动薄弱学校。

探索多元办学格局，以区域行业动态需求为依托，调动社会力量积极参与职业师范教育，形成校企创新发展共同体。激活产教融合内生动力，拆分锻造产业链、重组价值链、塑造人才培养链，将区域特色产业、技艺、文化注入职业师范教育，提升职业师范育人新格局，切实发挥职业师范教育推动职业教育、经济产业高质高效发展的引擎作用。加强跨区域协作，深化产教融合，政府、行业、企业、各级各类院校共同构建职业师范教育共生体，强化优势专业、学科集群，以"双师双能型"卓越师资、复合型人才、校企技术研发等助力区域特色产业发展。同时，全力帮扶、带动区域内教育资源薄弱的职业院校。融合传统手工艺、文化遗产、特色医药等优质区域资源，带动区域职业师范教育发展，有效解决区域教育发展不均衡、不充分的短板问题。

构建教育技术双创育人生态系统与标准化研究体系，实现教育技术技能创新平台改革和发展目标。使人工智能技术思维驱动职业教育体系结构性的变革，贯通学科孤岛，对接民族地区优势产业，突出需求和应用双导向，学校、政府、行业、企业、科研院所、社会组织等多元主体参与构建"人工智能+双创育人"生态系统与标准化体系，实现技术创新、产品研发、决策咨询、技术服务、创新创业教育和人才培养一体化，完善教育技术技能创新平台。迭代发展"1+X"特色职业师范人才模式，解析职业技能等级素养标准，并将其囊括的每一个知识点和技能结合专业体系逻辑关系与课堂教学内容——对应至专题教学子项目嵌入理论和实践教学中，时刻关注职业技能等级认证变化趋势和最新要求，敏锐调整子项目教学内容与评价准则，形成与优势产业发展同步适应的动态柔性教学。

1.5 实践案例

天津职业技术师范大学立足"中国制造卓越雕塑师"人才培养的新阶段，贯彻打造"工匠之师"的新理念，融入新发展格局，致力于打造中国职业师范教育标杆，为"新师范"时代下中国特色职业师范教育建设提供天津职业技术师范大学方案，为服务职业教育高质量健康发展贡献力量。

（1）天津职业技术师范大学的育人举措

畅通"中本硕博"应用型人才培养路径，打造职业师范师资培养标杆。天津职业技术师范大学率先开展公费中职师范生教育，为西藏、云南、新疆等职业师范教育欠发达地区培养公费中职师范生2200多名；创建本硕博职教师资培养体系，率先培养出中国首批"双师双能型"本科生、硕士生和博士生。为契合制造业高精尖人才需求，天津职业技术师范大学打造"双师型"博士培养体系，对标行业领军人才和博士层次"双师型"职业教育师资，建立"定向精选—交叉培养—多际协同—使命育才"全过程人才培养体系，以培养职业教育工科"双师型"专业带头人为目标，定向招收机械设计制造教育与自动化工程教育两个专业方向具有中级及以上国家职业资格证书的在职专业骨干教师，为当前我国从制造业大国转向制造业强国提供"大国工匠"和"工匠之师"的有力保障。

天津职业技术师范大学立足"教育学+工学"学科交叉人才培养需求，校内教育学教师、工学教师、校外职业院校教师、企业行业专家联手共建跨学科、跨行业"四师协同"多元导师制，实现校内校外联通、教育学工学融合，专业知识、教育理论、职业技能、教育技能多维提升。与支柱型产业、龙头企业、"双高"职业院校多样化合作，搭建"校—企—校"创新育人平台，为学生教育教学实践、专业实习实训提供优质平台，形成育人合力，充分发挥育人优势。专业链对接产业链，构建"交叉课程—企业实践—教育实践—技能训练"为载体的产教深度融合培养体系，打造教育、产业、理论、技能一体化理实育人体系，采用"理论+企业实践+教育实践+技能训练"的交错递进培养方式，筑牢理论根基，提升学术创新能力和专业实践能力，全面实现"双师双能型"卓越博士生职业师范师资培养，为职业院校量身培养适应和引领创新发展的高层次"双师型"专业带头人。探索"榜样激励—活动育人—服务实践"的育人路径，增强跨学科研究自信，提高职业师范教育博士身份认同感，培养其使命担当。

以培养"大国工匠"为己任，打造服务职业师范教育建设标杆。天津市劳动教育师资培养培训中心、劳动教育教学研究中心、大中小学劳动教育联盟落户天津职业技术师范大学，引领天津学校劳动教育、技能教育深化提升，培养未来"大国工匠"。积极落实人力资源和社会保障部和天津市共建协议，成立全国技工院校师资研修中心，为技工院校人才培养和师资队伍建设贡献力量。组建世界技能大赛中国研究（研修）中心和集训基地联盟办公室，为助力中国参加世界技能大赛提供理论研究、培训指导、组织管理和成果转化优质平台。

发挥建言资政作用，打造职业技术师范教育师资研究标杆。《职业教育研究》是由天津职业技术师范大学创办的全国第一个职业教育类学术期刊，有力推动职业教育师资理论深化发展。作为中国职业技术教育学会师资专业委员会、职业指导专业委员会、教育部高等学校中等职业学校教师培养教学指导委员会主任单位，中国高等教育学会教师教育分会副理事长单位，教育部全国职业学校师德师风建设专家委员会主任单位，天津职业技术师范大学主持制定了国家职业技术师范专业认证标准，明确了职业技术师范教育的专业地位。

创新职教师资培训模式，打造职业师范教育师资培训标杆。近年来，天津职业技术师范大学发挥"特高"引领优势，多次到新疆、西藏、甘肃等西部职业院校开展对口帮扶工作，共建职业教育师资培训基地，有效提升受援职业院校育人能力。学校获批全国高职高专教育、全国技工院校师资培训基地，获批全国青年高技能人才、国家高技能人才培训基地，为全国中高等职业学校、国有大中型企业培训各类人才数万人，被人力资源和社会保障部授予"国家技能人才培育突出贡献奖"。此外，与贵州、甘肃等4个西部省份教育厅、中职院校开展"置换研修、顶岗实习"合作项目，解决西部地区职业教育教师教学任务繁重、难以脱产培训等问题。这一模式在全国11个省、市130多所职业院校进行推广、复制，成果获国家级教学成果奖二等奖。作为中共中央组织部、教育部开展国家乡村振兴重点帮扶县教育人才"组团式"

帮扶工作责任单位，牵头负责西部160个国家乡村振兴重点帮扶县的职业高中帮扶工作，助力中西部现代职业教育体系建设。

推广中国职业教育师资培养模式，打造中国职业教育国际影响力标杆。天津职业技术师范大学独力援建埃塞俄比亚埃塞—中国职业技术学院、鲁班工坊，与巴基斯坦签订合作协议，指导巴基斯坦建设旁遮普天津技术大学，开展学生交流互换、"双学位"合作办学等项目，吸引20余个国家的国际学生攻读本、硕、博专业学位。作为教育部和外交部培训基地，为60多个国家1200余名学员开展职业教育培训；实施"中非高校20+20合作计划"项目，加强与埃塞俄比亚技术大学交流合作，提升中国职业教育国际影响力。

天津职业技术师范大学的育人框架如图1-6所示。

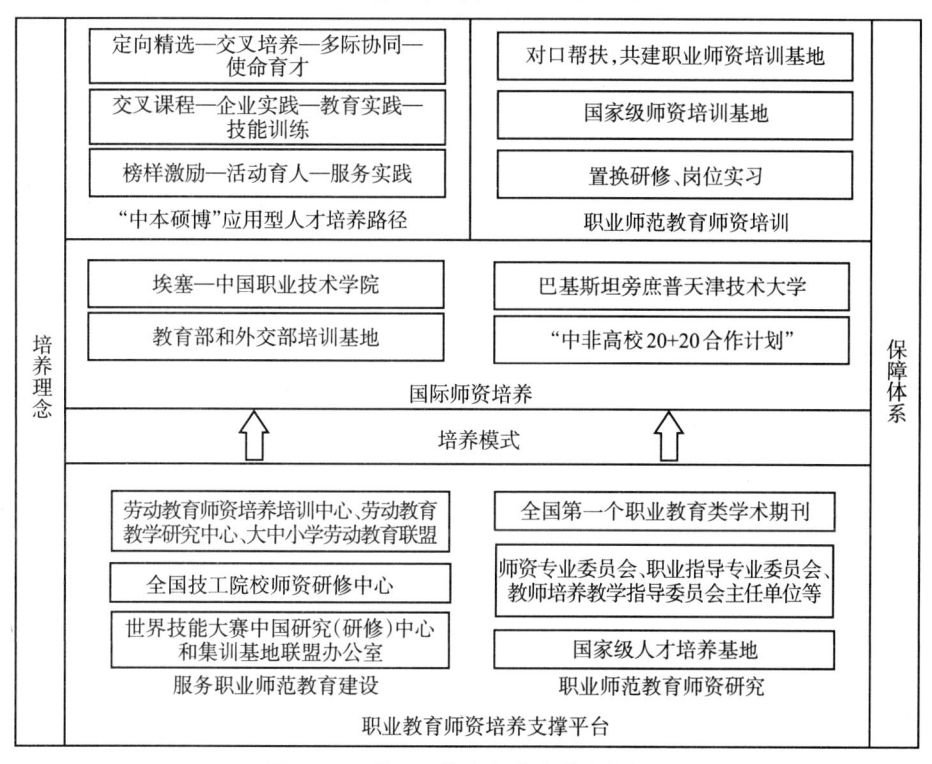

图1-6 天津职业技术师范大学育人框架

（2）天津职业技术师范大学的培养成果

通过畅通"中本硕博"应用型人才培养路径，跨行业搭建"四师协同"多元导师制，打造服务职业师范教育建设标杆，发挥建言资政作用，创新职教师资培训模式，向国际推广中国职业教育师资培养模式等举措，树立了中国职业师范教育的标杆。天津职业技术师范大学两次荣获国家级教学成果一等奖，8000余名优秀毕业生成为职业院校专业带头人，先后有600多名学生到西部地区中职院校进行实习，为西部地区职业院校培养师资1200人次。2020年，天津职业技术师范大学学生在第一届全国职业技能大赛中获得"工业4.0"项目金牌和4个优胜奖，2名金牌获得者被授予"全国技术能手"称号，是学校培养高技能人才的标志性成果。学校助力中国代表团在第44、45届世界技能大赛中荣获团体总分第一名的优异成绩，学校教师作为专家负责的项目获得10金、4银、3铜，学校作为突出贡献单位受到国务院表彰。作为教育部和外交部培训基地，为60多个国家1200余名学员开展职业教育培训；派遣教师250余人次赴亚非国家援教，培养培训当地师生2万余人。学校推动了中国特色职业教育师资培养模式走向世界，已成为国家职业教育对外交流尤其是对非交流的一面旗帜。

第二章 以技术创新职业师范教育

教育技术与学科教学的深度融合是我国教育改革的重点，从20世纪20年代技术在教育中的初探到今天在教育中的广泛应用，教育技术不断丰富着教育的形态与形式，通过了解教育技术演进历程，分析教育技术与职业师范教育融合难点，提出教育技术重塑职业师范体系的建议和对策。

2.1 教育技术演进历程

教育是人类特有的社会活动，自教育产生至今，技术通过实物教具、幻灯机、多媒体设备、计算机、网络设备等有形技术与教学策略、教学方法、教学规律等无形技术共同推动并影响教育的发展。在我国，教育技术经历了三个阶段的发展，见表2-1所列。

表2-1 教育技术演进历程

时间	阶段	技术应用	特点
20世纪20年代	探索阶段	广播、电影、幻灯机	打破传统教学形式，电化教育逐渐产生
20世纪80—90年代	形成阶段	电视机、投影仪、计算机设备	丰富教育教学手段、解决教育教学问题、提升教学质量、加快中国教育现代化进程
2000年至今	成熟阶段	互联网、物联网、区块链、大数据、人工智能等新兴技术	突破时空限制、打破学校壁垒、丰富教育形态、促进终身教育

探索阶段。20世纪20年代，随着广播、电影、幻灯机等电子媒体技术在教育领域中的应用，打破了依靠语言、粉笔、黑板的传统教学形式，逐渐产生了电化教育。新中国成立后，在扩大教育规模、扫除文盲等方面，电化教

育展现了巨大优势。改革开放后，电化教育在借鉴国外成功经验基础上探索出中国特色的发展路径。

形成阶段。20世纪80—90年代，电视机、投影仪、计算机设备成为教育技术"生力军"，在中小学基础教育中推广普及，为丰富教育教学手段、解决教育教学问题、提升教学质量、加快中国教育现代化进程作出突出贡献。

成熟阶段。随着互联网技术的广泛应用，网络教学、在线课程逐渐兴起，突破传统教学时间和地域的限制。各级各类学校通过小规模限制性在线课程（SPOC）、大型开放式网络课程（MOOC），在线教育为学习者提供融合视频、课件、测试、师生互动交流等内容丰富、形式多样的教学形式，学习者借助网络平台就能实现知识和能力的提升。人工智能、区块链、大数据等新兴技术极大充实、丰盈了教育技术。教育技术从早期的教育技术工具发展为教育协同共生的"伙伴"，通过教育技术捕捉学习者学习习惯，分析学习者兴趣爱好、智力特征，构建学习者个人学习画像，根据个人画像智能化地为学习者提供学习建议、制定个性化学习方案，实现学习者全面、自由发展，为学习者接受终身教育提供多元化学习途径。

2.2 教育技术融入职业师范教育存在困境

技术在职业师范教育领域至今尚未发挥价值属性，即未从教育结构层面融合共进。在教育教学中对教育技术的运用仍旧停留在平面化阶段，将知识用视频、音频、课件形式呈现，将线下教学内容复制到线上课程教学平台，没能从学科和教育技术内涵进行思考，未能借助教育技术切实丰富教学方式、提升教学成效。将教育技术看作知识技能传递的工具、路径、媒介，这仅仅是其工具属性。

2.2.1 教育技术与教学理论

教育的发展变革离不开理论与技术协同共进，理论通过设想、思辨、建构、演算、重构形成原则、原理，最终裂变为技术，并为技术的运用预设多样化场域与结果，尽可能规避应用误区，为技术奠定理论思维的根基。技术在理论的有力支撑下，通过在真实场景中实践应用，反复验证理论的正确性、准确度、适用范围；通过技术的应用总结实践经验，修正、完善理论，为理论的多维度发展提供实践依据，实现技术与理论协同并进。在教育中，职业师范教育教学理论的形成与发展为技术与教育的结合提供切入点，新兴教育技术的注入丰富了职业师范教育理论的研究对象，为职业师范教育教学理论提供了新的发展思路；不断丰盈的理论体系又催化了教育技术在职业师范教育中的运用，根据不同育人需要选择适宜匹配的教育技术，增强教学效果，提升育人效能。

无论是早期的程序教学还是当下的建构主义教学，理论中不乏技术的力量，技术中亦可见理论的支撑。教育理论促进教育技术及学科教育的完善，教育技术推动教育体系的变革。然而，本应对话密切、步伐协调、方向一致的教育技术与教学理论渐行渐远。伴随着科学技术的迅猛发展，越来越多新兴技术可用于教育，极大充实了教育技术，从早期幻灯机的使用，到计算机多媒体教室的普及，到如今智慧教室的智能互动，再到虚拟仿真教学的知识立体多感官体验，也许将来的去学校化教育，教育技术能够为课程教学营造智慧互动的教学环境，通过多样化教学情景的搭建，激发学生的主动思考积极探索。随着教育国际化进程的推进，涌现出大量先进的教育理论，但技术如何与教育教学有效融合，鲜少有理论涉及。技术在教育中的运用是发挥其工具效能，技术如何作用于教育，其中的逻辑性无法由技术本身决定，需要靠教育原理做指导。我国教育技术相关的理论研究大多围绕技术开发和教育科学两大要素，较少涉及如何将教育技术与教育教学能动地融合，以及以创新学科理论引领学科实践、加快技术更迭。当代，教育技术与教育教学理论亟待协同发展，实现技术与教育的相互赋能。

2.2.2 教育技术与教学惯性

随着互联网、人工智能、大数据、云计算、区块链等技术的日益成熟，新兴技术已广泛应用于社会的各行各业，虽然进入教育领域的时间远不及进入工业等领域早，但为教育带来了翻天覆地的巨变，为技术与教育的密切交融提供了诸多新路径与方式。技术创新教学方式，更新教育理念，焕新教育内容，逐步打破了教育环境、教育设施设备和教育时间的限制，为教育带来前所未有的多样化的新突破与新成效。教育技术的迭代发展为我国教育实力的提升提供不可或缺的有力支撑。

每位教师都有自己独特的学习、成长背景和擅长之处，在教学过程中会逐渐形成自己的教育教学惯性，随着从教时间的增长，教师习惯了长期稳定不变的教育设施，教学惯性催生了教师与教学环境的默契感，使教育惯性进一步强化为如同肌肉记忆的教学记忆。教育技术的迭代发展创新了教学模式、课程内容、教学组织方式，给传统的职业师范教育教学惯性与教学模式带来前所未有的冲击，不断对教师职业提出新的要求，需要教师能够根据所教专业、所授课程内容灵活有效地运用教育技术创新教学模式。年轻教师对新兴教育技术充满好奇与渴望，乐于学习、使用新技术提升教学效果。而年长的教师受年龄、精力、原有教育技术知识陈旧等因素影响，担心自己无法掌握新教育技术，或需要耗费大量时间精力用于新教育技术的学习与实践，内心对新兴教育技术莫名的恐惧和排斥。他们在教学中不愿意运用新兴教育技术，即便迫于学校教学要求不得不采用在线教学平台、教学软件、智慧教室，亦处于教育技术与课程单向度整合，未能发挥教育技术的跨模态智能优势，未能真正基于课程内容选择契合的技术重构课程，教学方式仅仅是披上技术的外衣，教学模式与教学效果并未得到有效的改善与提升。例如，2020年加快了各级各类学校线上教学平台的建设进程，但受个人接受新教学知识能力的高低、学习新技术的快慢、对所教课程内容的理解程度等多方因素影响，教师上传的线上教学课程质量参差不齐，存在直接将其他教师的教学课程包、教学大纲、教学PPT上传，录制的教学短视频质量不高等各类问题。最为突出的是问题是不少教师并未能切实分析所教课程内容特点与教育技术的连接点，简单地将教学内容从一种载体转为另一种载体呈现，未能借助新兴教育技术打造凸显课程特色且适合用于线上教学模式的在线课程。

2.2.3 教育技术与教师角色

自教育从生产劳动中分离出来，成为独立的社会活动，学校教育便成为主要的教育场所，而班级授课制是最基本的教学组织形式。在现代教育中，教师是教学活动的主导者，教师通过制定教学目标，甄别、选择教学内容，设计教学方法与教学手段，通过激发学生的能动性，实现学生知识技能的丰富，创新能力、独立思考能力、合作交流能力等关键能力的培养，帮助学生形成正确的情感、态度、价值观。

随着技术导入教育，从最初技术与教育表层触碰，到逐渐广泛深入地应用于教育，进而发展到技术、教育深度交融。在此进程中，教师角色也随之多元化。互联网技术、移动互联网技术的普及发展，为人类获取知识提供了更广阔的空间，各行各业知识技术更新迅猛，要求教师成为资源的整合者，能够从海量信息中挖掘筛选出与育人目标、教学内容契合的部分，不断为教学注入新内容，实现教学内容的持续更新，确保学校教育紧跟行业发展需求。

在传统教学中，虽然教师讲授的课程内容、教学方法和组织形式不同，但教学手段、教学活动主题和方向是一致的。教育技术与教育内涵融合，为教师创设了多样化的教学环境，教师借助教育技术，综合学生差异化发展、学校教育育人目标、企业能力要求、区域经济发展需要、文化传承等多方需求，开创体现自身教学特点的个性化课程，从课程内容、人才培养的贯彻者、执行者变为研究者、拓展者。此外，教育技术为教师带来了新的素养挑战，要求教师具备并不断提升技术修养，成为教学环境的创建者。任何专业的教师在深耕所授专业领域知识技能、提升教育教学理论方法的同时，还要不断充实自身知识体系，主动学习人工智能技术、虚拟现实技术、区块链技术、数据挖掘技术等教育信息技术，培养技术思维，积极思考、探寻技术与所授课程的连接点，将丰富的教育技术灵活、适宜地运用于教学中，突破技术与教育的浅表关联，形成具有不同课程属性的信息化教学环境。

但目前，不少教师展现的是课程搬运者、教材复制者的角色，他们只是将原先传统课堂的授课内容通过教育技术迁移至如网络教学平台、虚拟操作平台等其他载体上，并未能掌握技术与教育的内涵式关联。他们将技术简单叠加、套用于教育中，教育技术的"视""听""触""知""力"多维传递途径基本只发挥了"视""听""知"功能，甚至只发挥了单一功能。一些教师采用与课堂教学无差别的内容，甚至认为课程只是转为由机器设备、软件网络实现知识和技能的呈现，无须教学方法上的改变，直接选择他人已设置好的应用模式、教学包、教学模块直接嫁接到自己所教课程中，忽略了每门课程都有其特殊要求，需要针对每门课程的教学目标、教学内容、教学方法选择适宜的教育技术作为课程输出、传递的手段。

2.2.4 教育技术与职业师范教育

在教育技术的助力下，教学从传统的线下教学变为线上教学或者混合式教学、虚拟仿真教学等形式，从师生面对面完成教学过程到教与学空间和时间上的分隔，对教师教育教学提出新要求。例如，MOOC教学基于在线学习特点，为达到教学目的，教师要整合、重组教学内容，凝练、突出重难点，通过应用技术完成教学。在此过程中，无论是技术与教育的渗透、技术与课程框架的建构还是技术与教学方法的交错，强调的均是知识技能是否清晰、正确、完整、有效传递，对技术的运用停留在是否遵循技术逻辑。机械地套用技术，形成几种教育技术教学模板，各门学科在应用技术教学时大多选择套用教学模板，而对于该模板与学科内容是否融洽，教学效果呈现是否理想并未深入探求，导致学科教学丧失了学科鲜明的特征。学习者在学习时，虽然实现了获取知识技能层面的快速便捷，但各门课程呈现模式相似、教学内容单一传递，使课程缺少职业素养、职业道德、匠人精神的浸润。这一模式忽略了技术应用于教育的初衷是催化教育实现人的全面、自由发展，是生动激发人心灵对知识的共鸣，是培养坚定信念、塑造灵魂。这类在教学中滥用教育技术的现象，使学习者未能获得多维立体感官体验，容易产生乏味、厌倦的学习感受，破坏了学习规律。

　　教育活动是人类特有的，由教育者和学习者通过教育中介互动实现的，是人与人之间情感的流淌、价值的传递和品行的影响。职业师范教育学重在培养学生有能力在未来职业生涯中主动参与社会进程和世界设计的"社会人"。这就要求职业师范教育学培养的人不仅懂得"怎样做"的技能，还要精通"怎样做更好"的高技能。落实到具体的课堂教学，就要求教师不仅要鼓励学生对直观感知、情感体验和操作动作进行信息加工，使学生获取基于形象记忆、情景记忆、情绪记忆和动作记忆等经验层面的技能；而且要采取案例教学法、项目教学法和任务教学法等教学方法，使学生发现和总结规律，将知识融入自身知识体系中，能够在多种场景中运用知识。

　　职业师范教育的课堂相比职业教育、师范教育、普通高等教育更为复杂。职业教育课堂注重知识和专业能力，教学突出实践性；师范教育课堂注重专业知识和教育素养，教学突出专业基础知识的掌握和教育教学能力的培养；普通高等教育强调学科的传承创新、培养学生学术能力，教学突出学科完整性和学生科研能力的培养；职业师范教育强调职业性、师范性并重，兼具职业素养和教育素养，教师教学既要体现专业知识、职业技能的展示与引导，又要关注学生主体性地位，教学形式多样化，让学生在学习过程中感受学生观、教育观，在耳濡目染中提升教学能力和教学素养。在课堂教学中，师生面对面互动交流，教师在教学中通过提问、讨论等方式了解学生对课程内容的掌握情况，调控学习节奏和教学环节；学生在学习中对不明晰的知识点提出疑问，师生共同探讨，引导学生发挥自身能动性探索新的方式方法。在知识课堂向智慧技术课堂转变过程中，教育技术与教学还未能从机理层融合共进，更多体现为各类课程利用简单的教育技术机械地、表层地叠加，教学过程沿单向路径呈现。仪器、设备、软件尚未能和教师一样根据真实教学内容与学生学习反应采取具有导向性、艺术性、创造性的教学，亦无法通过学生的发言、面部肢体语言获悉学生对知识的掌握情况、对内容的理解领悟程度、对教学方式方法的满意程度；无法根据学生学习过程中的表现及时作出回应反馈，根据当下学生实际需求调整教学进度与方法，更无法实现与学生情感、态度、价值观的交流；在促进学生知识与能力、学习过程与方法、情感态度与价值观的全面发展中，仅实现了对学生知识能力掌握情况的教学评价。

2.2.5 教育技术与教育市场供给

当前，知识迭代速度不断加快，知识更新周期缩短，多维度、多形式的职业培训、终身学习的需求日益攀升，而培训机构在师资力量、教学设施等方面良莠不齐。部分课程为吸引学习者，忽略课程逻辑，注重内容的新、精、深，缺少基础性知识的讲解，使知识体系失去根基难以有效运用，亟待学校从师资培训、课程设置、教学方法、内容选择、科研技术等方面给予支撑。发达国家利用教育技术实现课程开发是由学校独立实现，或众多学校结成课程开发群体通过共享人力物力、设施设备等多方资源实现，并不断丰富教学资源平台，进而实现教学资源市场化。我国各类学校中教育技术与教育教学创新融合的产物，如线上课程、教学软件、虚拟仿真课程等，大多是市场化运作形式，即学校与社会中专门从事课程开发建设的教育技术公司、企业合作。这种模式下开发一门课程需要较高的经费支持，且体验服务单一。对于大多数学校而言，在高额开发费用的重压之下，只能够实现少数课程的开发、重建。绝大多数课程的课程模式、内容结构、组织形式、教学方法仍处于传统课程模式，教育技术未能与课程相结合，未能使不同课程呈现应有的特征。由于缺乏相应的激励机制和管理体制，在教学科研的双重压力下，仅有部分教育者积极深思技术与教学相融合、如何运用技术更新教学内容和创新教学方法。在教育教学的变革过程中，出现了以申报项目、奖项为目的的课程建设，这种课程资源共享动力不足，多为围绕申报条件选取具备竞争实力的课程，覆盖的课程类型少，而教育市场中所需的贴合行业发展需要、提升职业素养、提高核心能力、滋养精神世界的课程涉及不多。现在，还存在课程设计固化、教学理念滞后、缺乏技术思维的问题，甚至有的课程仅仅通过使用简单的技术呈现传统、老旧的教学内容，技术只起到包装作用，课程使用率不高，教育市场供需不平衡。

2.3 教育技术重塑职业师范教育体系

职业师范教育学是我国教育体系的重要组成部分，是培养"双师型"职业师资的最主要途径。在我国工业化道路寻求突破转型过程中，职业教育的价值得到正视，其教育地位、社会地位不断提升，但职业师资的缺乏、师资队伍素养参差不齐影响了职业教育的发展步伐。因此，大力发展职业师范教育，完善职业教育师资培养体系，职业师范教育高速高质发展成为当前教育改革发展的重点之一。

2.3.1 教育技术与职业师范教育深度融合

中国特色、世界水平的高职学校和专业集群在国内职业院校中处于前列，拥有优质教育资源、先进的职业师范教育学育人理念、多元的优秀师资队伍、较完备的教育软硬件设备设施。我国率先在具有中国特色、世界水平的高职学校和专业集群中全面推进教育技术，将人工智能、大数据技术、跨媒体感知计算等技术和思维方式嵌入学科专业课程，充分发挥教育技术对职业师范教育发展的撬动作用，借助教育技术突破实践场地、设备设施对职业师范教育发展的限制。打造特色专业集群教育技术融合范本，形成教育技术与专业内容、教学组织、教学方式、评价体系应用模板，为全面在职业教育院校实施提供参考与借鉴，引领职业师范教育学战略性调整转型，推动职业师范教育学高质量、特色化创新发展。

2.3.2 教育技术协同变革职业师范教育教学组织

分专业教学、分班制教学是职业师范教育教学组织常见形式，但由于教育经费有限，职业师范教育实训实践场地、设备设施、企业实习岗位、校企教师有限等诸多因素，传统教学组织采用的均等化教学无法满足学习能力强的学生学习需求，同时学习能力弱的学生可能由于跟不上教学步伐导致学习兴趣缺失。教育技术注入教育教学，很大程度上打破了时间、空间的限制，突破了教学资源缺乏、师资力量有限、设备设施及教学场地不足等困境。教育教学不再受专业、班级的限制，学生在任何时间、地点都可以借助互联网等新兴教育技术，通过在线课程、虚拟仿真平台、智能虚拟教师等途径跨国、跨区域、跨校、跨专业获得多样化、个性化、差异化的学习资源。

2.3.3 教育技术焕新职业师范教育学手段

职业师范教育学注重学生专业知识、教育学知识、职业技能、教学技能、职业核心素养的培养。传统职业师范教育实训实践教学需要借助实训基地、校企共建实践场地、实习单位、实践岗位等教育中介系统实现。由于实训实践基地对场地空间、环境、安全等要素要求严格，软硬件设施建设成本高，实习单位可提供的实践岗位不足，实践时间难以长期安排，校企指导人员整合难，无法实现职业技术技能人才的有效培养。同时，教育实践课程要取得良好的教学效果，需联合职业院校共同完成，由职业院校指导教师带领职业师范专业学生在职业院校中进行教育实践，深化学生对理论知识的理解、培养教育实践能力。但是，职业学校为保证自身的教学进度和育人质量，仅能提供一个月至几个月不等的教育实践时间。各方面因素导致职业师范教育实践实训课程存在成本高、技术传授缓慢、实训时间短等特殊难题。

教育技术的有效融合为职业教育、职业师范教育创新提供了新思路、新手段、新模式，通过互联网、人工智能、大数据等技术突破学科壁垒，围绕特色高水平专业集群和行业群体需求，将教育实训实践教学所需的教学环境、教学设备设施虚拟仿真化，搭建覆盖产业链的专业集群虚拟仿真实践教学平台，让学生在教室通过简单设备即可获得真实、沉浸、互动的学习体验，企业指导教师还可以在在线教学平台指导、点评学生的实践操作。虚拟仿真设备成本大大低于真实实验、生产设备，亦能保证教育欠发达地区学生通过虚拟仿真设备进行实训实践活动，有效提升了教学效能，实现优质教育资源共享，助推教育公平。虚拟仿真平台可有效降低学生实训风险，一旦学生出现错误操作，虚拟仿真环境会释放与真实场景相同的视觉、触觉、嗅觉、听觉等感官刺激，有效警示学生时刻谨记操作步骤，将安全守则铭记于心，降低其试错成本，培养其应变能力和危机处理能力。某些在真实环境中需要历经几天甚至几个月才能看到变化的实验，通过虚拟仿真设备可压缩时间，在教学单元中即可获得实验结果。学生在虚拟仿真教学平台实践、学习的过程中，均设置"一对一"智能虚拟教师，对实践过程全程记录，对学生出现的问题及时指导，根据学生学习进度，智能化调整实践进程与实践环节，确保每一位学生通过虚拟仿真实训都能掌握必备的职业技能和素养。每次实践活动均需形成学习报告，指引学生自我完善，为学生过程性评价提供重要参考依据。

2.4 教育技术创新融合职业师范教育主要形式

2.4.1 人工智能助力开放教育

人工智能（Artificial Intelligence，简称AI），被誉为20世纪70年代以来世界三大尖端技术之一，是研究和开发用于模拟、延伸和扩展人的智能的理论、方法、技术及应用系统的综合性前沿学科。如今，人工智能技术已广泛应用于各领域，掀起了诸多行业的巨大变革，教育是其中备受关注的领域之一。如何将人工智能等新兴技术广泛而深入地与教育融合，实现数智化教育是教育改革的聚焦点。

（1）人工智能赋能自适应学习

自适应学习（Adaptive Learning）指基于人工智能技术，分析学习者知识水平、认知风格、学习需求、兴趣偏好等个人特征，为学习者设计并安排最适宜的学习内容和路径，在学习者学习过程中实时监测、持续分析学习者学习状态和学习结果，动态调整学习进度，并提供教学反馈。自适应学习通过深度挖掘、分析学习者学习行为数据，实时动态调整学习内容、知识能力序列、学习进程、教学方式和评价手段，使个性化、差异化教学真正大面积实现。以"确定设计对象→搜集学情数据→分析学情数据→构建个人学习模型→输出学习反馈"逻辑实现人工智能自适应学习。运用人工智能技术，如决策树、朴素贝叶斯、逻辑回归、神经网络等技术完成学习者学习习惯、学习语言、学习能力、学习态度、学习时间、答题耗时与正确率等学情数据的分析。个人学习模型的建构是实现自适应学习的关键，模型的建构有效连接理论研究、程序设计、具体实施，自适应学习系统的参考模型最少需涵盖领域模型、学习者模型、自适应模型、自适应引擎和呈现模型，如图2-1所示。

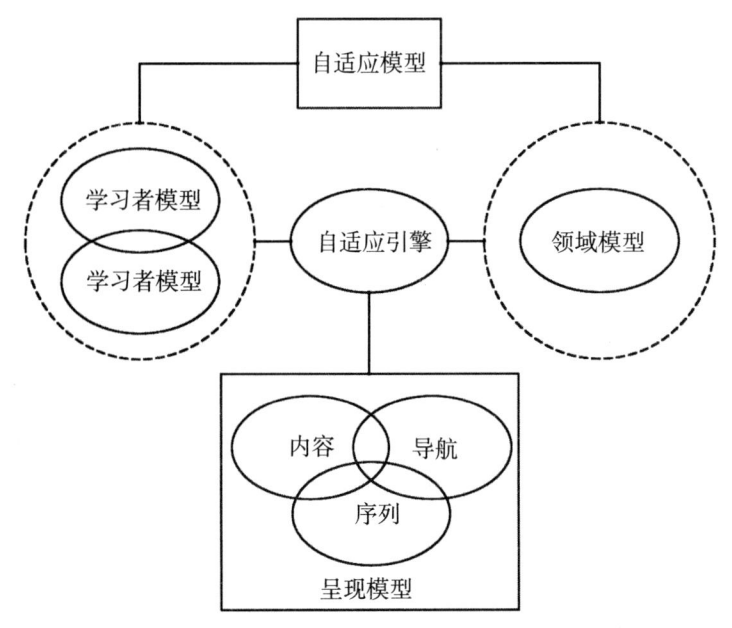

图 2-1 自适应学习系统模型

① 领域模型

领域模型是自适应学习系统的核心，通过建模技术实现领域知识的标签化和序列化，教育领域模型建构是运用知识抽取、融合等技术，建立学科知识间的关联，实现知识序列化，呈现适合学习者的知识序列，从而获得更好的学习成效。

② 学习者模型

学习者模型是通过对学习者学习过程中的行为、知识水平、兴趣和特征进行描述和分析从而建构准确具体的模型，实现个性化学习推荐。学习者模型主要包含学习兴趣、兴趣偏好、知识储备、学习风格四方面内容。学习者模型由静态和动态两个维度组成，静态维度是学生学籍、学习风格描述等具有长期性、稳定性不易发生改变的属性；动态维度是学生在学习过程中容易发生变化的属性，如学生认知水平、学习能力、学习经历、学习需求等。

③ 自适应模型

自适应模型是指具有拟人自适应功能的模型，当学习者模型运行环境条件发生变化时，自适应模型根据学习者模型中信息访问知识列表修正模型的结构或参数，产生与之相适应的动作，维持模型与学习者正常的拟合度。

④自适应引擎

自适应引擎是自适应学习系统的智能内核，是学习者模型和领域模型的桥梁和纽带。它会根据用户模型选择、组装和呈现页面，实现根据用户学习行为修改与维护用户模型等。自适应引擎通常需要完成以下任务：

a. 知识点排序：自适应引擎需要了解学习者的学习水平，并根据学习者的能力、兴趣和进度等因素来确定学习内容的顺序。

b. 动态学习状态记录：自适应引擎需要不断跟踪学习者的学习状态，了解学习者薄弱项和学习能力以便为学习者提供下一步的学习建议，确保精准学习。

c. 计算最优的学习路径：自适应引擎需要根据学习者的学习状态和目标，计算出最优的学习路径，以确保学习者能够快速、有效地掌握所需的知识和技能。

自适应引擎还需要考虑以下因素：

a. 个性化学习：根据学习者的个性特点、兴趣爱好和学习风格等因素，提供个性化的学习内容和建议。

b. 实时反馈和调整：实时接收学习者的反馈，并根据反馈结果调整学习内容和策略，以更好地满足学习者的需求。

c. 数据分析和优化：收集和分析学习者的学习数据，以便结合学习者状态不断优化学习内容和策略，向学习者推荐最佳的学习路径，有利于学习者快速明确学习目标及掌握知识点，提高学习效果和效率。

⑤呈现模型

自适应引擎根据学生模型、领域模型和自适应模型在客户端进行学习内容、学习序列、学习分析和课程导航的适应性呈现，以提供个性化的学习体验，帮助学生学习得更高效。学习内容的适应是指根据学生的学习风格、兴趣、认知水平等因素，选择适合学生的学习内容。例如，如果学生更倾向于视觉学习，自适应引擎可能会推荐包含大量图表和图像的学习内容；如果学生更倾向于实践操作，自适应引擎可能会推荐包含实际操作练习的学习内容。学习序列的适应是指根据学生的学习状态和目标，计算并形成学习路径和序列。这包括确定学习顺序、难度级别和学习进度等。例如，如果学生已经掌握了某些知识点，自适应引擎可能会推荐跳过这些知识点或加快学习进度。学习分析是指对学生的学习数据进行分析和优化，以了解学生的学习习惯、学习能力和学习进度等。这可以帮助自适应引擎更好地了解学生的学习状态，从而提供更准确的建议和指导。

课程导航分为课程间导航和课程内导航两种。课程间导航是指系统根据学生的学习兴趣、所在年段、学习风格中的事实或抽象特性等维度，进行课程推荐。例如，如果学生喜欢数学，自适应引擎可能会推荐一些与数学相关的学习内容。课程内导航则是根据学习风格、认知水平等信息，计算并形成学习路径和序列。例如，如果学生更倾向于视觉学习，自适应引擎可能会推荐一些图表和图像来解释知识点。

（2）自适应学习系统运行过程

学习者根据自身学习需求、学习兴趣选择学习目标，自适应引擎通过领域模型和学习者模型，分析学习者当前的知识、能力储备是否达到所选择的学习目标要求的学习起点，如尚未达到该学习目标的学习起点，系统将从学习者最近发展区内选择与学习者需求相适应的学习内容推荐给学习者，为学习者提供学习建议。如果学习者已达到所选择的学习目标要求的学习起点，自适应引擎会在领域模型、学习者模型、自适应模型和呈现模型的作用下向学习者推荐与其相匹配的学习路径、学习内容和学习资源。当学习者完成学习后，系统对其学习成效进行测量评价，分析是否达到学习目标要求，如未达到要求，自适应引擎将被重新唤醒，根据学习中知识点的薄弱部分精准推荐学习内容，实现薄弱知识的多路径呈现、描述与强化巩固，直到学习者牢固掌握学习目标中的所有知识点，实现学习目标。

（3）自适应学习系统开发与实践

①结构化课程资源

课程资源是学习者学习的基础，而课程资源结构化是实现推荐机制的关键。通过定义微课程模块、测试模块、文献模块三个模块课程资源，更好地实现不同学习者的学习需求和个人兴趣。微课程模块是基于教学主题的内容多样化呈现，其特点是微小，包括微视频、微讲义、微练习、微论坛和微探索，将同一教学主题以不同形式展现可以帮助学习者更好地理解教学主题，并加深对相关知识的深化。测试模块是与教学主题、知识点相关的测验和作业等资源，是掌握学习者学习成效的途径之一。文献模块是与课程相关的参考知识，扩展学习者的课外知识，帮助他们更好地理解和应用所学知识。为确保学习者获得较佳的教学效果，课程资源的制作和筛选是关键环节，精心选择和制作课程资源，资源应该涵盖全面的知识点，且能够引起学习者学习兴趣。同时，将课程资源按照学科、学段、领域和难度等相关分类进行设置，以便系统更准确地分析学习者模型，并根据分析结果动态修正学习路径，满足不同能力和学习需求的学习者。

②过程化学习记录

学习者登录系统时，须录入个人学习基本信息并进行一些基本的量表测试，以获取基础的学习者模型。系统通过获取、分析学习者的基本特征和需求提供个性化的学习资源和学习路径。学习者需要选择学习课程和个人学习目标，系统根据领域模型产生相关"学习资源树"，通过"学习资源树"学习者清楚、明确知识脉络。在学习者学习的过程中，系统会实时记录学习者学习轨迹信息，如访问不同类型媒体资源的次数、在不同资源停留的学习时间、单次测验用时、练习的次数等，形成学习行为记录。自适应引擎根据学习行为记录进行学习风格、学习偏好等模型的修正，产生实时的、个性化的学习导航。

③动态化学习路径

自适应系统的核心是动态生成学习者的学习路径，以满足学习者的个性化学习需求，提供更准确的学习资源和路径，从而提高学习者学习效果和兴趣。目前，系统主要生成三个维度的自适应：

学习能力自适应。测试模块是实现学习能力自适应的重要部分。学习者在完成微课模块学习后，进入测试模块进行知识的检测，系统会根据学习者的回答情况自动调整试题难度，提供适合学习者水平的题目。系统会给学习者推送难度适中的测试题，如果学习者回答正确，系统将升高难度，自动选取更高一级难度的试题推送给学习者作答；反之，如果学习者回答错误，系统会降低难度进行试题匹配，以帮助学习者发现学习中的不足和薄弱环节，同时不会让学习者感到挫败和失去学习积极性。

学习知识自适应。根据领域模型，系统会产生当前学习的知识链，学习者沿设计好的知识轨迹进行学习。当学习者在学习知识点时，系统会记录学习者的学习时间，如观看某个知识点的微视频，系统会跟踪记录学习者观看时长、观看频率等数据，通过分析数据评估学习者学习情况。如果某个知识点的微视频的平均观看时间和观看频率超过了教师预先设定的标准，系统会认为学习者在学习这个知识点时可能遇到了学习困难，因此需要额外补充相关知识点的课程资源，以帮助学习者更好地理解和掌握这个知识点。

学习风格的自适应。系统可以根据学习者的学习风格测试结果生成不同的学习路径，为每个学习者提供个性化的学习体验。对于活跃型学习者而言，他们喜欢通过亲身体验、经历获取知识，系统推荐的学习活动序列是论坛→视频（或讲义）→探索→练习，如图2-2所示。学习者首先通过微论坛进行讨论和交流，激发学习兴趣和热情；接着观看微视频或阅读微讲义，学习相关知识；然后进行微探索，通过实践或实验深入理解知识；最后完成练习，巩固所学内容。对于沉思型学习者而言，他们更喜欢安静地思考问题，因此系统推荐的学习活动顺序：视频（或讲义）→探索→论坛→练习，如图2-3所示。在这个序列中，学习者首先通过微视频或讲义学习相关知识，然后进行微探索，深入思考和探索知识的内涵和意义；接着参与微论坛，与他人交流和分享思考成果；最后完成微练习，巩固所学内容。

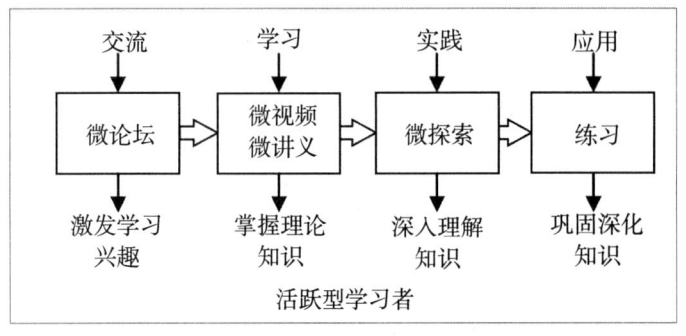

图2-2　活跃型学习者学习路径

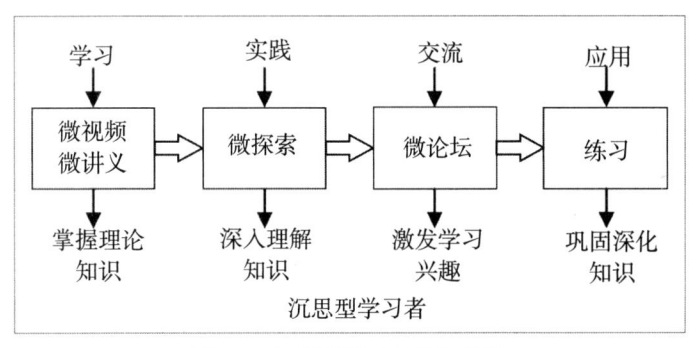

图2-3　沉思型学习者学习路径

学习风格的视觉型与言语型维度影响着学习资源匹配的媒体类型。对于视觉型学习者，他们更倾向于通过视觉渠道来接收和加工信息，因此系统会推荐微视频类的资源，为学习者提供视觉上的演示和演示过程中的文字说明，从而帮助视觉型学习者更好地理解和记忆知识。言语型学习者，他们更倾向于通过听觉和语言来接收和加工信息，因此系统会推荐微讲义等资源，为学习者提供详细的文字说明、语音讲解、图片辅助说明等内容，满足言语型学习者的学习需求，帮助他们更好地理解和掌握知识。

学习风格是每个人独特的学习方式，系统通过识别每个人的学习风格，根据学习风格的差异，提供与其学习风格相匹配的学习资源。更好地满足学习者的个性化需求，提高学习效果和效率。同时，帮助学习者更好地适应学习环境，获得更好的学习体验。

学习分析可视化。学习分析是学习诊断的重要依据，它可以呈现学习者的学习状态、学习偏好、学习行为等，对于学习者发现学习漏洞、改善学习方法有重要作用。系统记录学习者学习状态后，通过对学习者学习偏好、学习行为、学习风格等维度进行数据采集、统计、分析，并借助各类可视化图表进行呈现。例如，系统可以根据学习者学习时间长度、何时进行学习、学习不同资源的频率等，从而帮助学习者发现自己的学习规律和习惯，找到适合自己的学习方法和策略。此外，系统还可以根据学习者的学习风格推荐不同的学习路径和资源，以更好地满足学习者的个性化需求，提高学习效果和效率。学习分析也是线下课堂教学活动的重要依据。教师可以通过学习分析图表了解学习者的总体情况、知识短板、学习状态等信息，从而准确把握学习者学习情况和需求，进行更加精准的教学和辅导。对于学习时间较短和学习频率较低的学习者，教师给予及时提醒和监督，帮助学习者发现自己的学习漏洞，提高学习效率。对于测试题错误率较高的知识点，教师在课堂上重点讲解，帮助学习者深入理解和掌握相关知识，从而提高学习效果和水平。

2.4.2 区块链创新教育

"互联网+教育"已成为全球教育发展与变革的大趋势，其核心目标是应用互联网思维、技术和模式改造传统教育模式，实现教育系统的结构性、历史性变革。区块链技术在教育领域也得到初步发展，对教育教学的影响也越来越突出，区块链技术在"互联网+教育生态"的构建上发挥着重要作用。在教育领域中，随着全球开放教育资源运动的持续深入发展，人类学习出现了模式数字化、内容多样化、机会民主化、场所分散化、去中心化特征。而以去中心化、去信任为主要特征的区块链技术，能够满足受教育者去中心化的学习需要和模式。区块链技术以智能合同迎合日益去中心化的学习模式，并引发新的学习变革。目前，区块链技术在全球教育领域的发展和应用主要体现在区块链技术教学、区块链技术教学平台和区块链技术传播等方面。而"区块链技术+教育"的两大核心优势主要为：第一，区块链技术整合教育资源，通过减少的成本达到更好的教育目的。运用区块链技术的去中心化特点，建立用户与用户之间点对点的传播方式，使用户之间可以进行资源共享，达到减少中介成本、减少研发与管理维护成本的投入，让更多的普通老师或是在中国教育体制下不能进入公立学校的老师，可能有更好的教学想法、作品和课件等。第二，区块链技术有助于实现跨平台、跨国资源共享。利用区块链的分布式账本技术，将教育资源分布式存放在不同的区块中，通过特定的节点传播，使用户之间达成共识协议，方便所有教育者通过平台共享学习资源，提高共享效率，建立客户评价体系进行公正的评价。区块链技术可以把每一个知识点、每一个科目、每一个方向最好的资源积累起来，从而形成更好的引导，让学生通过更少的成本享受更好的教育，从而使教育行业在全球范围内实现信息资源共享。在线教育需要一种去中心化的模式和架构，而去中心化的模式可以解放许多资源，提高优质资源的利用效率。加之，区块链是一个全球性的技术，能更好地实现国内、国外优质教育资源的跨国共享，区块链与教育结合的优势也明显在于此。

区块链技术在教育中的应用价值与思路主要体现在五大方面：建立个体学信大数据、开发学位证书系统、构建开放教育资源新生态、实现网络学习社区的"自组织"运行及开发去中心化的教育系统。区块链技术在教育行业的应用有助于推动教育体系变革，加速教育系统进化发展。基于区块链技术的教育新生态体系架构图如图2-4所示。

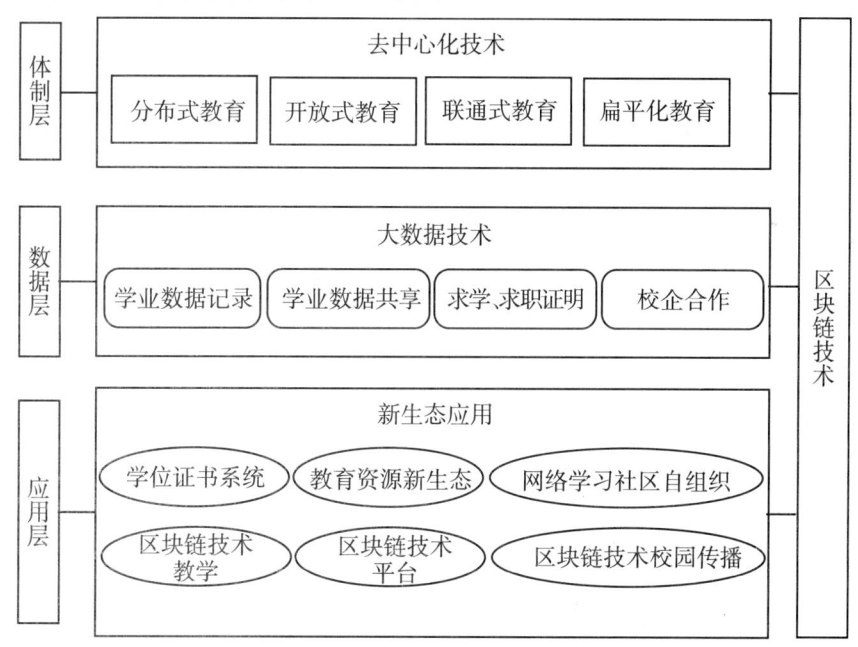

图2-4 区块链技术教育新生态体系架构图

体制层。利用去中心化特性构建去中心化教育系统。在教育领域，区块链可以用来开发去中心化教育系统，包括分布式教育系统、开放式教育系统、联通式教育系统和扁平化教育系统。利用去中心化技术打破传统教育服务，使学校和政府机构及任何具有教育资质的机构均可以开展教育服务并颁发有效的学历证书，实现正规教育与非正规教育的有效融合，推动全民参与教育体系的变革。

数据层。建立教育个体大数据，建立"科—产—教"合作新桥梁。在"区块链+教育"领域中，可采用区块链技术的分布式存储技术将学生的个人信息、学习成绩、成长记录等内容以记录的方式进行储存，同时可以向其他学校或招聘单位共享可信的学习数据，并将其作为学生求学和求职的重要依据。利用区块链技术中的分布式账本技术向用人单位展示学生的学业成绩与专业技能，建立学生与企业、学校与企业之间交流的桥梁，创建校企合作新模式，实现学生技能与社会用人需求无缝衔接，有效促进学校和企业在人才培养上的高效精准合作。学校方面利用区块链技术做分布式学习记录与存储，允许任何教育机构和学习组织跨系统和跨平台地记录学生个体学习行为和学习结果，并永久保存在云服务器，可有效解决当前教育信用体系缺失和校企相脱离等实际问题；企业方面，可以通过合法渠道合理获取学生的任何学习证据数据，用于精确评估应聘者与待招岗位间的匹配度。

应用层。构建安全、高效、可信的开放教育资源新生态系统和教育平台。引入区块链技术，构建全新的学位证书认证系统，以实现学历信息的完整、可信记录和学位认证的可靠性；开放教育资源，应用区块链技术加强资源版权保护，使任何资源的创建信息都可以被查询追溯，从源头上解决版权归属问题，同时促进资源共享提高资源的质量和利用率。利用区块链技术优化和重塑网络学习社区生态，提高社区成员参与其中，借助成员的智力成果净化网络生态环境，实行信誉认证，保证网络组织的自动运行。在区块链教学模块借助国外经验，开展区块链相关课程，培养具有区块链技术开发和应用经验的软件工程师，同时创建区块链技术教学平台，促进学习者、学校、企业及相关方共享学习过程和学习认证等方面的数据。利用区块链技术建学习存储平台，用以记录、存储正式或非正式的学习经历和过程，完善和超越传统的学习存储模式。通过校园活动宣传和推广区块链技术，吸引更多的学生了解、关注并参与区块链技术的开发和应用生态系统，从而在更大程度上促进区块链技术的传播、发展和应用。

2.4.3 "互联网+"促进教育均衡发展

职业教育、职业师范教育注重技术技能的掌握与应用，须通过大量实训

第二章
以技术创新职业师范教育

课程实现教育目标。与义务教育、普通高等教育相比，地域、经济等因素对职业教育、职业师范教育的制约更为显著，实践基地、实践设备设施等实践环境的不足，实践实训课程难以全面深入开展。运用互联网技术搭建职业教育数智化技术技能创新平台，共享优质丰富的在线教学资源，实现虚拟仿真沉浸式教学实训，是促进教育均等化的有效途径。

（1）职业教育数智化技术技能创新平台架构

职业教育数智化技术技能创新平台采用多层体系架构，由交互层、功能层、框架层、数据层、系统层组成，其平台架构图如图2-5所示。

交互层	教师	管理员	学生	访客
功能层	教学辅助：课程基础配置、学习实训过程监控；教学交互：工作场景展示、仪器设备交互、多人协同交互、虚拟仿真呈现、实时交流、数据采集和访问、教学效果评价、联机数据通信、……			
框架层	消息处理功能、逻辑处理功能、资源管理功能、用户引导功能、设备交互功能、场景管理功能			
数据层	用户学习数据库、教学资源数据库、用户信息库			
系统层	软件子层：功能开发软件、建模软件、虚拟仿真软件、……；硬件子层：系统运行的各类硬件			

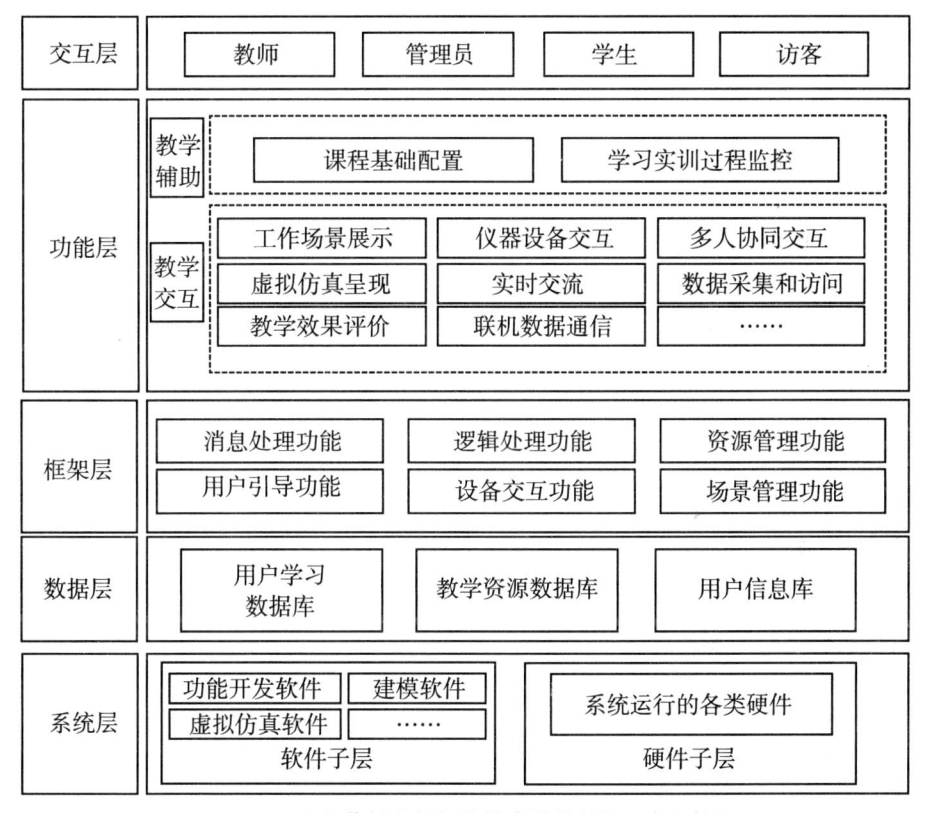

图2-5 职业师范教育数智化技术技能创新平台架构图

交互层涉及教师、学生、管理员、访客等不同权限用户及其功能。

功能层遵循底层技术架构，利用交互功能和通信接口标准进行功能开发，涵盖辅助教学功能和教学交互功能。辅助教学功能包括课程基础配置和学习实训过程监控功能。教学交互功能包括工作场景展示、仪器设备交互、多人协同交互、虚拟仿真呈现、实时交流、数据采集和访问、教学效果评价、联机数据通信等功能。

框架层包括消息处理、逻辑处理、资源管理、用户引导、设备交互、场景管理等功能。消息处理功能通过发送和接收消息实现平台模块间的通信，可最大限度降低平台模块间的耦合度。逻辑处理功能负责平台所有逻辑单元状态的读取、写入、逻辑更改的情况通知。资源管理功能负责各类教学实训资源的加载、缓存和卸载。用户引导功能负责教学实训配置的脚本流程的读取、解析、驱动和运行控制。设备交互功能负责平台仪器设备触碰、移动、拿起、放下等交互操作功能。场景管理功能负责所有教学实训场景的加载、缓存、卸载及场景状态改变时的情况通知。

数据层由用户学习数据库、教学资源数据库、用户信息库组成，用于保存和管理平台接收和产生的一切数据。

系统层由软件系统子层和硬件系统子层构成。软件系统子层涵盖功能开发软件、建模软件、虚拟仿真软件等实现平台功能模块所需的各类软件。硬件系统子层涵盖系统软件运行所需的各类硬件。

（2）职业师范教育数智化技术技能创新平台功能模块

职业师范教育数智化技术技能创新平台功能模块由课程资源模块、虚拟仿真实训模块、智能监控模块、课程评价模块四部分组成。

①理论知识模块

融合标准化企业应用型人才培养目标，搭建课程理论知识模块，打破传统分科课程教学形式和课程设计逻辑，将职业师范教育学科课程分解为若干网格化知识主题，将职业和工作岗位涉及的知识、技能、职业能力、社会能力融入每个网格知识主题中。每个知识主题均有具体教学目标和教学大纲，知识主题按照知识体系的内在学科逻辑顺序排列，为学习者创设螺旋递进的学习任务和现实工作任务，网格知识主题以可视化"网格树"形式呈现给学习者，学习者能清楚地看到网格知识主题衔接脉络。学习者首次登录平台后，平台通过多维度调查问卷分析其已有知识基础，了解学习需求和学习习惯，智能推荐个性化学习方案；学习者灵活选择网格知识主题进行学习，自主把握学习进程；系统智能化监测学习者学习情况，当学习者存在学习困难时，及时给予一对一在线辅导。

②虚拟仿真实训模块

以学习者为中心开展沉浸式教学，以真实岗位的核心工作为依据打造实训项目，为学习者创设螺旋递进式的实训任务，将知识点与技能融入具体实训任务中。拆解教师岗位和行业岗位要求，生成不同的实训任务，组成若干岗位技能包，每个岗位技能包均包含学习要求、考核标准、理论基础知识、岗位技能、操作演示、虚拟仿真工作场景、虚拟互动角色等内容。借助虚拟仿真实训可加速实验实训进程，如缩短农作物生长、化学反应速度等。在同等实训时间里虚拟仿真能多次重复实验实训，且没有实验材料、设备设施的损耗，切实提高实训效率，强化学习者对技术技能的掌握。通过虚拟仿真实训能创建现实实验实训不具备或难以实现的教学环境，为高危极端的环境、不可逆不可及的操作、高成本高损耗材料设备的实训项目提供安全、高效、经济、可靠的实训环境，打破时间、空间等因素对实验实训的限制。学习者通过虚拟仿真操作掌握不同岗位的要求，操作不当而引发严重后果时，平台会从视觉、触觉、听觉、嗅觉、痛觉等方面让学习者真实感受到，以提高学习者的操作严谨性。

③智能监控模块

通过立体深度摄像头、操作传感器、皮肤传感器、眼球追踪仪等设备，多维度捕捉、收集在理论学习和实践操作过程中学习者的面部表情、眼动频率、动作姿势、肢体语言、心率变化、语音对话、操作过程等数据，及时了解每一位学习者的学习态度、学习情绪、操作情况、学习内容、学习时长、学习进度等学习者的学习过程与状态反馈，形成并不断更新学习者个人学习模型。数智化技术技能创新平台根据学习者个人学习模型调整理论学习和实训操作内容呈现方式，借助大数据、AI、AR、VR、MR、3D技术等，采用语言陈述、智能提问、文字呈现、视频、音频、3D动画、全息投影、虚拟仿真等多样化知识技能表现形式，满足学习者差异化学习需求。教学监控模块在捕捉学习者学习表现过程中，智能实时分析学习者学习情况，了解学习者对知识技能掌握情况，当学习者的面部表情、眼神凝视、操作环节等细节流露出学习困惑时，教学监控模块将通过虚拟教师智能引导、通知任课教师等方式及时给予学习者指导与帮助。

④课程评价模块

由学习者评价、系统评价和教师评价三部分组成。学习者评价包括对数智化技术技能创新平台使用便捷性、操作难易度、虚拟仿真还原度、学习资源丰富程度、差异化学习资源推送等方面的评价，此外还包括学习者对自身学习情况的评价。系统评价综合学习者学习态度、理论学习和实训操作完成度、作业完成情况和准确率、实训操作完成时效和失误率等内容进行智能量化评分。教师评价由教师基于学习者理论和实训学习情况、考试考核成绩、小组多人协同实训成果、学习者学习前后知识能力掌握情况比较等方面进行评价。

2.5 技术助力广西职业师范教育发展

广西职业师范教育在师资力量、硬件设施、人才培养模式等方面与发达省份存在较大差距。近年来，广西深入落实国家教育数字化战略行动，以新兴教育技术为杠杆，以提供优质数字化教育资源为支点，推动职业师范教育高质量快速发展，为我国欠发达地区职业师范教育发展提供"广西模式"。

（1）发挥标杆优势，提升整体水平

2022年，广西教育厅经学校申报、各市推荐、专家评审，确定了30所职业院校为广西职业教育信息化标杆学校建设单位，其中高职院校13所，中职院校17所。广西职业教育信息化标杆学校建设是广西教育厅为贯彻落实教育部《职业教育提质培优行动计划（2020—2023年）》《职业院校数字校园规范》及《广西"互联网+教育"行动计划（2018—2022年）》等文件要求，推进广西"互联网+职业教育"发展的重要举措。在广西遴选大约50所（之后又陆续遴选了20所左右）职业院校，按照教育部《职业院校数字校园规范》开展自治区级职业教育信息化标杆学校创建工作，引导职业院校提升信息化基础能力，充分发挥数字校园在职业院校教学、科研、管理、交流合作、服务及评价等方面的赋能作用，探索形成一批可复制、可推广的职业教育数字校园建设先进经验和标杆案例，发挥辐射带动作用，提升我区职业院校数字化发展水平，支撑职业教育高质量发展。

（2）以教育技术推动专业升级

鼓励各职业院校基于自身专业特色，充分运用新兴教育技术对专业、专业集群迭代发展，实现教育技术与教育教学的深度融合。通过中国大学MOOC、超星教学平台、雨课堂等建设网上教学平台和资源库，覆盖教师教学、管理全过程。例如，广西职业技术学院运用大数据、区块链等信息技术对茶树栽培与加工技术专业、物流管理专业、会计专业进行升级改造。智慧课堂分析系统、专业虚拟实训系统、超星泛雅教学平台等信息化教学管理平台实现了对日常教学、实训教学、岗位实习等过程的全方位监管。目前，该校主持国家级精品资源共享课程2项、主持国家职业教育专业教学资源库1项、主持建设自治区级专业教学资源库3项，建设有网络课程3000门，实现信息技术对所有课程全覆盖。2020年春季学期以来，该校学生评教系统数据显示，学生线上教学参与度、教学满意度保持在98%以上。

（3）数字化转型助力教育公平

2023年，由广西职业技术学院牵头建设的广西职业教育智慧教育平台正式上线。平台设置有专业与课程服务中心、东盟国际课程、学分银行、大数据中心、智慧教研室、自治区级项目管理等多个板块，支持线上线下相结合的混合式教学模式，旨在进一步汇聚区域内的优质职业教育资源，推动资源共建共享，提升广西职业教育信息化水平。

2.6 实践案例

澳大利亚查尔斯特大学于1989年由三所高等教育学院合并而成，是澳大利亚最大的远程在线教育单位，校内本科生、校外在线教育本科生、校外在线教育研究生比例基本相等，其就业率居澳大利亚所有大学首位，84%的毕业生都能在毕业半年内获得与其专业相匹配的职业。查尔斯特大学切实助力地方经济，将工作实习整合到整个课程体系中，几乎每一门课程都包含工作实践部分，打破了课程和学科壁垒，基于知识体系逻辑脉络开发"主题树"教学模式。查尔斯特大学人才培养路径如图2-6所示。

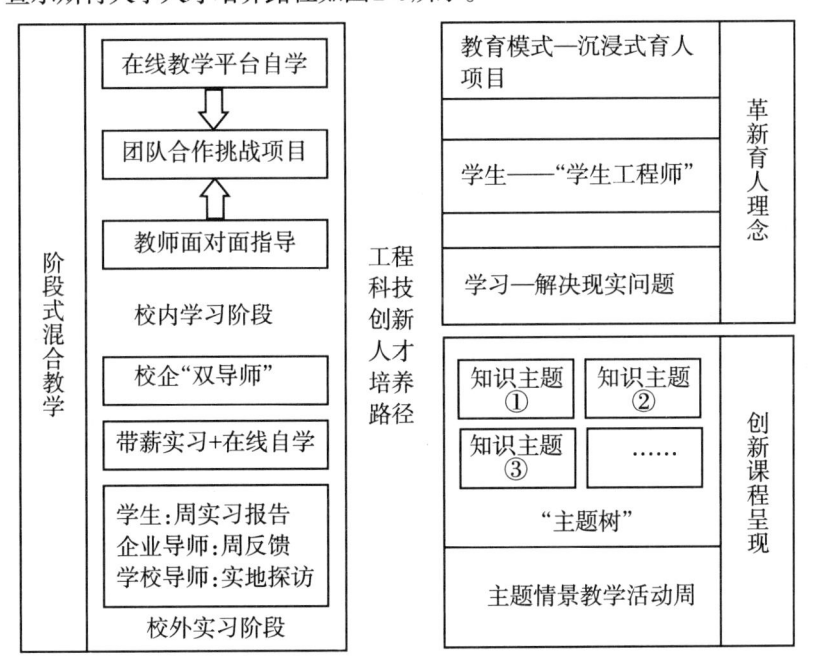

图2-6 澳大利亚查尔斯特大学人才培养路径

(1) 创新人才培养路径

①革新育人理念

查尔斯特大学以支持地方发展和维持地方经济繁荣为己任，根植地方经济和社会发展需求，构建学科基础。20多年来，学校在围绕地方经济命脉搭建优势专业的基础上，紧跟国际新兴行业产业发展趋势，开设多元化专业学科；学校重新定义学生，将工程专业学生定义为"学生工程师"，为学生创设工程师真实工作环境，学习的过程即解决工程实际问题的过程。学生从入学就被赋予了"工程师"的职业角色，用专业从业人员的标准对标自己，激发学生学习主动性，培养职业精神，形成工程师独特思维方式。

打破学校每年4门课8个学分的传统标准化教育模式，构建面向社会的开放沉浸式育人项目，校内学生和校外远程教育学生均可参与其中。校企紧密合作是查尔斯特大学育人计划的核心所在，深度融合于课程文化与人才培养目标之中。基于专业实用型工程人才和行业企业所需人才标准搭建课程体系，课程以学生为中心开展体验式教学，为学生创设螺旋递进式的学习任务和工作中的现实问题，让学生通过解决问题形成对知识和技能的掌握和运用，在完成任务的过程中形成自我反思。

②阶段式混合教学

将课程分为校内学习和校外实习两个阶段。校内学习阶段是入学的前1.5年，打破传统教师讲授、灌输式教学模式，由学生参与完成一系列团队合作挑战项目。在参与项目之前，学生通过在线教学平台自学完成相关专业知识的学习和基本技能的积累。在挑战项目实践推进过程中，学生自主识别问题，主动汲取解决问题的所需知识技能、丰富自身知识体系。为顺利完成此阶段学习，学生需要完成一系列必修、选修专题在线课程。校内学习阶段教师为学生提供面对面的教学引导和帮助，让学生浸润在尽可能广泛的社会工程环境中，由学生自己选择学习方法，在项目实践中自行发现问题、寻求解决办法，在此过程中让自身知识体系完备、能力获得切实提升。随着学生知识和能力的积累，教师逐渐减少对学生的指引，培养学生独立思考、独自分析解决问题的能力。

校外实习阶段是第1.5年至第5.5年，由4次连续12个月的带薪实习和在线学习组成，实行学校导师和企业导师"双导师"指导制，企业导师入职前须通过在线、校内培训的形式完成教育学、心理学、学生管理等相关教育教学培训。学生与雇主签订为期一年的就业与学习合同，将校内学习阶段积累的知识技能运用于真实工程实践工作中，进一步深化对工程知识技能的理解。基于学生在实际工作遇到的工程专业问题和个人兴趣需要，学生可以从在线教学平台自主选择适宜的课程进行学习，满足个性化、差异化学习需求。在工作期间，学生每周有一天时间用于学习，并每周向学校导师提交本周实习报告，包括工作中的收获、体会与反思。学校导师在学生为期一年的实习期间，至少完成一次亲自去学生实习地探访的工作，掌握学生真实实习情况。企业导师为学生实习提供专业指导，每周及时反馈学生实习情况。同时，在担任企业导师期间还需要承担学校的兼职讲师工作。在学生实习的第二年和最后一年，学生的学习重心为学士论文或硕士论文，学生与学校导师和企业导师共同商定论文主题。

③创新课程呈现形式

查尔斯特大学将职业和工作岗位涉及的知识、技能等融入每一门课程中，几乎所有课程都包括工作实习部分。打破传统分科课程教学形式和课程设计逻辑，人才培养目标体现创新精神、独立思考、自主学习、沟通交流等社会核心能力。将工程体系学科课程分解为若干小模块知识主题，每个知识主题均有具体教学目标和教学大纲，知识主题按照工程知识体系的内在学科逻辑顺序排列，以可视化"主题树"形式呈现给学生。学生自主把握学习进程和学习内容，学习方式个性灵活。教师全程掌握学生学习情况，当学生存在学习困难时，及时通过一对一在线辅导或当面指导等形式，引导学生理解掌握知识技能。此外，学校每周通过两种形式为学生提供学习指导，一是由学生项目团队的指导教师和项目团队学生共同讨论项目进展情况、遇到的困难、可能会出现的问题，二是通过研讨会为每一位学生提供具体的项目实施指导和信息。学生通过在线平台记录自己在项目挑战中的工作学习情况和成果。教师在统计各团队项目进程和项目成果的同时，也记录团队成员的个人贡献。

由于在线教学的局限性，为解决学生在实际工作中遇到的专业问题，针对校外实习学生开设主题情景教学活动周，要求学生定期返回学校参加活动，活动后需提交解决方案和实践报告。以设计解决真实工程问题为活动主题，学生以小组形式完成活动，需要学生运用跨学科思维，综合多学科知识以团队协作形式解决问题。

（2）培养成效与借鉴

传统工程专业教学流程为"教师教—学生学—学生实践"，学生在学习前对行业需求只有浅薄了解甚至一无所知，对工程专业知识、能力没有个体需求。查尔斯特大学打破传统教学模式，为学生提供一种截然不同的学习方式，将面对面项目式学习与学生自主在线学习相结合，融入了真实工程实践中的所有环节和内容，切实做到以人为本、发挥教学中学生的主体性，将学生置于真实工作环境、复杂多变的岗位工作之中，强调学生自主学习和自我反思。学生在解决问题中，激发了求知欲和学习热情，从被动学习变为主动求知，在获取多学科知识、形成职业素养的同时培养了创新能力、沟通交流能力、团队协作能力、独立思考能力、分析解决问题的能力等社会能力。

查尔斯特大学聚焦国际工程领域人才需求，以紧密契合行业发展为导向搭建工程创新人才培养体系，突破单一的课程学分制度，重构课程体系和教学方式，汇聚学校、行业、企业、社会组织等优势资源，搭建产学研一体化育人圈，链接育人环境与真实工程实践场景，以挑战项目、企业带薪实习、主题情景教学活动等形式贯穿育人始终。学校学生主动发现行业需求，自主选择学习内容，实现了从被动知识传授到主动获取知识的转变。

第三章 "特高"引领育人机制创新

2019年2月，国务院发布的《国家职业教育改革实施方案》明确提出，经过5~10年时间，职业教育基本完成由政府举办为主向政府统筹管理、社会多元办学的格局转变，由参照普通教育办学模式向企业社会参与、专业特色鲜明的类型教育转变。职业师范教育是培养复合型人才的主要阵地，其人才培养目标和育人特点决定了职业教育需政府、学校、行业、企业、社会组织等多元主体参与协同育人。

3.1 构建职业师范教育多元协同育人机制

构建政府、学校、行业、社会组织等多元主体协同育人机制，政府是政策、法规制定与多方统筹的主体，学校是人才培养、人力输出的主体，行业是人才需求的主体，社会组织是搭建沟通渠道的主体。目前，在广西职业师范教育中，各方主体均各自为政，以自身需求为逻辑起点和行动指南。政府自上而下单向管理；行业追求经济价值；社会组织与职业教育分离，搭建的多方沟通渠道过于单一；职业院校成为单一育人主体，职业教育特色缺失。职业师范教育陷入看似多元主体共同参与，实则各部分各自为政的育人模式。

（1）转变模式，做好顶层设计

政府将自上而下管理理念转化为权力分级分类下放理念，全方位统领，全维度引领，重点把握宏观调控和全面监管，对学校、企业释放更多职业师范教育自主权，全程监控、多维评估协同育人活动，从政策层面规范职业教育多元协同育人机制。切实发挥政府的催化领导作用，有效调节、促进多主体协同育人进程，完善职业教育多元协同育人相关政策、法律法规、行动指南等内容，细化并明晰政府、学校、企业、社会组织等主体的具体责权，以全面明确的制度唤醒多元主体责任意识，消除因权利和责任不够具体而导致的行为主体不作为。建立沟通机制，拓宽沟通渠道，确保信息及时流通，共商共议解决问题。政府优化后的管理理念如图3-1所示。

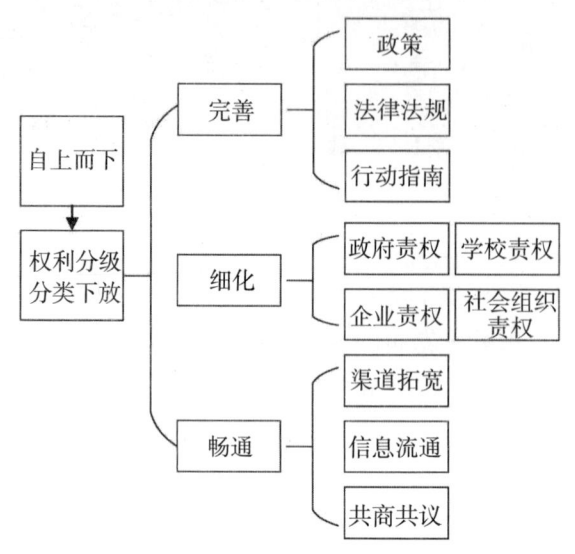

```
                    ┌── 政策
            ┌─ 完善 ─┼── 法律法规
            │       └── 行动指南
自上而下     │
   ↓        │              ┌── 学校责权
权利分级 ───┼─ 细化 ─┬── 政府责权
分类下放     │       │      └── 社会组织
            │       └── 企业责权    责权
            │
            │       ┌── 渠道拓宽
            └─ 畅通 ┼── 信息流通
                    └── 共商共议
```

图3-1 政府优化后的管理理念

发挥政府主导作用，以政策激励、资金引导、资源整合等方式催化产教融合。教育与产业存在不同的利益导向，基于生存发展空间的考量，影响了产教融合程度。制定相关激励政策，设立校企合作专项资金用于补贴、试错和风险投资，大力支持企业、学校积极深入参与校企合作，从策划、研发、生产、经营、管理等层面探索产教融合新途径；对企业参与人才培养耗费的人力、物力成本进行适当补贴，给予学校学生校企实践专项补贴等经费帮扶。以靶向性和精细化政策、多维度引导资金等方式搭建校企合作桥梁，从人才资源输出、科技创新研发、资源互补共享等层面引导、挖掘、培育校企融合互促利益共同点。政府给予产品、服务、专利、成果归属界定和保护，与校企共担产教融合风险，尽可能规避不利因素的影响，从情感维系融合转向利益和发展融合，激发校企合作内生动力，使校企双方在技术与学科上相互支撑，在生产、研发上渗透互促，从根源夯实职业教育多元协同育人机制。

（2）拓展层次，深度育人途径

以创新创业为驱动，校、企、社多方共同拟定育人方向和维度，对标《职业技术师范教育专业认证标准》共同制订人才培养规划和教学体系，搭建产教融合管理机制，将多维度核心需求植入人才培养课程体系，育人标准与行业标准全方位渗透对接，敏锐地调整教学内容、方法与评价准则，使教育教学、人才培养与企业发展、产业布局步调一致，围绕产业链进行多维全覆盖专业集群建设，实现人才培养供给侧与需求侧相契合。去除学科屏障，注入区域特色文化，实现跨界链式融通，通过裂变式连锁反应创造性激活新技术创新、理论创新、应用创新、文化创新，从单一专业、单一学科、单一知识点延展至策划、方案、产品、研发，由点及面从学校和企业的封闭独立体向校企融合体关联发展。在人才培养各环节注入企业行业的人工智能创新、产品研发、价值锻造，产业与育人立体融合，共同促进行业发展与人才培养。

（3）多管齐下，生态化发展

设立校企资质认证，从源头规避因政策和专项资金等因素引发的不良行为。制定产教融合评定标准，以教育成果的企业产品化、企业产品的教学实践化为标尺检验产教融合成效，创新驱动创新成果转化。对有效助力创新工匠型人才培养的学校、企业等给予形式多样的奖励，并对其所采用的产教融合模式大力推广。鼓励企业、学校、社会团体、研究机构间人员的交流，多岗位轮换任职，实现学校教师与企业员工理论知识、技术技能、业务水平双促进和双更新，人才优势互补，打造产学研共同体。

（4）多元共享，共担资源投入

政府牵头从政策层面鼓励职业教育集团跨省、跨国与省外、境外企业、学校、教育培训机构深入开展合作办学、职业培训、人才交流、师资培养等活动，提升职业师范教育办学水平，推广特色文化。拓宽教育经费来源，依托国家与地方政策，从财政、税收等方面对多元协同育人主体提供政策优惠和帮扶，通过加大政府投入、催化社会参与、强化行业企业支持等方式建立跨地域、跨国的多渠道职业教育经费筹措机制。

3.2 "特高"引领职业师范教育机制改革

打破中等职业教育和高等职业教育、职业师范教育层级屏障，围绕区域经济产业发展需求，针对生产过程去分工化、操作技能高端化、产教研一体化等特点，政府政策引导，聚焦产业链、生产链、教育链关键节点，确保核心岗位集群映射的专业集群在职业教育中均有所涵盖、衔接、递进，避免人才培养出现断层，畅通、拓宽人才培养路径，保持中等职业教育与高等职业教育、职业师范教育持续交流。

3.2.1 专业集群建设机制

政府以政策、制度形式规范专业设置，坚决避免盲目和重复建设专业。设置专业招生人数最低要求，如连续几年全日制招生人数未达到30人的专业原则上要进行调整，布点率超过一定比例的专业要由各地市统筹。梳理整合同一专业集群中，中职、高职、应用型本科、职业师范教育人才培养目标、课程开发、师资力量、教学条件等教育资源要素，对标《职业技术师范教育专业认证标准》建设一体化、螺旋上升式的专业集群。对应产业链岗位集群人才要求，剖析专业学科及课程，根据岗位群所需知识技能难易程度与使用频度重塑教学内容、重排课程顺序，消除从中等职业教育进入高等职业教育后由于浅层次知识技能未能掌握无法顺利连接深层次知识技能等现象，同时也避免了某些知识技能进入高等教育后重复教学造成人才培养时间和教育资源的浪费。"特高"引领职业师范教育建设的机制框架如图3-2所示。

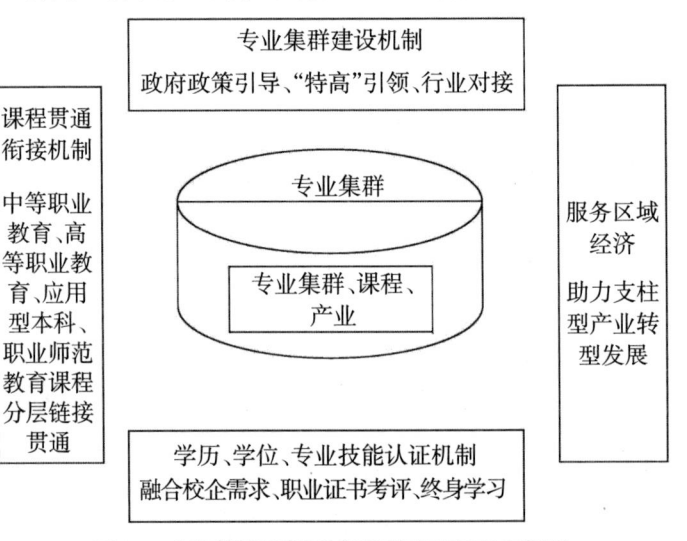

图3-2 "特高"引领职业师范教育建设机制框架

消除学校间、区域间职业教育壁垒，跨校、跨区域引领广西职业教育专业集群建设，为职业院校、专业集群建设"把脉开方"强化内涵式创新发展。我国首批"双高计划"建设名单中共计有197所学校，分为了高水平学校建设高校和高水平专业群建设高校，其中前者共计56所，后者共计141所，广西有1所学校（南宁职业技术学院）入选了高水平学校建设单位，有3所学校（广西职业技术学院、柳州职业技术学院、广西建设职业技术学院）

入选了高水平专业群建设单位。南宁职业技术学院开设专业58个，广西职业技术学院开设专业47个，柳州职业技术学院开设专业48个，广西建设职业技术学院开设专业40个。这四所院校均开设计算机网络技术、大数据技术、大数据与会计等专业，形成优势专业集群共生发展。而广西其他职业院校大多也开设了相关专业，发挥"特高"引领作用，通过这四所院校分享专业集群建设发展思路与经验，实现优势资源流通共享，通过教学联动、骨干教师交流示范提升师资水平，通过多样化学分互让、学生分层跨校学习实践等途径有效助力职业教育提质增速发展。

制糖、机械、建材、有色金属、制药是广西五大支柱型产业。2023年，广西有49所职业院校专业分布呈现不均衡状态，汽车制造覆盖率较高，但制糖业、新型材料对应专业较少。而职业师范专业较多集中在会计、物联网、旅游管理、电子商务、物流等专业，与职业院校的专业、区域特色产业缺乏衔接。根据区域产业链关键岗位群，分层次更新重组专业集群，对已覆盖岗位群的专业集群深化迭代，在内涵式紧跟产业发展步调的基础上形成"对接—连接—服务—助推—引领"的专业集群与行业产业的关系嬗变。针对仅有少数专业对应新兴战略性产业尚未聚合专业集群的专业，依托产业链打破原有的专业组织、制度、资源的约束和限制创新专业组群的思路与关系，通过区域外同质高水平专业集群助力扶持，实现专业集群对核心产业岗位群人力资源、科技创新、产品研发、技术更迭等需求全方位契合覆盖。出现发展前景态势良好的新兴产业但专业和专业集群覆盖空白的情况，可从区域内现有专业深挖学科岗位共通点，与区域外特色高水平学校、专业集群进行联动育人，通过学生交流学习、师资交流培养、科研项目共同开发等方式满足职业教育与新兴行业的需求链接，通过量变积累进一步培育孵化专业集群，最终实现职业教育与战略性新兴产业全维度立体交互融合，助力区域经济发展。

3.2.2　课程衔接贯通机制

课程是学校教育的重要载体，是学校实现人才培养的主要形式。中职、高职、应用型本科、职业师范教育等同一专业集群课程设置尚未有统一标准，课程开发过于注重学科性，相同或相似课程缺乏层次递进，同专业课程的内容、教学方法、评价标准在不同层次不同类型教育中没有区分度，不同层次类型的学生在学习特点、能力倾向、学习方式上存在较大差异，需要开发分层化、分级化、模块化、类型化的衔接课程，满足不同特点学生的学习需求。中职、高职、应用型本科、职业师范教育人才培养缺乏沟通，在同一专业集群中，中职、高职、本科以及相应的职业师范教育在课程内容或重复或衔接不畅，导致教育资源和教学时间的无效耗费。课程内容与职业资格证书相关性较低，与行业岗位发展需求脱节，课程具有普适性但特性缺失。人才培养方案、培养目标、课程设计等方面企业参与浮于表面，衔接课程管理大多停留在学校个体行为，企业、社会团体、政府参与度不高，学校一方"唱独角戏"，课程内容未能根据企业活动，按照岗位能力需求、职业能力需求、行业发展需求构建课程体系。

我国处在产业转型升级的关键阶段，需要大量高素质素养的技术技能型人才，而学习者需要经过长时间阶段性的培养才能成为行业所需的人才。如机械自动化、数控机床等专业，培养具备机械制造领域设备操作与创新研发、产品营销与企业管理等工作能力集一身的高级技术技能型人才，仅通过中等职业教育或高等职业教育是无法实现的，培养此类职业师范师资仅靠专业理论知识和短期教育实践、专业实践也无法达到"双师双能型"教师标准。这需要立足区域特色产业发展和文化传承创新需求，分解职业资格要求，中职、高职、应用型本科、职业师范教育连接贯通，共建技术技能型人才培养"立交桥"，实现高技术技能型人才培养。

设立课程贯通衔接管理机制，区域内政府相关部门、所有中高职院校、应用型本科院校、职业师范院校、重点行业企业、新兴产业、行业专家、一线工作人员、文化传承人与研究者、行业协会等多维度、全过程参与课程改革，聚焦多元需求，畅通沟通渠道，提升沟通效率，避免组织架构固化，围绕课程选择、教材选择与编写、教学方式、课程评价等内容明确分工协作。由区域内的院校专业带头人担任专业负责人，能够全面把握、统筹、规划课程的选择与实施。中职、高职、应用型本科院校的一线教师具有丰富教学经验，了解不同层次学生学习特点，课程教材的选择编写、教学设计必须有他们参与其中。企业负责人和一线工作人员对行业动态、工作岗位知识技能需求、专业应用更具前沿性了解，能对课程贯通提出更贴合区域经济、产业发展的建设性意见。行业协会将行业标准、职业资格要求拆分，按逻辑递进式融入各层次职业教育中，进一步拓宽并细化职业资格要求，使其涵盖所有行业和工种，使同一职业证书从低到高划分不同层次，对应不同阶段技术技能的培养，有效链接各层级课程。文化传承人与文化研究专家学者将文化、技艺设计多样化表达形式和路径并融入职业教育不同阶段课程中，培养文化认同感、自豪感、责任感的同时，实现文化与技艺的传承与创新发展。课程运行全程由专业领军者、专业负责人基于区域发展需求把握专业发展总方向，实时动态调整课程设置，使专业发展与区域经济发展同行并进。明确专业名称，统一分层专业标准，框定各层次职业教育专业宽度，实现各层次职业教育专业人才培养目标、培养规格、课程设计、教学实施等方面均全面衔接。

3.2.3 多样化学历、学位、专业技能认证机制

在课程体系框架与不断变化发展的产业链并行契合前提下，结合"1+X"证书制度，跨区域聚合同产业链企业和职业教育共生体，融合校企需求、职业资格证书、终身化学习等要素，打造多方共研共创、线上线下结合、多元教学实践方式的典型工作任务。每个典型工作任务由若干子项目组成并制定跨校跨区域学分互认制度，为学生提供丰富多样的学习领域与学习情境。借助大数据、人工智能等技术对学生进行智能特长、知识基础、发展愿景、职业倾向、兴趣爱好、性格特征等方面综合分析，形成个人学习建议方案。学生结合学习建议方案和个人学习目的自主选择典型工作任务，校企指导教师结合学生个人特点与所选项目为学生提供个性化学习清单，每个典型工作子项目学生均可自行选择不同的学校、企业、实践基地进行学习实践。学生每完成一个典型工作子项目和典型工作任务并通过考核均可获得相应学分和不同层级职业能力认证，达到规定分数即完成一个学习周期可升入更高层级学习周期，修业年限弹性化。职业能力认证上升到一定层级后可获得相应的职业资格证书。

3.3 教育技术助力均等化育人机制

教育均等化是实现不同区域同享教育构建和谐社会重要基石，是实现每个人个性、潜能被充分开发和施展的重要途径。教育技术是教育体系革新的内生变量，催化并支撑教育现代化发展，构建均等化教育技术体系是实现教育公平的重要途径。均等化教育技术体系通过人工智能、互联网等新技术触发教育技术多维立体化发展，焕新培养格局、教学设计与教学渠道，创设教学资源丰富共享的超时空生态教育环境，形成教育数字资源共享机制，弥合教育地域差距，填平精英教育与大众教育沟壑，实现全民教育培养规模化与个性化有机结合。

3.3.1 利用教育技术建立均等化育人机制

教育技术促进人才创造思维和创新素养发展。以实现均等化教育为目标，以培养满足区域发展"双师双能型"职业师范教育人才为导向，通过教育技术与学科内涵式跨界链式反应，打破学科壁垒，形成跨学科专业集群。借助教育技术，基于学生学习兴趣、学情基础、学习需求为学生量身定制个人学习发展方案，激发学生内生动力，培养自我学习能力，由知识接受者、消费者向知识思考者、创造者转变，主动建构自身综合知识体系，使学生个性、潜力、兴趣、特长得到发挥，提升智慧个体，创新发展素养，让学生个体均能成长为智慧工匠型人才、"双师多能型"人才。均等化育人机制如图3-3所示。

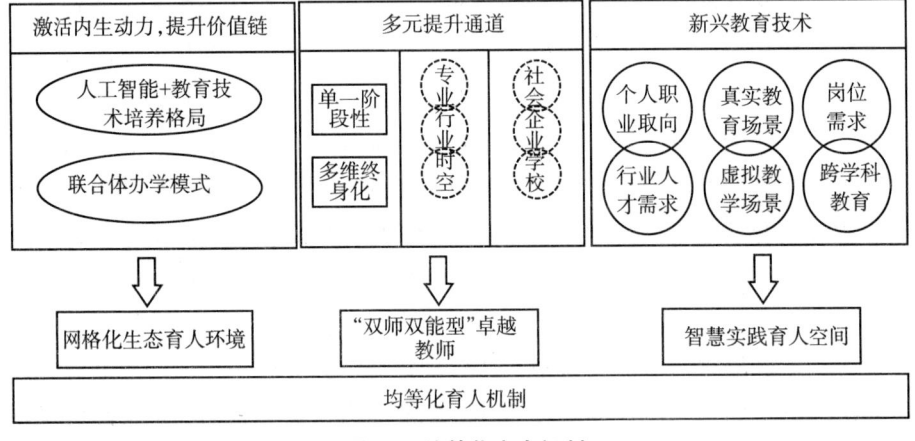

图3-3 均等化育人机制

探索联合体办学模式，形成产教供需有机衔结构性职业师范教育人才培养新机制。调动社会力量长短结合、内外结合积极参与职业师范教育，丰富社会企业参与教育的模式、形态与效能，通过拆分融合产业链与教育链、共建产学研基地、制定人才培养方案、编写课程教材、创新教学方式、校企集体备课、校企校（中职院校、企业、职业师范院校）三导师制、项目共研等方式，形成校、企、社多元主体智能型育人联合体。激活产教融合内生动力，迭代产业链、重组价值链、创新教育链，利用互联网、人工智能、虚拟仿真等教育技术进一步缩短因地域、环境、文化、经济等因素造成的教育差距，推动教育公平性，全面提升教育质量。

搭建网格化生态育人环境，根据不同区域职业师范教育现状特点柔性调整优化布局，网格化区域教育资源，构建职业师范教育资源公共服务体系、职业师范教育管理公共服务体系。以教育技术为载体，建立信息化跨学科立体职业师范教育资源共建共享环境，革新教育教学和管理模式，突破时空限制，运用教育信息化技术手段实现优质教育资源的无差别辐射，让教育欠发达地区、广大农村学校学生与教育发达地区、知名学校学生同上名师课、同享教育资源。高水平学校通过教育技术共享特色课程开发建设、教师培训等多种途径，以设备共享、人才共享、成果共享帮扶教育薄弱学校，实现教育资源、教育过程、教育结果多维度均等化，全面提升整体育人质量。

构建虚实交错教育场景，创新智慧实践育人空间。深入剖析中职教师职业素养和各行业岗位知识技能需求与职业师范教育跨学科贯通融合，借助教育技术基于呈现真实工作情境的模拟仿真实践教育场景，形成虚拟实践教学模块库，学生根据自身需求、专业选择在教师引导下，听取智能化个人学习方案建议，选择符合个人职业发展的虚拟实践场景模块组合，实现足不出户亦能完成职业师范素养、行业岗位素养的实践培养，为不具备现实实践条件的学校搭建多样化实践教学场景，满足泛区域经济、行业、个人发展需求。

开发人才多元化提升范式，驱动"双师双能型"卓越师资人才能力提升。融合学校、企业、社会等场景打造多学科知识技能晋升渠道，突破教师原专业和时空限制，运用教育技术实现智慧化跨学科多维提升通道，根据教师知识体系特征量身定制个人提升菜单，让每一位教师都有深造的机会和自适应发展路径，从传统短期阶段性单一学习培训递进至终身无时空限制开放式自我提升，切实丰盈更新升级教师学科知识，让各区域教师均能成长为"双师双能型"卓越教师。

3.3.2 教育技术教育环境均等化

教育技术链接校、企、社资源，整合、优化区域优势，紧贴行业产业发展趋势，搭建资源共享平台提升资源利用率，延伸拓宽教育服务范围，以实现区域内共建共享、区域间互换共享教育资源，融合职业场景跨学科建构综合知识群组，采取多维度区域教育技术评价模式，有效提升产教融合资源环境均等化，具体模式如图3-4所示。

```
┌─────────────────────────────────────────────┐
│              校企资源共享平台                  │
│   ╭───╮    ╭───╮    ╭───╮    ╭───╮          │
│   │区域内│  │区域间│  │拓宽 │  │教育服务│      │
│   │共建共享│ │互换共享│ │教育服务│ │均等化 │      │
│   │教育资源│ │教育资源│ │范围 │  │      │      │
│   ╰───╯    ╰───╯    ╰───╯    ╰───╯          │
│                  ↑                           │
│   ┌─────────────────────────────────────┐   │
│   │            教育技术                  │   │
│   └─────────────────────────────────────┘   │
└─────────────────────────────────────────────┘
```

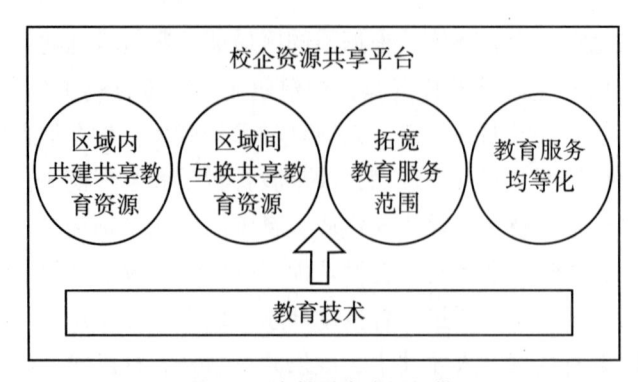

图 3-4　产教融合资源环境

以谋求利益为融合目标，搭建校企资源共享平台。企业拥有金融资本、技术资本和成果转化能力，为学校深度解析汇总多类与专业密切学科及专业关联行业所需的基本知识技能，把脉专业建设和育人培养目标，提供实践教学环境和一线专家充实践教学内容，为学校教师开辟提升渠道，助力"双师双能型"卓越师资培养。学校利用人才资本优势，为企业产品服务创新、科技研发提供强有力支持，以行业企业趋势为教育教学重要参考，调整育人方向，以保证人才供给满足企业生产运营管理需求，同时借助人工智能、互联网、大数据等先进教育技术帮助企业员工更新知识和技能，有效提升人才知识素养。

以新兴技术为链接，区域内共建同享教育资源。传统学校教育资源建设多为学校个体行为，力度、深度广度均受单一个体所限，育人资源参差不齐，专业集群、学科集群发展不均衡，往往仅能够集中力量发展个别学科。摒弃传统学校自筹自建教育资源模式，区域整体共建优化配置教育资源，新技术链接本区域行业、学校和相关部门，整合凝萃创新区域内职业师范教育资源，紧贴区域行业发展需求打造区域内教育资源实践应用共生体，实时更新优化资源库内容与质量，在多学科同步发展教学资源基础上，根据区域产业特点挖掘打造区域独特教育资源。

以教育技术为支点，区域间互换、共享教育资源。遵循统一技术标准，利用教育技术资源网格化、信息化、数字化实现区域间教育资源一体化配置，打造区域间职业师范教育资源实践应用共同体；深挖区域特色行业产业教学优势，创新强化与社会力量、周围区域技术信息资源的沟通交流，互换共享区域间教育资源；层层递进共享深度，切实优化共享质量，减少人力物力财力的重复投入，提升教育资源利用率，有效降低教育资源浪费；强化教育技术与管理科学的联手，让人工智能、互联网信息技术等新技术助力实现有限教育资源最大化最优质利用，推动全区域多学科多行业教育资源均等化发展。

以教育技术为渠道，拓宽教育服务范围可及性。开发校企多样化融合模式，分析行业发展走势，拓宽延伸育人维度，多方协同开发教育资源，跨学科拆分知识，建构多学科综合知识群组，将知识群组注入生产实践育人场景，打造"人人有学、处处能学、时时可学"的智能化教育大环境，实现教育起点或机会、结果、能力、需求四维相对最大均等化。形成教育成果共享圈，以教促研，以教促产，推动科技成果转化，个体、学校、企业、社会多元共进乘积式发展，以教育技术实现有限教育资源可及范围最大化，缩小地区个体发展差距、教育发展差距和行业发展差距，构建教育服务区域协调均等化发展新格局。

建构多维度教育评价模型，推动教育服务均等化进程。基于不同维度评估教育技术影响教育服务均等化实现程度。以教育技术支撑实现的教育服务均等化不是简单地将教育服务资源进行等份额切割分配，通过剖析不同地区发展方向、产业特点和教育层次，针对经济行业人才发展需求进行多样化布局，允许区域内和区域间存在教育服务质量、资源数量、育人效果和成果转化的差异。从教育技术使用深度、校企交融共进成效、教育资源有效利用率和可及化范围、学习者享有自主学习个性化职业发展程度、育人成果转化情况等维度，由学习者、学校、企业、社会四方展开过程性与结果性并重的评价，促进区域内教育信息技术均衡发展。

3.3.3 畅通教育服务均等化路径

聚合学校、企业、政府多方优势资源，通过政策导向、法律保障等途径有效发挥政府引领作用，企业、学校多主体多维度共同制订发展规划，生产链对接人才链，融合校企组织体系，实现校企理论技能互补互促，创新融合管理制度，开拓教育服务均等化路径，具体路径图如图3-5所示。

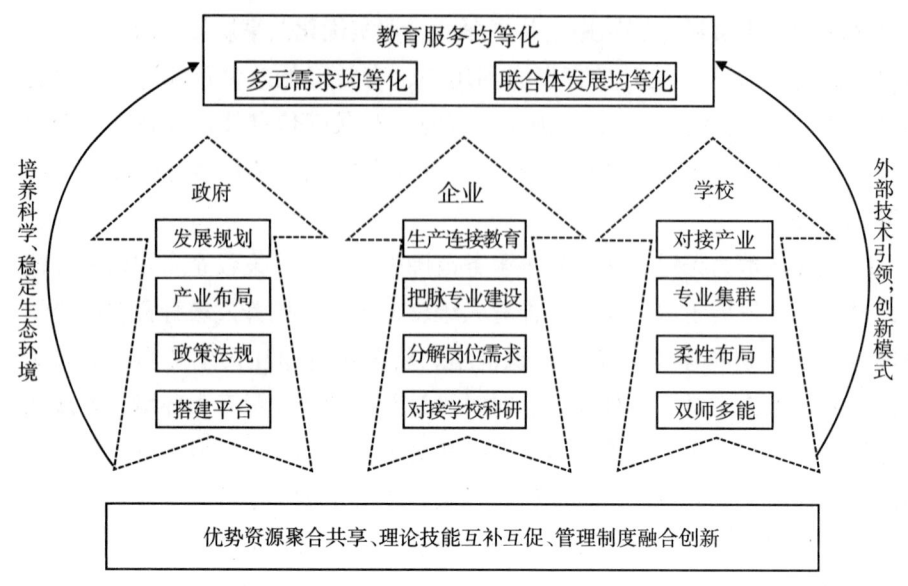

```
                    教育服务均等化
            ┌─────────────────────────────┐
            │ 多元需求均等化    联合体发展均等化 │
            └─────────────────────────────┘

   培                政府      企业       学校              外
   养              发展规划  生产连接教育  对接产业         部
   科                                                      技
   学              产业布局  把脉专业建设  专业集群         术
   、                                                      引
   稳              政策法规  分解岗位需求  柔性布局         领
   定                                                      、
   生              搭建平台  对接学校科研  双师多能         创
   态                                                      新
   环                                                      模
   境                                                      式

       优势资源聚合共享、理论技能互补互促、管理制度融合创新
```

图3-5 创新教育服务均等化路径图

共同谋划战略发展路径，实现多元需求均等化。知识人才技能的现实价值转化是产教融合关系中多元主体的黏合剂。发挥政府主导统筹、引领规划、协调共融的功能，在各级各类学校转型发展规划、产业布局走势、政策法规措施、重大实施项目中体现对产教融合的具体要求和实施建议，加大产教融合政策法规的建设步伐，从国家层面维护产教融合环境的健康。搭建由产教多元主体、第三方组织机构沟通联动平台，畅通交流渠道，多方共诉利益生存需求，共寻融合连接点，共谋变革发展之路。学校深入企业调研，明确企业人才技术需求和产业发展态势，育人目标面向行业发展，遵循知识产出的逻辑设置，更新、调整优化学科体系，淘汰过时落后专业，增设对接新兴产业、注入人工智能元素的新学科专业，积极发展优势专业集群，动态柔性布局专业。企业将自身产品生产、技术创新研发与综合型智慧人才培养紧密连接，积极参与学校专业建设，将企业岗位技能需求、行业认同感、工匠精神、职业素养注入人才培养各个环节，实现人才供需有机持续动态发展。对接学校科研资源和成果，加快科研成果转化，有效助力企业技术革新、产品创新。

创新融合组织体系，"教-产-研"联合体均等化发展。产教融合多元主体，围绕知识生产转化效能共同目标，聚焦区域支柱型产业转型升级和产品服务创新需求，通过网格式、矩阵式组织形态，将知识生产与行业生产有机整合，激发校企协同促进效应，提升科技成果转换率，缩短知识产出周期，实现优势资源均等化。从产教融合多元主体维度和产教融合联结体维度，建立并完善融合机制和融合制度，创新人事管理、考核和晋升维度，以人才资源交流互促为突破口，为学校教师和企业专家搭建理论知识与实践技能交融并进的桥梁，鼓励学校教师和企业员工岗位轮换，让学校教师有机会接触行业生产研发，熟悉行业运作经营，提升实践技能素养，理论知识在实践过程中具体化的同时实现学科体系增容，提升知识生产效能。企业专家通过与学校教师沟通交流，夯实、革新理论体系，掌握现代育人理念和多维育人方法。增强跨专业行业认同感，实现学校教师和企业专家知识体系自我完善更新。

人力资源、技术资源、教学资源等优势资源聚合，知识产能全面均等化提升。在人力资源方面，教学与科研并重，打造跨学科、跨学校的三导师协同制度。立足复合创新型人才培养目标，选拔各学科优秀教师和企业相关领域一线优秀专家共同组建跨学科行业教研导师库，共同深入分析行业企业经济发展现实需求；把握学科行业发展脉络，多学科跨行业思维碰撞，学科理论与行业技能交融互补互促，教师、企业员工双提升，推进"双师双能型"卓越工匠师资建设；定期集中备课研讨，分析教学成效，推动跨学科课程理论、教学范式、研究领域的创新发展。在技术资源层面，融合学校科技研发与企业技术创新，聚焦"立地式"科研，校企共同拟定研究内容和方向，共用研发资源，共享研究成果。教学资源融合，校企共同开发，课堂教学与企业培训并联为校企教学资源库，对接课程标准与职业标准，课程内容与岗位能力需求对接，剖析各行业工作岗位能力要求形成具体需求小模块。跨学科解析知识体系和技能为若干标准化教学小模块，教学内容与职业标准对接并全方位渗透人工智能思维，根据不同行业人才需求选取教学育人小模块形成针对性强、可重构、可调整的精准化弹性教学内容组合，实现学校教学与企业岗位培训一体化，优化产教资源，提升资源利用率，减少重复投入。

3.3.4 产业引领职业教育实施机制创新

技术的迭代与创新是产业发展的动力之源。在产业革命浪潮席卷下，各行各业获得了在技术领域的创新突破，新领域的开辟催生新技术，新工种、新岗位应运而生。通过产业牵引技术创新，激发产教融合从"教育跟随产业"到"教育产业互动"，直至"教育助推产业创新"的更迭。下面将介绍产业牵引技术创新的三个层级，如图3-6所示。

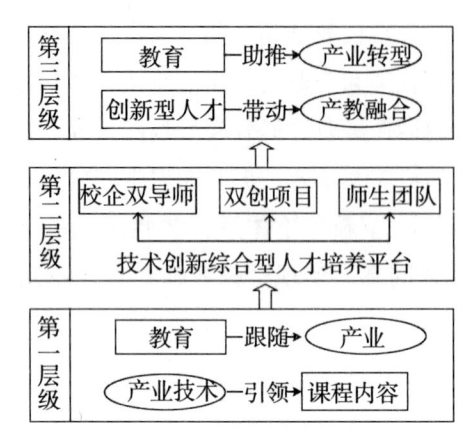

图3-6 产业牵引技术创新全生态环境层级图

第一层级："教育跟随产业"是产业牵引技术创新全生态环境的初始形态，以教育紧跟产业、满足企业人才和科研成果需求为主旨，产业技术引领专业建设和课程内容的改革。政府发挥制定政策和配置资源的统领职能，无缝对接教育发展与产业发展，聚焦创新技能型人才培养，将教育定位、专业发展与产业技术革新密切联系，充分整合校企人才资源、技术资源、环境资源，构建区域性专业产业群，依托区域产业优势集群，打造产教融合育人体系，立足产业建设专业。企业多维度参与学校人才培养目标制定、专业设置与建设和课程选择与实施，将企业产品服务研发、生产运作、技术革新融入学校教学，一线专家与学校教师岗位贯通交流，以企业需求引领学校科技研发内容和教学育人方向，采取过程化校、企、社多维度实时评价体系，融通教育链与产业链，培养适应行业发展需求的综合创新型人才。

第二层级：搭建技术创新综合型人才培养体系，促进教育与产业的互动，实现科、产、教融合。以企业产品服务技术创新需求为主旨，连接产业变革与技术更迭，采用"校企双导师制+项目+团队"的校企共创模式，以新技术为导向创新育人模式，打造多种技术引领、覆盖区域产业、多层级、多视角的创客群体；面向区域经济和校企需求，挖掘可真实落地的实施项目。

校企导师根据学生性格特征、知识技能基础和职业取向引导学生自主选择加入创客群体。校企师生团队在共同研发项目的过程中，激发学生对新技术的兴趣，引发学生对科学研究的主动性思考，培养学生自主建构跨学科知识技能体系，掌握创新理论技术的途径。技术创新综合型人才培养平台实现企业新技术应用与学校创新教育、理论知识与实践技术、专业建设与双创教育的"三融合"，有效契合专业建设与产业发展。地方政府、行业企业对接校企生双创项目，通过政策扶持、资本进驻、技术转化等方式支持创客群体的健康循环运作。

第三层级：通过培养综合创新型人才，带动"双创"产教融合，实现教育助推产业创新发展。将学校发展方向和人才培养目标根植于区域经济和文化特点，深度连接区域支柱型产业需求，整合区域校、企、社优势资源，始终将人工智能思维方式、勇于突破的创新理念、卓越的工匠精神贯穿人才培养、专业建设、课程模式、科技研发等教育行为，让综合创新型人才引领产业创新，推动并加快产业转型升级。发挥政府导向性桥梁作用，区域产业布局指引办学布局，鼓励学校积极参与区域重要产业项目，共建产学研发中心，学校有效服务行业、企业创新性的关键性技术。加强校企人员循环流动，使教师从学校到企业、专家从生产一线到教学前线，实现人力资源专业化素养提升。根据产业建设专业，依托专业打造"双创"平台，校企师生共同致力于解决产业发展难题，在"双创"项目中建构、完善综合学科知识体系，在实践中创新，在创新中迭代，使人力资本有效助力经济发展和产业转型升级。

3.4 广西创新职业师范教育育人机制

柳州市是广西的重要中心城市，是广西最强的工业城市，近年来，柳州市主动适应产业转型发展和供给侧结构性改革需要，大力深化产教融合发展，促进产业链与教育链有机融合，积极构建具有柳州特色的新时代产教融合城市发展体系，打造高质量发展新引擎，打造广西育人新机制。2021年，柳州市被国家发展改革委和教育部确定为全国首批21个产教融合试点城市之一。柳州市委、市政府高度重视产教融合工作，将产教融合纳入全市经济社会发展规划及区域发展、产业发展、城镇建设和重大生产力布局规划中，城市通过产业聚合、服务组合、部门联合驱动和助推产教融合稳步行进。

"体制+机制"打造产教融合新格局。强化顶层设计，市政府牵头制定了《柳州市国家产教融合试点城市建设工作方案》，构建"3+3+1"的目标产业体系，即以"汽车+工程机械+轻工（智能家电）"为龙头的先进制造业产教融合体系，以"智能轨道+智能电网+生物制药"为龙头的战略性新兴产业产教融合体系，以工业设计、大数据为重点的配套服务体系。构建产教协同职教体系，以支柱型产业连接职业教育专业集群，围绕产业转型升级需要，新增特色专业23个，培育20个高职"双高"专业集群。深化产教融合，先后组建17个特色产业学院、17个技术应用及推广中心，7个专业被工信部认定为第一批"产教融合试点专业"，各职业院校专业设置与地方重点产业的匹配度超90%。打造产教互嵌教学名师团队，地方企业参与，校企双导师制，行业企业专家积极投身职业教育，参与职业院校教育教学的企业专家比例超过在校师资的30%，职业院校"双师型"教师比例超52%，涌现出了以广西首位"大国工匠"郑志明和全国"金牌工人"丘柳滨为代表的一批职业教育培养的高技能人才。

"专业集群+产业集群"推动产教融合内循环。以契合产业人才需求为导向，聚焦专业集群服务产业集群、产业集群引领专业集群创新发展，专业产业互促共进，实现职业教育服务地方产业的产教融合"内循环"。聚焦先进制造业，柳州职业技术学院与企业共建8个工程技术研究中心，为行业企业开展技术服务252项，柳工集团20%以上的海外管理与技术岗位员工来自柳州职业技术学院。柳州铁道职业技术学院围绕高铁、智能轨道等先进制造业构建的"2+3+3"专业集群，累计为行业企业输送毕业生1.98万人。产业集群发展引领专业集群的发展，在上汽通用五菱"一二五"工程引领下，各职业院校主动服务柳州汽车产业发展，柳州城市职业学院"机器视觉系统"等技术培训模块在企业带动下从无到有逐步设立，与企业共建"五菱汽车全球定制化服务研发中心"，首创新能源汽车"潮创改装"课程体系，职业院校相关专业水平得到了快速提升。柳州职业技术学院成立螺蛳粉产业学院，在产业装备等6个技术领域全产业链互融，与产业链上企业共同承担酸笋等13项产业相关核心地方标准的制定，实现产业与专业互融互促。2022年，柳州螺蛳粉全产业链销售收入600.7亿元，同比增长19.8%，预包装螺蛳粉年寄递量达到1.1亿件。

"平台+载体"畅通产教融合"外循环"。充分利用自身优势，创新培养模式，面向东盟服务国际产能合作，开发国际专业标准，积极推动职业教育走出去。积极推进校企共建境外国际办学平台，定制培养海外本土化技能人才，推动"柳工-柳州职业技术学院泰国国际工匠学院"等一批海外产业学院建设，开展教师培训认证及各类标准、教材在海外的推广，2022年度开展对外合作项目55个，累计招收留学生超过千人，开展境外培训近1.2万人次。校企共建企业全球培训中心，为企业海外员工提供持续培训。依托"东风柳汽中国-老挝境外技术服务工坊"等一批校企合作海外基地，柳州市持续为柳州企业海外服务人员等提供培训，成功助力2022年G20峰会通勤用车保障服务；与中交建马来西亚东海岸铁路项目部签约，为马来西亚东海岸铁路项目研制技术标准、培养技能人才、开展国际产教合作。积极推动校企合作输出职业教育标准，为产教融合"走出去"提供标准化方案。柳州市职业院校获得自治区级东盟国际化职业教育资源认定7项、国际化教材3项、国际化培训资源包9项；依托中印尼上汽通用五菱汽车学院等11个对外合作平台，输出中国职教标准130项，并举办第三届中国—东盟国际标准化论坛，实现中国标准"走出去"。

3.5 实践案例

3.5.1 创新协同培养育人模式

华中师范大学是教育部直属的综合性研究型重点师范大学，人才培养体系完备，通过搭建跨校跨行业协同育人路径、创新课程体系、对师范方向学生进行分类培养、引进国外优秀师资等多项举措培养国际化综合型人才。

（1）创新育人举措

①探索协同育人新路径

学校与武汉理工大学等高校结成育人联盟，优势学科专业互补共建、师资队伍互通培养、优秀教师兼任互聘、优质教学资源共享互联、人才培养深入交流、教科研项目联合申报、教学数字化深度合作，深度推进文理学科交叉融合，跨学科、跨专业、跨校创新人才培养模式，探索教育教学新理念、新思路，构建"1+1＞2"的合作育人新格局。

与企业携手共建产教融合协同育人基地，共同制定人才培养方案，选拔优秀学生组成产教融合协同育人基地班，对接市场需求和行业技术发展趋势，校企多方协同，构建有机人才生态圈与培养体系，催化教育链、人才链和产业链的有效融合，校企教师共同完成备课、教学、指导等育人工作。

②多样化人才培养

坚持"高素质、创新型"的人才培养理念，打造公费师范、非公费师范、拔尖学生培养计划2.0、基地班等多样化人才培养类型，通过导师引领、小班教学、个性化培养等多种渠道，实现不同类型人才培养需求。跨院系、跨学科、跨专业交叉培养创新创业人才新机制进行交叉复合型本科人才培养，如物理与数学设立数理班、物理与化学联合设立物化交叉班，物理学院与中国科学院精密测量院合作设立天眷班、与高能物理研究所合作设立钱三强英才班等。学生学习过程中不存在主修与辅修的差异，低年级学生完成公共基础课程，高年级的学生通过专业分流确定具体的毕业专业，学生在学习过程中可根据自身兴趣、能力和发展需求在两个交叉学科中选择更适合自己的专业，学生完成学业达到授予双学位学分的学生可获得相应的双学位，通过专业交叉培养有效拓宽了专业口径，符合人才发展需求。

拔尖学生培养计划2.0，旨在培养我国学科、学术大师级领军人才，建设一批基础学科拔尖学生培养基地，为培养学科高精尖人才创设优质学习条件与环境，引导、激励优秀学生积极投身于学科建设、创新发展之中，探索积累拔尖人才培养方案与推广路径，不断推进具有中国特色、达到世界水平的拔尖学科人才培养体系建设。华中师范大学针对拔尖学生培养计划2.0开设拔尖基地班，创建具有世界水平、中国特色、学校特点的拔尖学科人才培养体系，培养在学科研究领域具有国际竞争力的领军人才。为培养全面发展的青年拔尖人才，拔尖基地班单独设班进行小班化教学、动态管理，探索全面发展和个性发展相融合的培养制度。为学生设立专属教室，在智慧教室中配备多屏互动的分组式研讨教学设施；设立创新实验室，支持学生开展探索性实验研究。在学校大学生创新创业项目中，为拔尖基地班学生单列项目，凡经导师评审同意申报的项目均将获得立项，为项目配套同等金额的立项经费，大力支持拔尖基地班学生积极投身科研，培养具备深厚的理论基础、扎实的实验技能、良好的科学素养、有志从事科学研究的后备人才。拔尖学生培养计划2.0人才培养成效突出，毕业生读研率超过80%。

③创新课程体系

构建"通识课程+学科课程+专业课程"三级课程教学平台，各课程平台均由若干标准化课程模块组成，针对师范专业增设教育教学模块。通识课程模块增加实践教学比例，开设文理交叉学科培养学生实践能力和跨学科思维。学科课程平台围绕专业群展开，开设专业群基础课程。专业课程平台根据不同类型、不同层次人才培养需求，构建多样化课程模块，涵盖专业前沿理论和尖端技术。教育教学模块包括教育学、心理学、教育技术、教学论、课程论、微格教学等内容。

④师范生分类培养

对师范生进行跨学科分类培养。一类为专业教师，面向基础教育，培养基础教育骨干教师和教育管理者；另一类为数字化卓越教师，面向高层次教育，旨在夯实本科、硕士、博士系统化人才培养基础，培养符合未来教育发展需求的具有深厚专业知识底蕴、高教学素养教学技能水平、强专业研究教学科研能力的卓越教师。两类师范生培养均以立德树人为根本任务，围绕专业素养、学科态度、核心价值、人格修养、职业素养等核心素养培养的同时，有针对性地开展不同侧重点的培养。专业教师侧重于专业知识与技能、教育基本知识与技能、专业实践能力的培养，数字化卓越教师在专业教师培养基础上强化人工智能等新兴技术与专业研究、专业教学的融合能力。基于"通识课程+专业课程+个性化发展课程"的课程架构，专业教师搭建基于专业教师职业特点、发展需要的课程群，数字化卓越教师强调构建学术性、师范性、信息化、数字化专业学科课程群。

⑤国际化人才培养

多举措引进国外优秀师资力量，聘请国外高校教师展开递进式教学，大学第一、第二学年强化英语基础学科教学，第二、第三学年邀请国外专家、教授进行专业课程讲授。课程教学全程英文讲授，相关专业教师随堂听课，学习先进教学方法，创新教学理念。邀请国外知名专家学者定期开展专题讲座。选派教师赴国外进行教学培训、交流访学、教学科研项目共研。制定教师交流规范制度，外出进行学术、教学交流一年以上的教师，归国后须达到双语教学或全英文教学水平。

华中师范大学的协同育人框架如图3-7所示。

协同育人框架

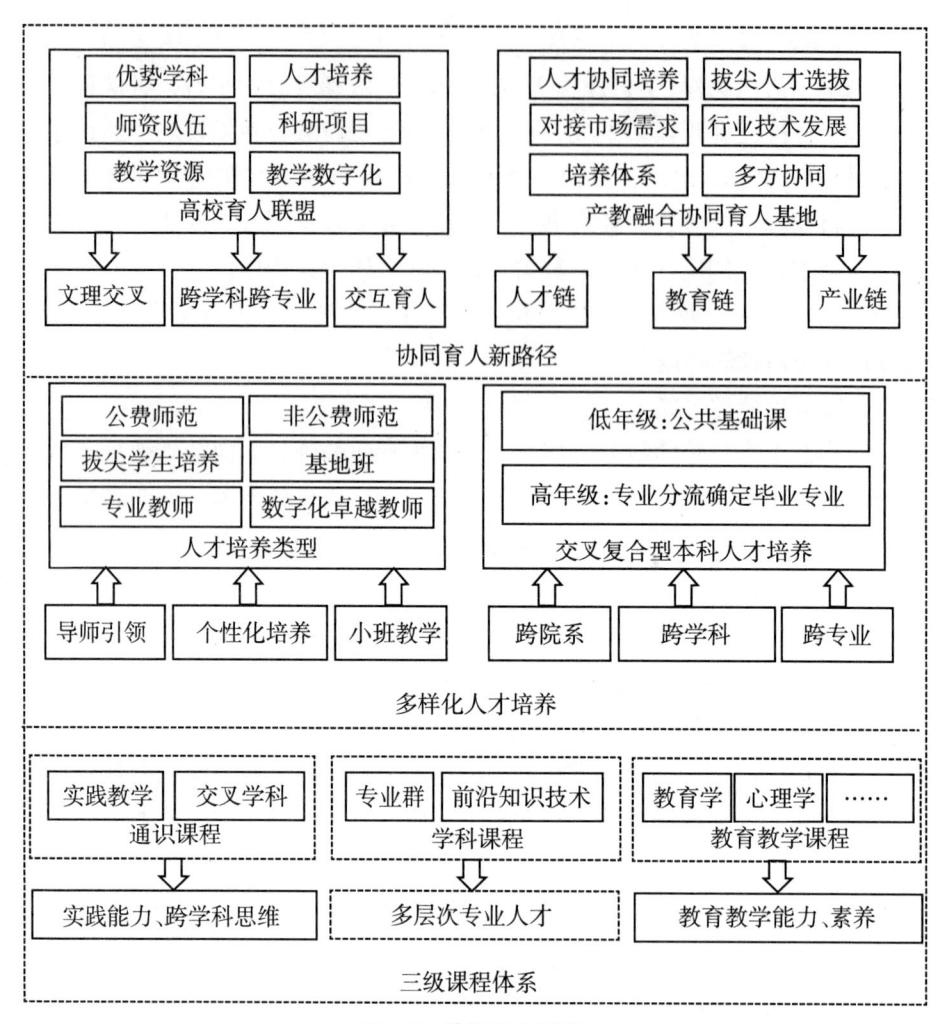

```
┌─────────────────────────────────────────────────────────────────┐
│  ┌──────────────────────────┐    ┌──────────────────────────┐   │
│  │ 优势学科   人才培养      │    │ 人才协同培养  拔尖人才选拔│   │
│  │ 师资队伍   科研项目      │    │ 对接市场需求  行业技术发展│   │
│  │ 教学资源   教学数字化    │    │ 培养体系      多方协同   │   │
│  │      高校育人联盟        │    │    产教融合协同育人基地  │   │
│  └──────────────────────────┘    └──────────────────────────┘   │
│        ↓        ↓         ↓           ↓        ↓        ↓       │
│    文理交叉 跨学科跨专业 交互育人   人才链   教育链   产业链    │
│                      协同育人新路径                              │
│                                                                  │
│  ┌──────────────────────────┐    ┌──────────────────────────┐   │
│  │ 公费师范   非公费师范    │    │ 低年级：公共基础课        │   │
│  │ 拔尖学生培养  基地班     │    │                           │   │
│  │ 专业教师   数字化卓越教师│    │ 高年级：专业分流确定毕业专业│
│  │     人才培养类型         │    │   交叉复合型本科人才培养  │   │
│  └──────────────────────────┘    └──────────────────────────┘   │
│        ↑        ↑         ↑           ↑        ↑        ↑       │
│    导师引领 个性化培养 小班教学   跨院系   跨学科   跨专业      │
│                       多样化人才培养                             │
│                                                                  │
│  ┌──────────────┐  ┌──────────────┐  ┌──────────────┐          │
│  │实践教学 交叉学科│  │专业群 前沿知识技术│ │教育学 心理学 ……│    │
│  │   通识课程    │  │   学科课程    │  │  教育教学课程 │         │
│  └──────────────┘  └──────────────┘  └──────────────┘          │
│        ↓                  ↓                   ↓                  │
│  实践能力、跨学科思维  多层次专业人才   教育教学能力、素养       │
│                        三级课程体系                              │
└─────────────────────────────────────────────────────────────────┘
```

图 3-7　协同育人框架

（2）培养成效及经验借鉴

通过育人同盟、创新课程体系、人才分层培养等多项举措，学生学习积极性、主动性、满意度显著提升，增强了学生专业素养、独立思考能力、合作交流能力、创新能力的培养。近几年，学生在各级各类大赛中获奖1000多项，理论成果服务国家政策制定，教学成果辐射省内外多所高校。

华中师范大学跨校、跨行业、跨国结成育人联盟，丰富育人资源，拓宽育人格局。通过跨校结成育人共同体，利用优势专业引领带动整体专业建设，育人水平大幅提升。强化实践实训课程比重，将传统教师讲授向学生自主学习、主动学习转变，形成"自主学、翻转教、教研相融"教学新形态。

师范生分类培养，满足各行业对专业学科教师、技术技能人才、科研人才、行业领军人才等社会多层次人才需求。创新教育教学模式，搭建"通识课程+学科课程+专业课程"三级课程教学平台，转变教学空间，实现科研教学双向赋能。瞄准国家基础科学研究重大战略部署，结合学校学科发展优势和历史积淀的人才培养特点，按照资源集成、长效培育、重点突破的思路，部署若干拔尖人才培养重点领域方向。

3.5.2 "新师范"背景下育人模式改革创新

浙江师范大学聚焦行业发展与专业特点，立足区域经济放眼国际化发展，主动对接新兴产业需求，树立新师范人才培养新观念，打造专业亮点，加强专业品牌建设，深化专业内涵式发展，搭建人才培养课程新体系，将项目教学贯穿专业育人全过程。

（1）创新育人举措

①项目分层教学

立足项目教学，利用暑假分层级开展"新工科试点班"实践活动。初级层次着重培养学生创新精神、职业素养和工程意识，使其具备基本的产品开发实践能力。教师拆分工作项目，形成若干循序渐进的小项目任务，每个任务均由学生独立完成，为专业基础知识薄弱学生树立学习信心，学生在实践过程中培养实践求知信念。教师带领学生去多家企业参观，让学生直观感受一线生产流程和项目技术研发，通过与企业一线技术人员、管理人员交流激发创新精神，培养职业精神。

中级层次注重塑造学生产品交付能力。以项目研发为载体，邀请专业教师、行业专家、优秀毕业生围绕项目开展主题讲座，培养学生主动获取知识、发现问题、独立思考、自主探索的能力。定期召开研究进度成果汇报会，多名指导教师参与，交流学习成果、项目开展遇到问题，汇报项目研发进程，通过交流、分享、点评改进和完善不足，明确研究路径，提升学生沟通交流能力、团队协作能力、逻辑思维能力、创新实践能力。与兄弟院校开展专业竞技交流，感受不同教学方式在思维碰撞中提升专业素养。

②多举措推动多样化人才培养

实行第二专业课程证书制度，从大学二年级起，学生可根据兴趣爱好和实际能力修读第二专业课程，完成课程内容学习并达到学分、绩点要求，可获得第二专业课程证书。重构专业实践教学体系，推行"2+X"证书制度，加强新工科人才培养核心要素的培养，建设新形态教材、虚拟仿真实验等立体化数字资源库。针对当前高中学生课程选择偏好、师资"潮汐现象"、胜任多学科教学的师资匮乏等问题，基于教师教育的国际趋势，浙江师范大学开设培养双学科复合型教师课程，部分专业采用双学科复合型师资的培养方式，打造"一人多专"的教师发展模式。

坚持通才教育与专才教育相结合的育人理念。针对顶尖优秀人才培养，将通过层层严格遴选的优秀学生按照文、理科单独编班，有针对性地制订顶尖人才培养方案和教学计划，分阶段进行多样化人才培养。第一学年为基础教学阶段，主要进行通识教育和学科大类基础教育，学生通过基础课程学习掌握专业基础课程，此阶段为学生夯实人文和专业学科基础；第二学年开始进入导师制阶段，由优秀教师担任学生导师，学生根据学生自身兴趣爱好、发展需要自主选择主修与辅修课程，在此基础上通过师生双向互选确定学生个人专业导师，并在专业导师指导下依据学生自身学习能力和进程制定个人学习、科研、实习规划。课堂教学采用问题式、探究式、合作式等教学模式。学生在课堂学习基础上积极参与学术活动、课题研究和社会实践活动，培养他们的创新能力、综合能力，实现个性化创新培养。重视学生国际化视野、文理知识的交融、学科知识的交叉。为畅通学生国际交流，在文理班开设如英语口语、英文写作、英文翻译等应用面广、实用性强的国际化课程，部分课程采用原版外文教材，由外籍教师担任任课教师。为理科班学生开设文学、哲学等课程培养人文素养，为文科班开设人工智能、物联网等理科课程培养理性逻辑思维，切实提高学生的国际竞争力。

③浸润式教育实践育人模式

开展四年一贯的浸润式实践，实行双导师制，选拔高校和中小学教师共同指导学生。大一，学生以班为单位到优质、专业对口的学校进行观摩学习，通过观课、评课、教学研讨等活动，获得对课堂教学、教研活动、学校与班级的组织运行等方面具体直观的感受；大二，学生以小组为单位组建模拟备课小组开展见习活动，见习活动前完成同课异构教学方案设计等教学准备，每次见习活动由2名学生与见习学校的教师进行同课异构实战演练，进一步修改教学方案，提升学生课堂教学与管理实践能力；大三，组织学生到中小学开展为期两周的教学见习活动，活动涵盖教学教研工作、班主任工作、学校管理工作等；大四，学生在大四上学期进行为期一个学期的教育实习，全面综合锻炼个人教学能力、管理能力、沟通交流能力、独立思考能力。

④搭建协同育人平台

聚焦前沿产业，汇集学校、企业、社会机构多方力量搭建新工科实践平台，成立产教融合联盟，牵头组建省级工程教育国际化联盟，发起成立工程专业联盟，与知名企业共同开发智能制造、智慧教育，建设科技创新产教融合平台、产教融合实训实践基地、创新实验室、虚拟空间教室等；在教学中融入行业前沿知识技术，实现专业、行业、企业、产业"四业"产教融合协同育人，人才链、产业链、创新链"三链"有效衔接。多名教授、博士进入企业挂职，与企业联合开展产学研一体化项目合作，以教师为纽带，以课程教学、项目研究为载体，开发行业性、前沿性、交叉性、综合性于一体的产教深度融合线上线下数字化专业课程资源，联结学生与企业，将学生从教室引入一线生产、经营与管理。产教深度融合，形成行业企业高素质人才培养、师资培训、职业技能鉴定、岗位培训、科技项目合作研发、成果转化等共享合作机制。为行业企业提供应用研究，面向企业、中高职学校提供专业培训。

开展产教融合国际交流与合作，构建"U-G-E"校、政、企三位一体人才培养模式，政府牵头，联合省内与共建"一带一路"国家的知名高校、浙江"走出去"企业与共建"一带一路"国家的知名企业设置实习岗位，打造师资与资源共享平台；设立国际化专业学生赴海外短期交流交换与实验实训项目。

浙江师范大学的人才培养模式如图3-8所示。

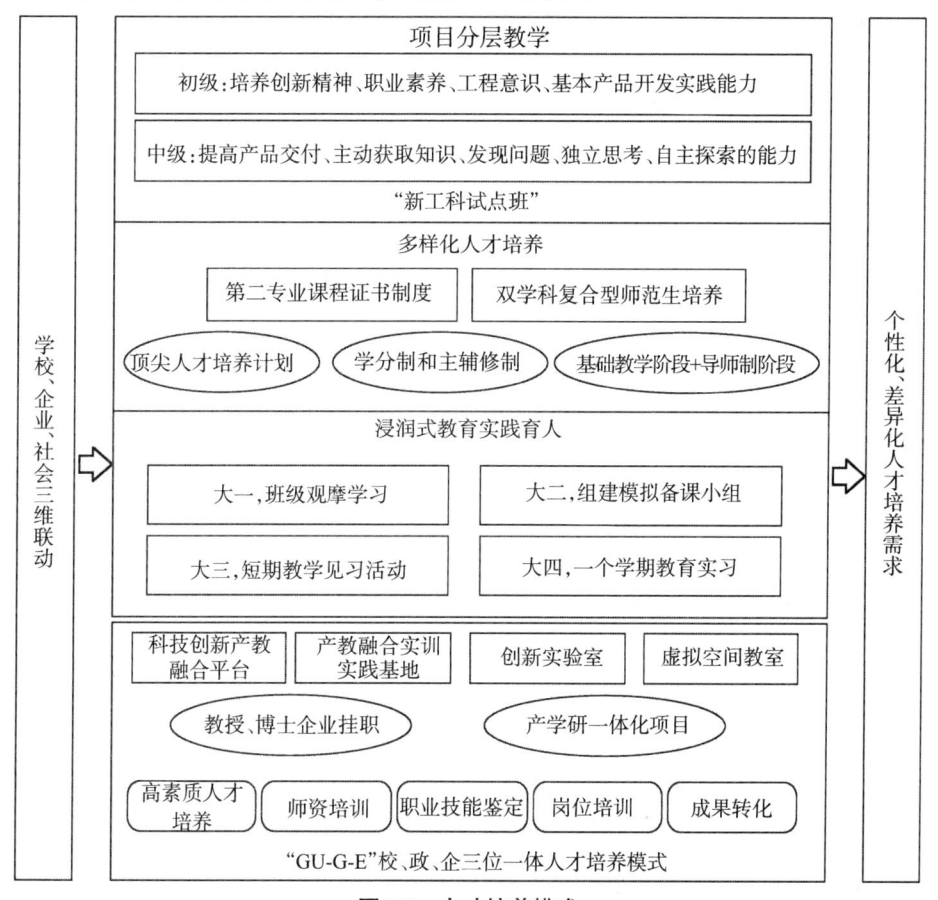

图3-8 人才培养模式

(2）培养成效及借鉴

浙江师范大学创新人才培养模式，通过浸润式教育实践育人模式、第二专业课程证书制度、项目分层教学、新工科实践平台等多项举措，学校、企业、社会三维联动，打破人才培养的单一壁垒；学生根据自身需求自主选择专业、课程、导师，自主把握选择进程和学习进度，满足个性化、差异化的学习需求。毕业生就业率90%以上，用人单位对毕业生满意度高。学生学科竞赛成绩突出，在国家级、省级竞赛中成绩斐然。依托协同育人平台，面向在校生开展实验实训16 000多人次，面向行业企业、各级各类学校、社会机构开展专业培训，培训人次达3000余人，辐射536所院校，近2万师生受益。

浙江师范大学创新人才培养形式，打破专业边界，通过项目分层育人、第二专业课程证书制度、双学科复合型教师等举措，在契合社会、行业、企业需求的同时，满足学生个性化、差异化、多样化需求。采用浸润式教育实践模式，在不同年级进行循序渐进、由易到难、由观摩到实践的学生实习实践活动，实现学生实习的连续性。通过开展校企人才交流、联合人才培养、项目共研、专业培训等形式，进行深度产教融合，拓宽融合路径。搭建协同育人平台，使人才链、产业链、教育链有效链接。

第四章 "特高"引领职业教育专业集群建设

产业融合是全球经济增长和现代产业发展的重要趋势。在2019年"双高计划"实施背景下，构建高等职业教育链与产业链融合发展机制，以专业集群建设为突破口，加强专业集群与产业群的双向协同是职业教育提升技术技能人才培养效能，适应产业转型升级的内在要求和外在表现。

4.1 专业集群概述

（1）专业集群概念

专业集群，即由一个或多个办学实力强、就业率高的重点建设专业作为核心专业，若干个对象相同、技术领域相近或专业学科基础相近的相关专业组成的集合。专业集群内的专业往往是围绕某一行业设置形成的一类专业。各专业具有相同的工程对象和相近的技术领域，在同一个教学体系中即可完成各专业的实践实训任务，共用实验实训设备设施，实现教育资源最大化。依托某一学科基础较强的专业逐步发展形成的专业集群，各专业具有相同的学科基础，有共同的专业理论基础课程和师资队伍专业团队。

（2）专业集群发展概况

经济的发展推动产业集群化发展，很多地区已形成富有区域特色的产业集群或产业园区。由于职业教育专业定向过细、培养过程缺乏弹性化，专业建设无法覆盖整个产业集群。职业院校以期通过聚集关联专业，汇聚优势教育资源，扩大行业覆盖面，协调学生就业中适应性和针对性的矛盾，人才培养适应较宽的职业领域需求。国家高度重视高等职业教育专业和专业集群建设，出台一系列政策予以支持与引导，推动了专业集群快速发展。2006年，教育部出台《关于全面提高高等职业教育教学质量的若干意见》，提出建立以重点建设专业为龙头、相关专业为支撑的专业集群，首次在国家文件中提出专业集群的概念。同年，教育部和财政部发布《关于实施国家示范性高等职业院校加快高等职业教育改革与发展的意见》，明确提出重点建成500个左右产业覆盖广、办学条件好、产学结合紧密、人才培养质量高的特色专业集群，形成500个以重点建设专业为龙头、相关专业为支撑的重点建设专业集群，提高示范院校对经济社会发展的服务能力。2014年，国务院发布《关于加快发展现代职业教育的决定》，强调服务经济社会发展和人的全面发展，推动专业设置与产业需求对接。同年，教育部等六部门联合印发《现代职业教育体系建设规划（2014—2020年）》，提出改革职业教育专业课程体系，根据各主体功能区的定位，推动区域内职业院校科学定位，使每一所职业院校集中力量办好当地经济社会需要的特色优势专业（集群）。2015年，教育部出台《关于深化职业教育教学改革全面提高人才培养质量的若干意见》，指出围绕各类经济带、产业带和产业集群，建设适应需求、特色鲜明、效益显著的专业集群。2019年，教育部和财政部下发了《关于实施中国特色高水平高职学校和专业建设计划的意见》，启动实施中国特色高水平高等职业学校和专业建设计划（简称"双高计划"），集中力量建设一批引领改革、支撑发展、中国特色、世界水平的高职学校和专业集群，带动职业教育持续深化改革，强化内涵建设，实现高质量发展。现如今，专业集群已成为职业教育专业建设与发展方向，通过集群的形式扭转单一专业人才培养带来的教育资源分散、就业面狭窄等瓶颈。

4.2 专业集群建设逻辑

建立校企"产业+专业+课程"三位一体的中高职、职业师范专业集群对接体系，围绕产业链建设专业集群，中等职业教育、高等职业教育和应用型本科、职业师范教育专业集群贯通衔接，实现人才递进式培养。具体架构如图4-1所示。

立足区域发展。随着科技飞速发展和社会的发展，人工智能、大数据分析、智能制造业等新的行业和领域不断涌现，需要持续更新专业知识和技能。专业边界在不断拓宽的同时，专业的调整与退出、迭代与重组持续增速，各行业人才需求从对单一专业人才转向复合型、综合型人才，专业集群由面向全产业链的多个相关专业组成，以满足产业发展对多样化人才的需求。以交叉融合、协同共享、继承创新为原则，转变传统围绕学科构建专业的模式，从区域优势产业发展、文化彰显特色、产业链全覆盖多维角度出发，以优势专业、核心专业为中心，对接产业链上职业岗位人才需求的建设逻辑构建专业集群；聚合优质教育资源，发挥专业集群内各专业办学优势的同时侧重产业链多元人才培养，培养满足区域经济发展、传承创新区域文化的具有专业特色的差异化人才。

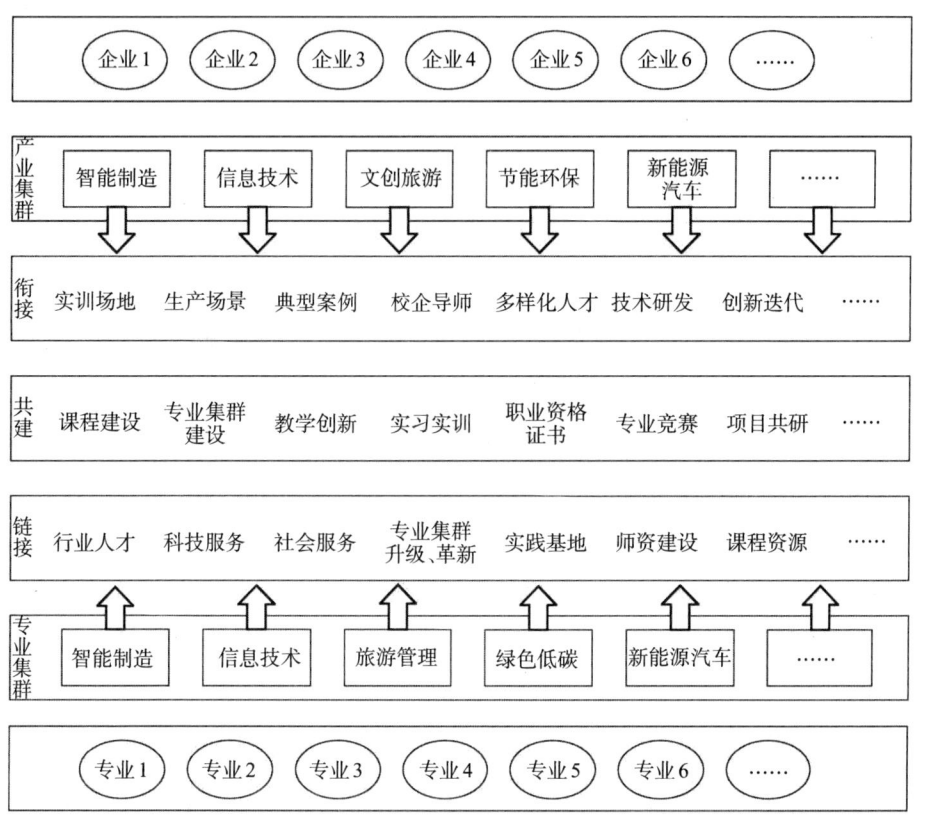

```
企业1  企业2  企业3  企业4  企业5  企业6  ……

产业集群: 智能制造  信息技术  文创旅游  节能环保  新能源汽车  ……
              ↓        ↓        ↓        ↓         ↓
衔接: 实训场地  生产场景  典型案例  校企导师  多样化人才  技术研发  创新迭代  ……

共建: 课程建设  专业集群建设  教学创新  实习实训  职业资格证书  专业竞赛  项目共研  ……

链接: 行业人才  科技服务  社会服务  专业集群升级、革新  实践基地  师资建设  课程资源  ……
        ↑        ↑        ↑           ↑              ↑        ↑
专业集群: 智能制造  信息技术  旅游管理  绿色低碳  新能源汽车  ……

专业1  专业2  专业3  专业4  专业5  专业6  ……
```

图4-1　专业集群建设架构

专业衔接贯通。中等职业教育、高等职业教育和应用型本科、职业师范教育人才培养分别对应产业链不同层次人才需求，推动中高职贯通衔接培养，推进高等职业教育与职业本科教育的衔接培养，是当前职业教育重要战略任务。从发展专业能力和通用能力两个维度出发，总体策划中等职业教育、高等职业教育和职业本科教育。在人才培养目标、专业集群建设、课程体系设置、教学模式构建等方面一一衔接、对应的前提下，突出各层次人才特点，避免不同层次专业集群建设出现知识、能力、核心素养培养出现断层或重复，打造知识、能力逐级螺旋递进式发展的专业集群建设体系，实现人才连贯式、进阶式培养。

统一培养理念。全面统一专业集群人才培养理念，全面转变传统教学模式，以产业链应用实例、典型工作案例为载体，打破学科壁垒，重组教学内容，采用翻转课堂、项目合作教学、混合式教学等行动导向性教学，将理论技能培养与真实岗位工作相结合，实现并强化学生为中心的教学理念，培养学生自主学习能力、融合多学科知识能力、创新精神。注重将课程思政融入育人全程，融合专业知识与价值引领，以知识认知促进价值认同，全方位推进知识体系向信仰体系的转化，引导青年学生坚定理想信念、厚植爱国情怀、树立崇高理想和远大追求。

4.3 "特高"引领优化职业教育特色专业集群建设

职业教育和职业师范教育未能契合行业发展，专业集群结构与产业发展契合度较低，专业布局存在较多空白，第二、第三产业专业占比和新兴产业覆盖率均处于较低水平，专业集群对社会和行业的服务能力有待进一步提升，专业集群建设和人才培养与区域产业需求不对等。集群内各专业在人才培养标准、课程建设和教学改革等方面交流、交互、交融不足，单一性凸显。区域内优势专业集群、特色专业优势未能发挥引领作用，提升区域内专业建设水平。2019年，全国的197所高职院校入围中国特色高水平职业学校和专业集群建设名单，广西仅一所学校入围高水平高职学校建设单位名单，三所学校入围高水平专业集群建设单位名单，均集中在南宁、柳州两地。广西职业院校整体水平与沿海或经济发达地区存在较大差距，职业教育发展不均衡，仅靠区域内职业院校与现有教育资源难以实现职业教育迭代换新，严重阻碍广西经济产业发展步伐。

跨校、跨区域，由特色高水平职业院校和专业集群引领推动职业教育发展。职业教育专业布局是产业需求与职业教育教学之间的纽带，反映了职业教育产业高素质人才生产的类型和空间分布。提高与区域优势、特色产业相关的专业比例，充分考虑区域特色农业、海洋产业、机械制造业、冶金业、有色金属业等基础较好产业及新材料、新能源汽车、高端装备制造、新一代信息技术、生物技术、绿色环保等新兴产业的人才需求，增加相关专业比例数量。以特色产业发展逻辑为基础，将产业链上的专业组合成专业集群，以适应行业各部门界限模糊的发展趋势。职业教育直接为特定行业提供劳动力。合理的专业布局可以有效地满足区域产业对劳动力种类和数量的需求，在宏观层面上形成劳动力的合理分布，加快产业结构的优化和演进。

第四章
"特高"引领职业教育专业集群建设

优化专业集群高层次设计工作。首先，专业集群建设既要解决专业集群的概念、内涵、特征等理论问题，又要解决专业集群在职业院校、职业师范院校管理结构中的地位、与专业集群的有效组织形式等实际问题。根据区域特色产业、工业经济发展方向，动态调整专业集群内部专业结构，及时淘汰或合并弱势专业。其次，充分结合专业集群建设的内外部条件，选择合适的逻辑，实现专业集群与产业链的紧密联系。最后，在生产组织方式由刚性向流动性转变的过程中，组织层将扁平化，以减少产业链延伸带来的组织协调成本增加。

明晰专业集群人才培养目标。随着我国产业的快速更迭，人口红利需要逐渐转为人才红利。专业集群人才培养目标需兼顾"内流"与"输出"双向人力流向。所谓"内流"，即人力资源本土化，人才培养依靠亲缘、地缘优势，结合广西糖业、桑蚕养殖业、食品加工业等工业产业，将壮锦、坭兴陶、北流陶瓷、六堡茶、黑衣壮等区域特色文化融入职业教育，打造根植于广西特色产业的人才培养模式，培养具有传承特色文化、驱动文化创新、掌握先进技术与技艺的复合型技术技能人才。所谓"输出"，即借助"一带一路"倡议、新时代西部大开发新格局、全面对接粤港澳大湾区毗邻东盟等优势，以广西文化作为特色纽带，培养具有文化适应力、职业创新力的多元技术技能型人才。

确保人才供给跟随就业市场变化。目前，专业建设具有前瞻性，但仅限于专业独立环境水平。通过对专业设置的控制，学校可以从宏观层面解决工作类别标签的前瞻性问题，并在类别数量层面实现行业快速发展下的专业设置预测。因此，职业教育、职业师范教育专业建设要面向产业发展，在宏观上把握产业迭代的趋势，引导传统专业的退出、调整和新专业的开设；在微观层面上，要做好校企合作工作，抓住专业建设中合作企业用工需求，培养面向企业预期的劳动力，满足工业发展的需要，使劳动力迅速被劳动力市场吸收。

以学徒制创新专业人才培养。职业教育、职业师范教育的专业建设应以现代学徒制为重点。首先，需要重新定位人才培养目标，使学生能够系统地融入本专业的实践活动，并掌握系统技术。这种系统包括对文化内涵、职业文化价值、职业文化情感的表达。其次，应该重新定位人才培养方式，发挥学徒制的深层次作用，发挥企业内部优势，突出企业在真实环境中引导学徒在技术教学过程中的作用。

专业集群融入产业集群。围绕区域产业链，结合学校自身优势打造融入产业集群的具有区域产业、文化特色的专业集群，它是职业院校、职业师范院校、应用型本科高校服务地方产业转型升级的重要载体。学校深入了解区域行业产业发展现状、存在问题和未来趋势，聚焦产业链结构、环节和岗位需求，根据区域产业发展调整学科专业布局，以核心、优势学科为中心，引领专业集群建设。使产业链契合岗位需求布局专业集群，以结构功能明确核心专业、支撑专业、拓展专业，厘清各专业地位与逻辑关系。聚集专业资源整体规划，从实验实训室、微格教学实训室、产学研项目基地等方面重新整合、规划教学资源，组建多元化师资队伍，如课程建设团队、学科研究团队、教学创新团队、赛证指导团队等。

4.4 "特高"引领中高职贯通专业集群建设

搭建和设置专业集群的目标是明确和达到以下几个对应：区域市场的人才需求与培养目标相对应、技能培训方式与教学方式相对应、专业集群与岗位专业集群相对应、动态的专业适应和产业升级方向相对应、课程体系和专业能力相对应。专业集群设置的培养目标明确，与关联特色产业链或骨干产业形成耦合关系，追求充分满足同一产业链和产业集群创新链中的人才需求。

专业集群建设包括五个关键要素，即专业构成、组织结构、课程体系、教师队伍和教学资源。确定专业构成是建设专业集群的关键和核心。组织结构是将不同专业集中的关键。只有通过院系的调整和内部权利、责任、利益的调整与重构，才能打破专业之间的组织壁垒，实现专业资源的有效整合。课程体系是专业集群建设的关键内容，是实现高素质技术复合型人才培养的关键载体。搭建一个层级分明、功能各异的课程体系，是充分发挥专业集群优势的关键。建立一支专业的教师队伍是保证人才培养理念落实的关键保障。一支数量充足、技能互补、结构合理的教师队伍是课程体系实施的载体，是专业集群建设过程中最活跃的创新主体。教学资源建设是专业集群建设的最后一个关键要素，它为课程体系的发挥和教学团队的教学改革与创新奠定了物质基础。职业教育专业集群建构的内涵如图4-2所示。

第四章
"特高"引领职业教育专业集群建设

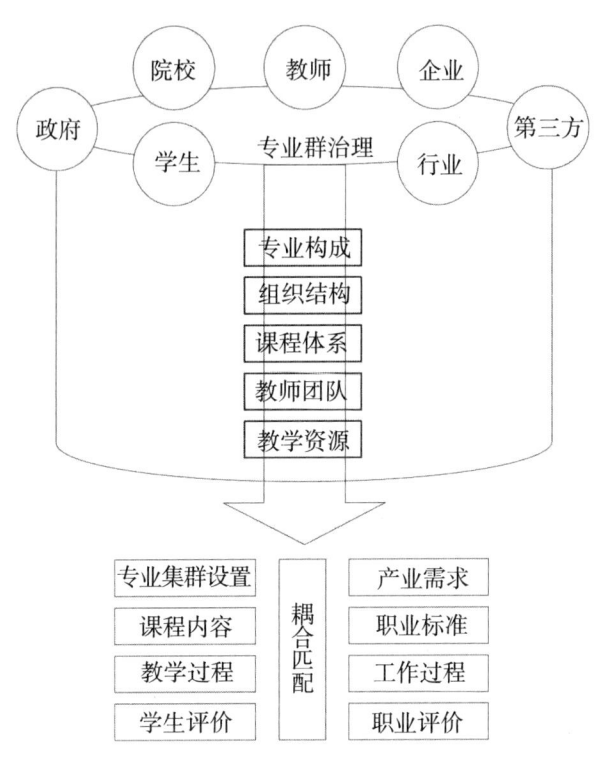

图4-2　职业教育专业集群建构的内涵

"岗位+课程+竞赛+证书"是指课程与岗位的整合、"1+X"专业课程与证书的整合，以及课程与资格竞赛的整合。专业课程与职业资格证书的整合旨在将职业资格标准有效地整合到课程的教育内容中，使学生在完成课程后能够参与相应的技能评估并成功获得相应的等级证书。专业课程与竞赛的整合就是在教育内容中整合与竞赛技能相关的内容，以提高学生参与竞赛技能的能力和水平。这种整合可以有效培养学生的专业技能和竞争意识，培养高素质的工匠和"双师双能型"职业师资，对职业教育、职业师范教育的可持续、全面、健康发展具有重要意义。

"1+X"教学模式不仅要求学生有效掌握书本的理论内容，还要注重实际应用技能的培养。剖析职业资格证书、各类竞赛对知识、能力的需求，融入专业课程教学，通过理论与实践、证书与课堂的整合，学生可以进行整合学习，拓宽知识面，提高课堂学习效率，完成专业课程学习的同时获得各种证书，提高实践技能。通过竞赛实现知识能力的深化与实践，以竞赛促进学生主动探索知识，进而对课堂所学查缺补漏，延展知识面。"1+X"教学模式在专业基础课程应用中具有重要优势。除了获得学术证书外，获得多项能力证书并结合他们的专业和技术知识，可以对未来就业和适应实际工作产生积极影响，并通过开展多项技能竞赛来提高他们的整体素质和能力。"岗课赛证"融通课程体系构建路径如图4-3所示。

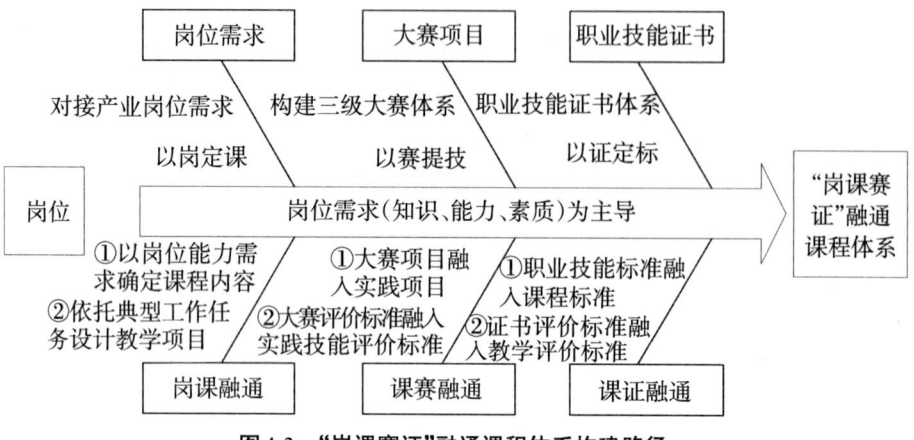

图4-3 "岗课赛证"融通课程体系构建路径

4.5 完善专业集群建设发挥前瞻效能

为了让专业集群发挥前瞻性和具有预见性，避免成为简单粗暴的、无法促进共同发展的、与区域产业链关联性不强的专业组合，应该从以下三个方面关注专业集群建设，具体架构如图4-4所示。

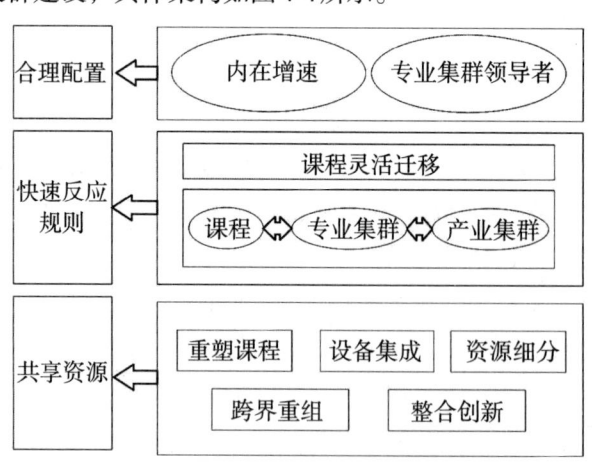

图4-4 专业集群前瞻效能架构

第四章
"特高"引领职业教育专业集群建设

(1) 完善专业集群合理配置

专业集群的合理配置首先要选择首要专业。首要专业是在专业集群中起核心引领作用的专业，相当于专业集群中的中枢神经。选择首要专业首先应考量本专业内在的增速，即专业的潜力。首要专业的发展速度表明专业集群设置的风向和未来发展形势。其次，仔细挑选专业集群的领导者。专业集群领导者应更注重专业与行业的总体愿景，对专业集群体与产业群体、产业链的联系进行全局性、系统性思考，使专业集群体建设的愿景清晰、路径清晰，具有较强的凝聚力和执行力。

(2) 设立专业集群的快速反应规则

专业集群设立的快速反应规则应保障集群内学生迁移的灵活性，并确保专业集群能够及时、快速地应对行业变化。第一，保障学生能灵活地进行课程之间的迁移，将不同专业的核心课程及网络平台上的网络课程整合到专业集群中，学员可以拥有同样专业课的基础。建立各个专业的管理课程体系和扩展课程的选择课程机制，可以让学员在专业学习上有更多的选择机会，达到学员在专业选择上的转移。第二，保持快速反应，专业集群应建立快速反应机制，专业集群能够快速响应并适应产业集群的变化，专业课程可以根据专业场所的动态需求及时甚至提前进行变革，按时整合全新的材料、技法、工艺、资源和观念。

(3) 共享专业集群的优质资源

运用优化整合专业资源的方式来进行资源共享，是专业集群体建设的重要要求。整合优质资源可以从多维度进行，其间最根本的是整合专业课程以及教学实验设备。第一，重塑专业课程。以不同专业的公共核心课程、网络平台课程、专业管理课程为基础，完善课程设置，形成以公共群体核心课程为主的集群课程体系，包括团体平台课程、团体领导力课程和团体拓展课程。第二，设备的集成。各个专业集群调配学校内外实验所需的培训网络资源，分别打造学校内和学校外的公共教育工作站及共享网络资源平台，推动学校和企业共享研发工作站和创新孵化器，全面集约式地利用资源，持续转变共享资源的新形式。在有机转型和产业链升级的前提下，产业集群和专业团队能够满足产业链的需求。第三，资源细分。由于作为专业集群和产业集群中间具有实际联系的部分，资源划分、调配和分享是核心。一方面，企业根据自身的运作模式实现高层次的构想，根据岗位能力模型对高职院校的专业和资源进行划分和综合，同时考量怎样利用上述资源开发全新的运作模式；另一方面，职业教育院校按照与经济发展相适应的人才培育方式，对合伙企业的文化、人力、实践和技术等资源进行精简和划分，通过分析和转化，将其转变成为独特的专业集群服务。在校企合作平台上，专业集群的各个专业和产业集群的各个企业都是分散的资源，利用网络平台调配和融通，达到分散资源的重建和运作模式的改进。第四，跨界重组。在办学过程中，职业教育院校演变成了独具特色的人才培育方案、课程与标准体系、课程设置方案、模拟与仿真实验等教育资源。合作企业在特色工艺技能培训方面设置了培训教程、培训方案、培训标准等内容。经过专业集群和产业集群的一对一对应，整合、共享教育资源和培训资源，达到资源互补、共赢发展的目的，扩大职业教育院校和合作企业的优质资源覆盖面。第五，整合创新。专业集群与产业集群的协同合作实质上是高度整合。这种整合模式主要体现在学校和企业高度整合双方的拓展目标、发展策略、教育方针和培育模式；在探究学校和企业合作模式和方法的出发点上，提出了共享共赢的新模式；超越双方界限，达成价值共识的具体落实。

4.6 "特高"引领广西专业集群建设

2019年，南宁职业技术学院入选中国特色高水平高职学校建设单位，广西职业技术学院、柳州职业技术学院、广西建设职业技术学院入选中国高水平专业群建设单位。广西发挥"特高"引领优势，服务区域经济发展现实需要，聚合办学实力强、核心专业知识关联度较大、具有共性技术特征和契合区域产业链上下游专业知识结构的专业集群，优化课程体系中相关专业之间的知识结构，融通专业结构知识，深入融合区域产业经济转型升级发展的新诉求和优势资源，打造具有区域特色的高水平品牌化专业群，开创高技能人才培养和产业经济协同发展的共赢局面。

聚焦产业多元联动。以服务区域产业链为目标，专业集群建设、课程建设、教学创新、师资队伍建设等方面始终契合产业链。梳理核心产业链上、中、下游及与重要岗位群之间关系，围绕行业需求、岗位要求、职责要求聚合专业形成产教联动专业集群，基于行业转型、迭代发展开设课程，实现教育链、人才链匹配产业链。广西职业技术学院积极产教联动，推进现代学徒制人才培养模式，按照"学生→学徒→准员工→员工"身份分段育人：第一学年以学生身份在学校完成专业基础课程的学习，培养专业理论素养；第二学年以学徒身份通过工学结合实现"四对接"，即校企对接、专业产业对

第四章
"特高"引领职业教育专业集群建设

接、校企双导师对接、学生学徒对接进行理实一体化课程教学，培养学生专业实践能力，让学生切实了解、感受行业需求与发展；第三学年学生以准员工身份进入企业学习实践，在企业导师指导下直接参与企业日常运作，践行岗位职责，掌握岗位技能，积累工作经验。中高职一体化，搭建育人"立交桥"。中高职院校、应用型本科院校、职业师范院校在人才培养方案、教学计划、课程建设、教学方法等方面全方位对接，开展分层一体化联合育人模式，开发分层化、分级化、模块化、类型化的衔接课程，满足不同层次学生的学习需求的同时，确保专业课程的连贯递进。

创新课程体系推进专业集群建设。筛选、重组专业集群课程，依照"基础能力培养→专业能力培养→综合能力培养"的培养规律创新课程体系。广西职业师范学院对基于学科专业集群形成职业师范特色的教育学课程体系，采取"大班授课、小班研讨、小组实践"的形式。运用教育技术改善教学环境，通过线上教学平台大班授课完成理论核心认知，筑牢理论根基；通过线下智慧教室小班研讨实现知识深化，掌握基础技能；通过教育虚拟仿真实训室小组实践实现"理实融通"。校企合作建设专业集群课程，由专业集群带头人、专业骨干教师、行业专家组成专业集群课程开发团队，分解岗位集群知识、能力、素养要求，形成专业集群人才培养标准，创设多元教学模式，以项目教学、案例教学、工作过程导向教学等教学模式，通过小组合作探究、学生参与项目开发、师生课堂讨论等教学方式凸显职业教育实践育人特点。

共建共享专业集群资源。通过产教融合、校企合作，专业群把产业岗位标准要求融入人才培养各个环节，依托特色专业集群的校企共建共享特色实训基地、教学实训基地、大师工作室等，创新强化人才培养的同时实现成果转化。广西理工职业技术学校与广东海信科龙空调公司等企业成立校企联盟，与广西建筑材料工业技工学校、博白县职教中心等学校成立校校联盟，实现校内专业群之间、校校之间、校企之间实训基地、课程、教师的资源共享与交流。横州市职业技术学校通过产教融合、校企合作，把产业岗位标准要求融入人才培养各个环节，在校内共建了3个自治区级示范特色实训基地，设立了横州市电子商务研究院、横州市青年学生电子商务创业园。在校外，横州市职业技术学校建立了茉莉花栽培、花茶加工等15个教学实训基地。作为广西茶业职业教育集团和中国茶业职业教育集团主要单位，横州市职业技术学校全面参与集团校企合作系列活动，如校企共建非遗大师工作室，传承非遗技术，弘扬茉莉文化。

4.7 实践案例

广西水力资源十分丰富，境内河流分属四大水系，其中以珠江水系为主。珠江-西江是我国西南内陆重要的出海通道，连接我国大西南与东部沿海经济地带、东盟自由经济贸易区的重要纽带。依托珠江-西江流域，链接航运企业共同开展船联网北斗智能航运项目，并围绕该产业链打造具有水运物流特色的物联网专业群，培养面向东盟的国际化水运交通物联网人才。物联网专业群课程体系如图4-5所示。

（1）物联网专业群课程体系建设

①基于船联网应用的物联网专业群课程体系多级发展

对标产业链，将物联网工程、通信工程、人工智能、应用电子技术教育、信息管理与信息系统、物流管理、数据计算及应用、大数据管理与应用等八个专业组成专业集群，整合专业课程，打造初级、中级和高级三级递进式课程体系。形成课程圈层，基础圈层由公共基础课程和专业基础课程组成，以夯实专业基础为目标；第二层为进阶圈层，以专业集群中专业核心课程、专业集群交叉核心课程为主，以培养专业特色为目标；第三层为应用圈层，以行业实践实训为主，以培养职业技能为目标。

②多维度能力协同培养

第一维度：语言能力。注重学生英语水平提升的同时，将部分专业核心课程与东盟主要小语种结合，在课程授课中采用双语教学，学生通过课程研讨、小组合作分享等形式培养第二外语。

第二维度：北斗/GIS技术培养。通过开设物联网通信技术课程，掌握无线电导航及北斗的技术原理，再通过船联网具体项目实战，使理论落地，满足人才技术需求。

第三维度：硬件技术。在专业集群中描绘硬件开发课程主线，通过数字电子技术、模拟电子技术、电路技术、C语言程序开发、传感器原理及应用、单片机技术、Arduino硬件开发、嵌入式硬件开发等应用课程让学生掌握硬件设计与研发的各环节所需技术，并运用于实训实践课程中，实现从设计到企业产品的转化。

第四维度：软件开发。根据当前热门软件技术及应用领域的实际需求，

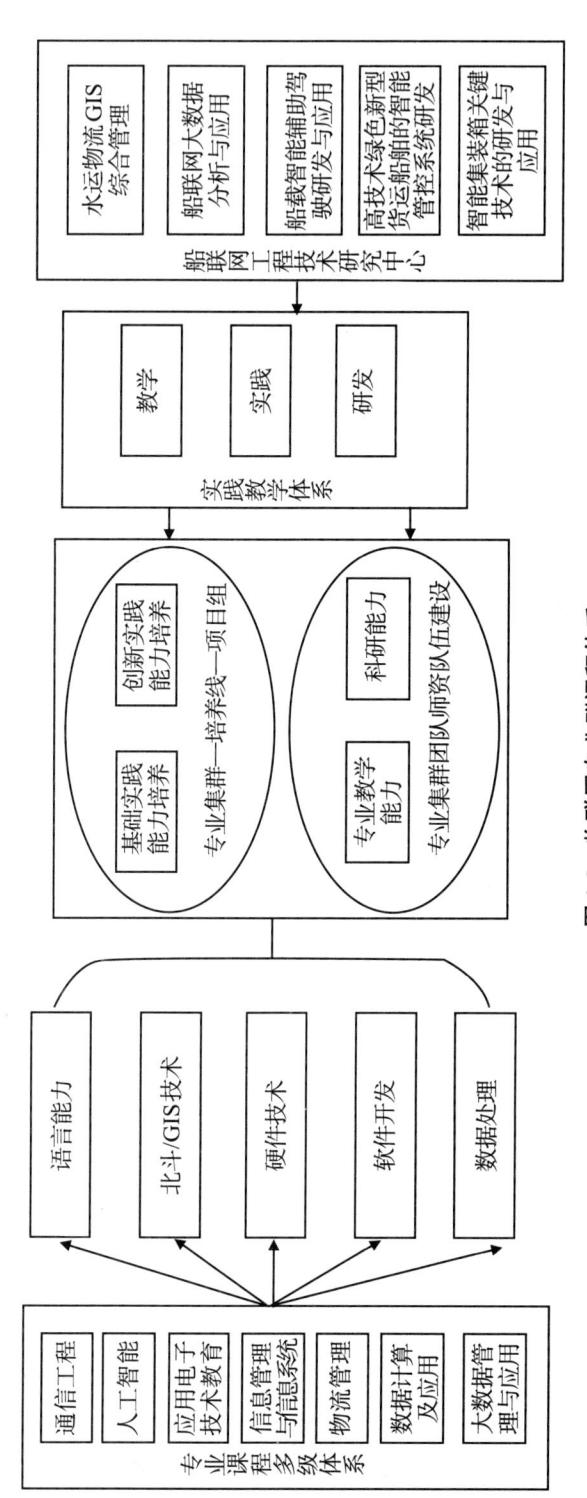

图 4-5 物联网专业群课程体系

开设 Python、Java 两类程序设计语言课程，对应智能化应用、网络系统应用及移动 APP 应用三大板块需求。

第五维度：大数据处理。主要由信息管理与信息系统、数据计算及应用、大数据管理与应用这三个专业承担培养任务。

③建设校企实训基地——省级船联网工程技术研究中心

与多家单位历时四年联合共建省级船联网工程技术研究中心（以下简称"中心"），中心主要研究方向为水运物流 GIS 综合管理、船联网大数据分析与应用、船载智能辅助驾驶研发与应用、高技术绿色新型货运船舶的智能管控系统研发和智能集装箱关键技术的研发与应用。在中心的运行同时与联合共建单位开展校企合作，建设物联网开发实验室、智慧工匠实验室、大数据实验室等 12 个教学与科研实验室，学校教学研究与行业技术研究并进，校企共赢发展。

④依托船联网工程中心建设实践教学体系

打造"教学—实践—研发"三位一体实践教学体系，发挥中心学校、企业的双主体优势，积极面向学生教学与科研，为专业课、选修课和创新创业项目提供场地和设施。基于中心研究方向鼓励学生参与中心科研项目研发，实现学生知识综合应用能力、创新能力和实践能力的提升。

（2）人才培养模式与成效

以船联网项目为契机实现专业群师资队伍快速成长，制定符合专业群建设规划发展的师资培养计划。以团队的形式开展教师教研和科研，使教师成果形成系列，同时校企合作产出对应的软硬件产品。派遣教师以参加校内外培训班等形式提高教学科研和学历水平；注重高学历高职称人才的引进。通过青年教职工生涯发展规划会议、谈心谈话、分类培养、搭建平台、形成团队互助等形式帮扶青年教师成长。近年来青年教师的教学水平进步很快，在每学期的期中教学检查和期末学生评教中，都得到了学生的优良评价和肯定。2019 年以来，物联网专业集群教师共承担和参与科研、教研项目合计 21 项。其中，科研项目国家级 1 项，省部级 8 项，市厅级 4 项；教研项目省部级 1 项，厅级 7 项。依托广西船联网工程技术研究中心，合作申报了广西创新驱动发展项目、广西科技项目等，团队教师主持编制多项广西地方标准，为企业提供咨询报告，以第一作者身份出版专著 3 部，获得实用新型专利授权 7 项，登记软件著作权 15 项，发表学术论文共计 84 篇。其中，论文被 EI（工程索引）收录 4 篇，被核心及本学科知名期刊收录 9 篇。

第四章
"特高"引领职业教育专业集群建设

发挥专业群优势培养学生专业素养与科研创新能力。基于多级多线物联网专业群形成"专业集群—培养线—项目组（实训项目组、竞赛项目组）"的形式；通过成立物联网电子技术协会、计算机协会、感知创新工作室等社团，教师利用课余时间组织、引导学生进行专项技能培训，拓展学生专业群知识技能，让学生参与教师团队项目研究，有效将理论知识与实践开发有机融合。鼓励学生积极参与各级各类竞赛，成立项目、竞赛小组，每个小组根据学生竞赛方向和主题安排2名指导老师，对项目选题、申报书或策划书撰写、系统开发、软件测试、路演答辩等方面全程指导。从2019年至今，物联网专业集群学生获大学生创业项目多项，其中国家级3项；"互联网+"创新创业大赛国家级铜奖1项，"挑战杯"广西大学生课外学术科技作品竞赛三等奖1项。师生团队在多年的研发过程中，形成了一系列的软硬件成果，并申请了自主知识产权，其中，专利成果13项，计算机软件著作权成果24项，软硬件成果4项。

第五章 对标标准推动职业教育课程建设

2019年10月，教育部教师工作司印发《职业技术师范教育专业认证标准》，从培养目标、毕业要求、课程与教学、合作与实践、师资队伍、支持条件、质量保证、学生发展等方面制定职业师范教育专业认证标准。其中，课程与教学对职业师范教育专业课程设置、课程结构、课程内容、课程实施、课程评价作了详细说明。课程设置要符合中等职业学校教师专业标准和专业类教师标准、培养标准；课程内容要体现专业性、职业性与师范性"三性"融合，有机融入社会主义核心价值观、师德教育和工匠精神。

5.1 职业师范教师教育类课程现状分析

课程是人才培养的重要载体，职业师范人才培养兼具专业性、技术性和教育性，随着职业教育改革的深化和教师专业化进程的加快，职业师范教育中课程体系设置、课程内容、课程实施、课程评价等问题日益凸显。

5.1.1 培养目标相关性不足

通过分析考察广西部分职业师范专业的培养方案，发现其培养目标均从践行师德规范和教育情怀、教育教学的素质与能力、综合能力与自我发展等方面，通过一级指标、二级指标、毕业指标从宏观和微观层面对职业师范人才培养提出要求。如，广西某职业师范专业的人才培养方案中的"学会教学"指标指出：在专业知识和能力方面，要系统掌握必需的基础理论和基本知识，掌握本专业的基本技能和必要方法，了解本专业相关的职业背景知识，具有从事本专业实际工作和研究工作的初步能力；在专业实践能力方面，要熟悉专业教学质量标准、工作岗位标准，掌握工作的技术技能，具备较熟练的实际操作技能，考取与本专业相关的职业技能证书；在教学能力方面，要熟悉职业院校专业教学标准和基于行动导向的教学方法，在职业教育教学实践中，能够针对职业院校学生身心发展和专业认知特点，引导学生德技双修，运用教育教学知识和信息技术进行教学设计、实施和评价，指导学生学习和实践，获得教学体验，具备教学基本技能，具有初步的教学能力和一定的教学研究能力。培养目标全面、细致，罗列了职业师范学生应具备的教学能力，但尚需要进一步与职业教育对接，在课程设置中密切联系职业教育实际。

5.1.2 教师教育类课程体系比例不当

课程体系"师范性"不足。当前，职业师范院校课程体系由通识教育类课程、学科专业类课程和教师教育类课程三类课程构成。其中，教师教育类课程是"师范性"的首要体现，肩负着传递教育教学理论、方法、技巧，引导学生树立正确教育观、学生观、教师观，培养学生职业素养和综合能力的重任。

21世纪初，国际劳工组织和联合国教科文组织对世界70多个国家及地区，就开设教育类课程占专科全部课程的比例进行统计调研，如图5-1所示。其中，新加坡教育类课程占比最高为39%，德国、美国教育类课程占比30%，英国教育类课程占比为26%，法国教育类课程占比20%，印度、日本、韩国三国教育类课程占比分别为19%、17%和15%。而我国，教师教育类课程在职业师范院校课程占比中份额较小，只占总学时10%，其中教育学、心理学、课程与教学论等基础教育类课程仅占5%～6%，远低于其他国家。在广西师范院校、职业师范院校开设的职业师范类专业中，教师教育类课程占比为7.2%～8.3%，教育学、心理学、课程与教学论等基础教育类课程仅占5.4%～6.2%。

内容"职业性"不强。部分职业师范院校在开设教师教育类课程时与普通高等师范院校课程雷同，如开设的教育学原理、教育心理学、现代教育技术、课程与教学论等；有些职业师范院校在课程名称中体现了职业性，如职业教育学、职业教育心理学，但课程内容仍以普通师范教育课程内容为主，课程体现"教育性"缺少"职业性"。职业师范教育与普通师范教育在教育类课程上需求不同，职业师范教育强调培养教育教学素养的同时，注重职业素质的养成，以教育学原理和职业教育学两门课程为例，虽然都

教育类课程占比（%）

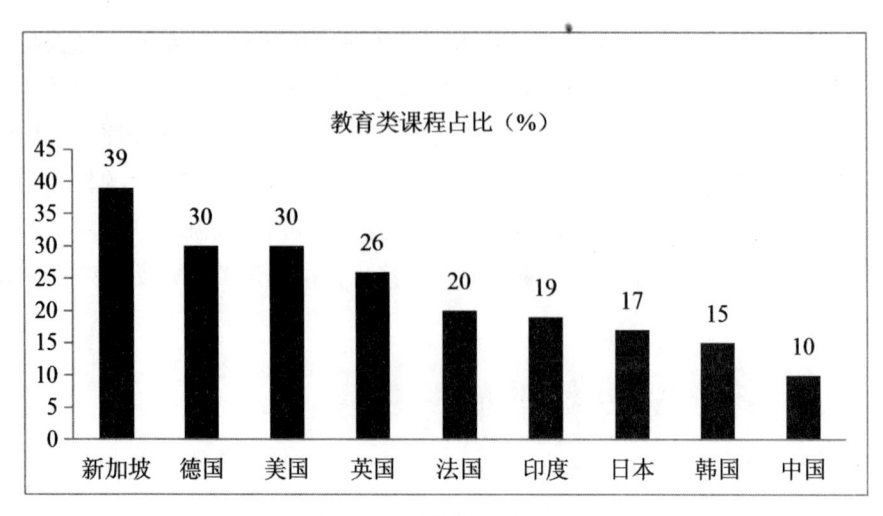

新加坡 39　德国 30　美国 30　英国 26　法国 20　印度 19　日本 17　韩国 15　中国 10

图 5-1　各国职业师范专业教育类课程占比

基于同样的教育学理论基础，但在人才培养目标、专业设置、课程开发、学生特点、教师素养等方面均存在巨大差异，职业教育学强调职业与教育的交融。

课程实施方式单一。职业师范教育类课程以理论课程为主，知识体系庞大、内容抽象，受教学学时、教学资源等方面制约，为完成课程教学教师大多采用讲授法进行教学，知识通过教师语言结合课件投影的形式灌输给学生，学生大多被动接受知识，缺乏对知识的主动思考和探索，缺少教师与学生之间、学生与学生之间的互动交流。学生在学习教育类课程时难以产生对共鸣，导致对知识、技能的掌握仅停留在教材里、停留在课堂中，没能通过课堂学习构建教育类知识体系，随着课程的完结、课程考核的结束，知识将逐渐被遗忘。

5.1.2　教师教育类课程设置失衡

（1）课程结构失调

在职业师范课程设置中，教师教育类课程被压缩，比例设置远低于学科专业类课程。选修课是高等学校各学科、专业教学计划中规定的由学生自行选择性修读的课程，通过选修课能让学生接触到自身专业领域之外的学科，通过学习不同的选修课程，学生能够获得更广泛的知识视野，为学生探索兴趣爱好提供机会，有助于他们探索个人潜力、发展综合能力。在教师教育类课程中，必修课程学分要求是选修课程学分的几倍，必修课程与选修课程比例严重失衡。受教学师资和教学设备设施等因素影响，部分学校选修课成为必修课的分支、拓展，选修课仅限于二级学院内、专业内学生选择，学生未能实现跨院系、跨校选课，导致选修课丧失其多元化、多样性本质。以广西某培养职业师资的高校为例，学校开设的职业师范方向专业中，选修课学分占总学分18%～19%，其中专业选修课学分占选修课学分三分之一至一半左右。选修课的劣势地位使得学生忽略了它开设的意义与价值，将修学分视为选修课的最大作用，在选修课程时关注学分占比、考核难度、课程要求宽严度，课程内容是否符合自身需要、是否契合兴趣爱好均被忽视。

教育实践课程在国家政策指导下，课时比例有所增加，职业师范教育实践课程在学分、学时方面均已达到国家规定的标准，但在整个专业课程体系中仍显薄弱。教育实践课程主要通过教育实习、教育见习、微格教学、现代教育技术等课程形式实施，其中除了教育实践，其他教育实践课程主要在大学课堂中进行，高校教师大多没有职业院校教学经历，对学生教育实践的指导更偏重学术性，没能围绕职业教育课程、教学、学生特点有针对性地展开。在教育实践中，职业教育师范生被安排至各职业院校，实行高校教师与职业院校指导教师联合指导的双导师培养方式，但高校教师与职业院校指导教师之间沟通不足，学生教育实践存在的不足、遇到的问题没得到全面总结，未能通过教育实践有效促进职业师范教育类课程的改革。

（2）课程模块缺乏交流

职业师范教育类课程可分为三大类，职业师范教育理论课程、职业师范教育技能课程和职业师范教育实践课程。传统课程计划中，三类课程在不同教学时段展开。首先，完成教育学、心理学、教学论传统教育理论课程的教学，为技能课程顺利开展提供理论支撑，让学生对职业师范教育技能有知识层面的了解和积累；其次，通过微格教学、现代教育技术等形式的教育技能课程培养学生教学设计的技能、使用教学媒体和教学软件的技能及课堂教学的技能，规范学生教学语言和基本教学行为；最后，通过教育实践课程对职业教育师范生所学理论知识和技能在真实育人环境中进行实践检验，是师范生实现从学生到教师角色转变的重要途径。

职业师范教育理论课程、职业师范教育技能课程和职业师范教育实践课程三类课程之间相互包含、层层递进，但在职业师范教育类课程实际展开过程中，这三类课程按照各自的知识体系和教学逻辑展开，彼此呈独立状态。教育类理论课程注重学术性，课程内容理论性强，任课教师大多有教育学、心理学教育背景，在学术型教育中训练成长，他们对所教授课程内容选择和组织方式侧重强调学科理论逻辑。学生通过课程学习着重积累理论知识，没有通过实践运用实现对理论知识立体化、深层次的理解加工，知识仅停留在教师课堂讲授和对教材的背诵记忆上，大部分理论知识会随着时间推移逐渐被遗忘。这会导致在技能课程学习时，教师要为学生重拾理论课程知识，原本就占比甚少的技能实践学时更显不足。在技能课程教学过程中，教师为学生阐明训练内容和要达到的训练目标，教师通过播放教学示范视频、观摩优秀教师课堂教学、任课教师亲自示范等方式对教学技能进行示范。完成教学观摩后，教师引导学生分析教学示范，讨论示范教学的优点及不足，形成教学技能最优教学方案，最后学生完成教案撰写和教学实践，通过不断地重复修改、实践、评价，培养学生教育技能。在技能课程教学中，由教师、学生充当教学对象，教学环境较为单一，由于技能课程没有实践课程配合展开，职业师范专业学生将来的教学对象为职业院校学生，他们中一些人实践动手能力强、课堂学习专注力弱，因此在教学技能课程中应做出相应的调整，更为有针对性地进行教学技能训练。

（3）"理""实"课程断裂

职业师范院校中职业师范专业课程由通识教育课程、教师教育课程、学科专业课程和实践课程四个板块组成，其中通识教育课程、教师教育课程是在大学前两年完成，为学科专业课程和实践课程奠定理论基础。受教育类课程自身特点和课程教学等方面因素影响，学生在教育课程学习过程中只能通过视频、教师讲解、自我想象理解理论知识，对于翻转课堂、项目教学、混合式教学等诸多内容缺实践理解，学生对教师教育课程往往存在"一过性"学习的问题。实践课程又分为专业实践课程和教育实践课程，教育实践包括教育见习、教育实习和教育研习三个主要模块，涵盖师德体验、教学实践、班级管理实践、教研实践等全方位教育实践内容，是检验职业师范学生"师范性"的最重要形式。教育实践需要学生主动将所学的教育理论知识和技术技能关联教育实践活动，独立分析、解决教育问题，进行教学反思和总结，积累育人经验。教育实践课程大多在第七学期进行，在完成专业课程、教育类课程后进行，是对已学知识的实践运用和检验。由于专业理论课程、教育类课程教学以讲授式为主，学生主动性、参与度低，缺少知识技能运用的环境，难以有效地为教育实践课程提供支撑。学生难以运用理论知识分析、指导实践活动，形成的实践经验没有理论知识将其串联，收获的多为零散、碎片化的实践教学经验。随着教育实践的推进，学生会越来越意识到理论知识匮乏，但此时已没有重新学习、补充理论知识的学习机会。

（4）评价体系不完善

职业师范教育类课程是职业师范专业的公共必修课，考核方式多为书面闭卷考试，以理论、原理、规律、原则等为主要考查内容，难以从考试结果中了解学生是通过背诵记忆知识还是切实理解内化知识；且缺少实践层面的考核，无法检验学生能否运用知识指导教育教学活动，无法检验学生是否掌握了职业教育教学技能，是否养成了良好的职业教育素质素养。同时，评价均为总结性评价，过程性评价形式单一，往往由到课率、作业完成率、平时作业成绩等综合产生，难以了解学生学习的积极性和思想性方面的转变。评价主体以教师为主，评价方案、评价标准、考核内容由教师制定，但对学生日常学习行为尚未有统一的评价准则。学生教学设计、教法运用、授课模拟等教育教学实践课程在学生整体课程评价体系中权重偏低。课程评价由任课教师完成，没能综合学生互评、行业一线工作人员评价和实习的职业院校教师评价。评价内容、方式符合课堂教学，注重考查理论知识掌握程度，但不符合行业、岗位能力评价要求，专业与职业关联度不强。

5.2 职业师范教师教育类课程存在问题的原因分析

各高校对政策的落实力度和执行力度是国家政策获得有效执行的关键。2011年教育部颁布《国家教师教育课程标准（试行）》，是我国第一部教师教育课程标准，对深化教师教育改革，规范和引导教师教育课程教学，培养和造就高素质专业化的教师队伍具有重要意义。为解决教师培养的适应性和针对性不强、课程教学内容和教学方法相对陈旧、教育实践质量不高、教师教育师资队伍薄弱等突出问题，2014年教育部颁布《关于实施卓越教师培养计划的意见》，以推动教师教育综合改革，全面提升教师培养质量。2016年教育部印发《关于加强师范生教育实践的意见》从明确教育实践的目标任务、构建全方位的教育实践内容体系、丰富创新教育实践的形式、组织开展规范化的教育实习、全面推行教育实践"双导师制"、完善多方参与的教育实践考核评价体系、协同建设长期稳定的教育实践基地、建立健全指导教师激励机制、切实保障教育实践经费投入等九个部分提出具备措施。2018年教育部等五部门印发的《教师教育振兴行动计划（2018—2022年）》，为实现教师教育振兴发展的目标任务，从师德养成教育、教师培养层次提升、师范生生源质量改善、"互联网+教师教育"创新、教师教育改革实验区建设、高水平教师教育基地建设、教师教育师资队伍优化、教师教育学科专业建设和教师教育质量保障体系构建等方面提出明确的行动计划。文件均体现了国家十分重视教师教育类课程改革，从课程内容、教学方法、教育实践、考评体系、实践基地等方面提出具体举措。

但是，以上政策未能全面贯彻落实。通过访谈、实地调研了解到，各高校态度积极，均根据国家政策对职业师范人才培养方案作出了相应的调整，但各高校受办学规模、教育投入实力、办学条件等诸多因素的限制，对政策的实施有所不同。办学实力雄厚的院校具有丰富的资源条件，能快速全面贯彻落实国家政策提出的内容，而办学实力较弱的院校只能在国家政策指导下根据自身实际条件逐步调整、逐渐落实。

受传统课程理念影响，职业师范学生教育教学知识技能主要来源于教师教育理论课程，教育学（或职业教育学）、心理学（或职业教育心理学）、课程与教学论（或学科课程与教学论）是最传统、最基本，也是最重要的三门教育教学理论课程。立足于教师教育传统理论学科的逻辑体系的课程内容安排，强调学科的体系性和完整性，注重理论知识的传授和讲解，以帮助师范生全面了解教育学的理论体系，掌握教育学、心理学和课程教学方面的理论知识，为未来教学工作打下坚实的理论基础。然而，这样的课程内容安排也存在一些局限性，例如可能会忽视专业实践操作、教育实践实训，导致师范生在实践教学中遇到问题时，难以将所学理论知识灵活运用到现实工作中。

为落实《国家职业教育改革实施方案》，推进国家教学标准落地实施，提升职业教育质量，2019年6月教育部印发了《教育部关于职业院校专业人才培养方案制订与实施工作的指导意见》。它提出，职业教育要强化实践环节，加强实践性教学，实践性教学学时原则上占总学时50%以上；要积极推行认知实习、岗位实习等多种实习方式，强化以育人为目标的实习实训考核评价。实践性课程愈发受到重视的同时对职业师资培养提出了新要求。虽然各类师范院校也越来越重视师范生专业技能、教育技能和实践技能的掌握，但和理论学习相比，仍存在差距。例如，本书涉及的广西部分师范院校、职业师范院校中，课程虽然都包含理论课程、实践课程，但是无论从学分还是课时上来看，教育理论课程都是最多的，理论课程的学分在110分左右，实践课程学分在55~60分，理论课程学分将近是实践课程的一倍。在必修课、选修课中，理论课的门数最多、课时最多、学分最多；授课教师大多根据学科逻辑组织教学，课堂教学以纯理论为主，课程考核强调对理论知识掌握程度。职业师范专业学生接触最多的是学科专业理论知识和教育教学理论知识，而职业教育中的实践课程在课程体系中占比50%以上，就造成了人才培养内容与工作岗位需求的不对等，实践能力和实践经验的不足导致学生进入工作岗位后难以到达岗位要求，无法顺利展开教学。

5.3 职业师范教育课程体系优化策略

（1）培养目标对标能力标准

根据《中学教育专业师范生教师职业能力标准（试行）》细化培养目标，加强职业师范课程与中等职业教育课程的贯通衔接，从专业知识、教育教学知识、专业技能、教育技能、师德师风、职业道德、教学与专业科研等方面深度对接岗位能力标准。培养目标对标岗位能力标准如图5-2所示。完善课程体系，对标职业师范教育专业认证标准，将课程与所学专业的需求相关联，使其符合国家和地方政策及职业技能标准要求，以"践行师德、学会教学、学会育人、学会发展"素质要求为准则，围绕教育信念与责任、教育知识与能力、教育实践与体验三大板块，课程思政引领构建能力导向的"通识教育+学科专业教育+教师教育"课程体系，实现师德践行能力、教学实践能力、综合育人能力和自主发展能力的养成。

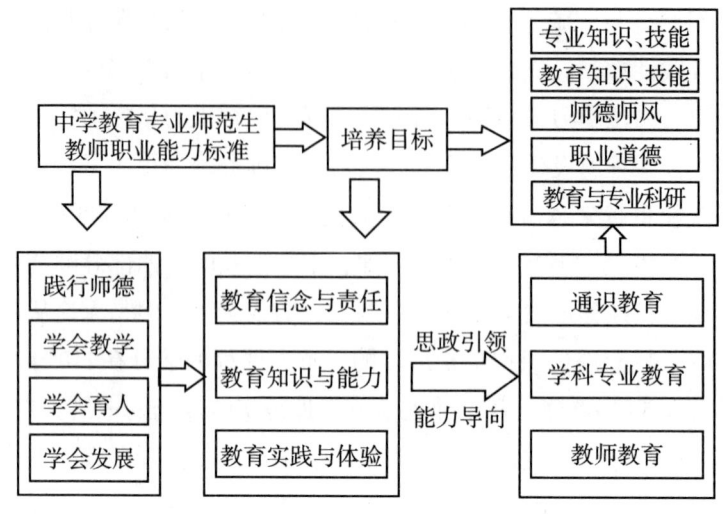

图 5-2　培养目标对标岗位能力标准

(2) 课程内容"理""实"融合

打破传统理论课程与实践课程的划分，职业师范教育类各门课程内容均应包括理论知识的传授和实践技能的培养。教师授课时通过"教师理论讲授—教师演示示范—师生典型案例分析讨论—学生分组实践成果展示—师生点评"完成知识单元的教学。在教学过程中，学生通过理论学习获得对知识的基本认知，结合教师示范强化对知识的理解，通过师生分析讨论明确重难点和注意事项，学生亲身实践实现知识的运用，最后通过学生自评、师生点评深化对知识的理解、技能的掌握，实现知识的内化，有效解决学生学习理论知识的"一过性"问题。课程内容应该基于实际工作任务，以工作任务为引领，结合理论知识和实践操作，让学生在学习过程中逐步掌握工作所需的知识和技能。除了专业知识和技能的培养，课程内容还应该注重学生的职业素质培养，包括爱国情怀、职业道德、职业规范等方面。通过引入新的案例、更新教材、采用现代教学技术等方法持续更新课程内容和教学方法，使之契合行业发展需求。"理""实"融合课程路径具体如图 5-3 所示。

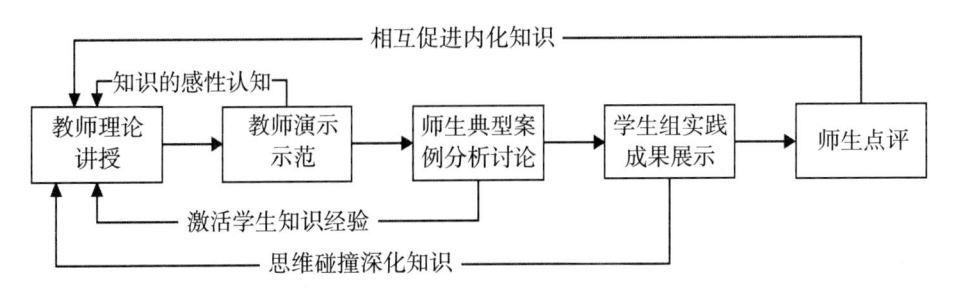

图5-3 "理""实"融合课程路径

（3）多学科教师集体备课

职业师范学生教学素养、教学技能的培养不只体现在教育类课程中，它们贯穿人才培养全过程，需要整个课程体系共同实现。多学科教师集体备课，教育类课程教师与专业课教师沟通教育类课程中涉及的教育观、课程开发、教学教法、教师素养等内容。在各类课程教学中，由任课教师根据教学内容采用教育类课程中涉及的教学技能、教法进行课程教学设计，让学生在各门课程学习中均能接触、体会、感受教育理论知识和技能在真实教学场景中、在不同学科中的应用，让教育教学知识、技能在学生日常学习中不断巩固、强化。教师集体备课，为教师创造机会"走进"更多学科，教育类课程教师在课程设计中融入学生专业类课程，让学生在学习过程中更具共鸣，把握多学科知识的共同脉络。专业课课程教师通过深入学习教育理论、掌握新兴教育技术，有效更新教学理念，提升教学能力和教学成效。

（4）"特高"引领区域课程对标

发挥区域内"特高"优势，师范院校、职业师范院校主动融入国家、地区发展战略大局，深入对标政策文件，全面分析对标要求，明确发展路径，明晰发展目标。"特高"引领对标区域内特色高水平院校和专业集群、对标优质人才培养和师资培养经验、对标产教融合特色路径，通过优秀育人案例模仿、复制、改革、创新，最终形成融合自身学校特点的人才培养模式。课程是人才培养的重要载体，高质量开展"特高"引领区域课程对标，使课程成为区域人才培养的重要落脚点。对标"特高"院校育人标准，通过"特高"院校的帮扶指导，层层推进、落实、考核、验收区域课程改革。对标区域支柱型产业，行业专家共同参与课程建设、专业集群建设和教学改革；拆分岗位能力需求，人才培养要求看齐企业专业人才，实现高质量产教融合育人。

（5）提升教育类课程比例

将课程体系中教师教育类课程占比提升，如将其从当前在课程体系中10%的占比提升至20%。将教师教育类课程中的相关内容加入学科基础课程与专业课程中。在学科基础课程中加入教育学原理、教育科学研究方法等相关内容，帮助学生更好地理解教育学科的基础知识和研究方法，为后续的专业课程打下基础。在专业课程中加入教育学原理、教育科学研究方法等相关内容，帮助学生更好地理解教育学科在具体领域中的应用和发展，为未来的教学实践和科研工作打下基础。开设跨学科课程，将教育学科与具体学科相结合，例如教育心理学、教育管理学等，既可以帮助学生掌握教育学科的知识和方法，也可以提高他们在具体领域中的教学实践能力。

（6）平衡必修课与选修课

师范专业认证的核心能力素养需要以科学、合理的课程结构为前提，而必修课程和选修课程在其中扮演着不同的重要角色。师范专业认证强调聚焦师范生核心能力素质要求，需要将这些要求落实到课程结构中，以达到职业师范教育专业学生毕业时要求的"一践行、三学会（践行师德、学会教学、学会育人、学会发展）"的素质能力要求。必修课程在课程结构中是培养师范生核心能力素养的主体课程，占总课时的大半，其功能为反映培养目标，落实毕业要求。选修课程是必修课程的必要补充和延伸，是进一步落实核心能力素养、拓展学生知识、培养学生兴趣爱好、鼓励学生个性发展、提升学生综合能力的重要路径。针对当前学生选修课"功利性"较强、学习兴趣淡薄的现象，可征求学生意见，综合学校师资、教学设施设备等教学条件，提供学生感兴趣的选修课程。邀请行业专家、职业院校教师为学生开设选修课程，围绕行业发展前景、前沿尖端技术、职业教育现状和发展面临的问题等内容开展；鼓励学生参与选修课专题研讨研究，通过融入课程、了解课程进而激发学生对教育类学科的学习兴趣，化被动学习、"功利性"学习为主动学习。

（7）注重课程区域特色

在《教师教育课程标准（试行）》中，教师教育内容除了应考虑必要的逻辑体系和师范生的实际需求外，还应该将各院校的教育研究成果和当地的基础教育问题编入课程内容之中。各大师范院校可以根据自己的教育研究成果和当地的基础教育问题，设计出更具有针对性和实用性的课程内容，帮助师范生更好地适应实际教学工作的需求。同时，将教育研究成果和实际问题编入课程内容中，也可以促进师范生理论知识和实践操作的结合，提高他们解决实际问题的能力。我国各级各类师范院校众多，每个师范院校都有不同的教育特色，因此职业师范人才培养应该立足区域经济、产业和文化优势，结合自身办学特点凸显人才培养特色，结合一线职业教育调研结果，了解分析职业教育实际教学工作的需求，从而设计出更具有针对性和实用性的实践性课程内容，帮助职业师范学生掌握实际教学工作中所需的具体技能和方法。职业师范教育专业学生通过实践课程体验真实教学场景和情况，学习和掌握实际教学工作中所需的课堂管理、教学策略、学生评估等具体技能和方法，为将来走上教师岗位打下坚实的基础。

5.4 多元化课程实施形式

（1）实践课程持续育人

①教育实践课程

在大多数职业师范专业人才培养方案中，教育实践课程安排在第7学期，在完成专业课程、教育类课程后进行，是对已学知识的实践和检验。由于专业理论课程、教育类课程教学以讲授式为主，学生主动性、参与度低，缺少运用知识、技能的环境，学生往往考试之后会逐渐遗忘，难以有效为教育实践课程提供支撑。增加实践课程，在不同阶段以不同形式展开。第一学年在教育学原理、教育心理学等教育类理论基础课程讲授过程中穿插实践学习，每完成一个课程教学单元后组织学生去职业院校观摩学习，将理论教学内容与真实育人场景、教学过程一一对应，帮助学生理解理论知识，发现自身在理论课程学习中的薄弱部分，及时查缺补漏发现学习疑难点，提升专业学习兴趣。第二学年完成课程论、教学论、专业课程与教学论等课程学习后，组织学生进行教育实习，为学生一对一安排职业院校教师作为实习导师进行指导，以助教身份跟随职业院校教师备课、课堂旁听、管理学生，以及与职业院校教师探讨教育问题、共同完成教学反思。通过教育见习，检验学生知识技能的掌握情况。同时，学生对职业院校教师日常工作、岗位能力要求获得全面、真实、细致的了解，加深对职业院校教师职业的认知。第三学年通过微格教学、教育技术等教育实践课程强化学生的教育教学实践能力，逐渐参与职业院校学生的日常教学与管理，如每周安排1天由职业师范教育专业学生进行课程教学、班会组织等。教学活动前与职业院校导师探讨教学方案，教学活动后总结反思教学成效，并与职业院校导师、大学专业课任课教师汇报教学活动情况，改进自身不足的同时逐渐形成适合自己的教学方式。第四学年进行集中教育实习，全面考查职业师范学生综合素养。教育实践课程框架具体如图5-4所示。

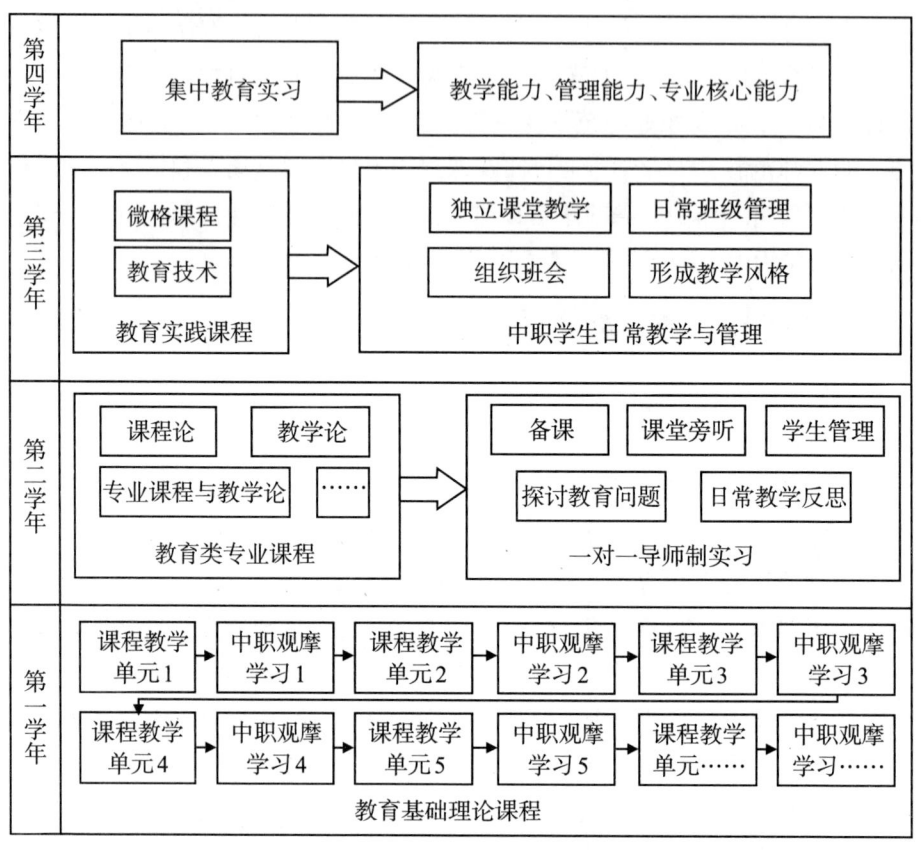

第四学年	集中教育实习 → 教学能力、管理能力、专业核心能力
第三学年	微格课程 / 教育技术（教育实践课程）→ 独立课堂教学、日常班级管理、组织班会、形成教学风格（中职学生日常教学与管理）
第二学年	课程论、教学论、专业课程与教学论……（教育类专业课程）→ 备课、课堂旁听、学生管理、探讨教育问题、日常教学反思（一对一导师制实习）
第一学年	课程教学单元1 → 中职观摩学习1 → 课程教学单元2 → 中职观摩学习2 → 课程教学单元3 → 中职观摩学习3；课程教学单元4 → 中职观摩学习4 → 课程教学单元5 → 中职观摩学习5 → 课程教学单元…… → 中职观摩学习……（教育基础理论课程）

图5-4　教育实践课程框架

②专业实践课程

深化产教融合，校企共同完成课程目标、课程内容、课程安排、教材等内容的制定，全方位连接专业理论知识与行业岗位能力，每门专业课程均设置实践部分。按照"基础知识—集体观摩—拓展知识"的逻辑，由学校教师完成理论单元讲授，企业一线人员讲解理论知识在现实工作中的运用，通过案例分享、学生实地参观实现基础知识立体化传授。高校教师、行业专家开设专项研究，尊重学生兴趣与发展需求，师生双向选择研习项目结成多维发展团队，鼓励学生积极参与科研项目，以"项目牵引"为核心、以"教师引导、成员互助、培训研讨"为路径，拓展教学深广度，为学生提供丰富实践环境。学生在科研工作过程中,接触行业前沿理论技术和先进仪器设备,感受科学研究精神。

(2)课程思政引领全程

以课程作为课程思政核心载体,积极探索构建同向同行的思想政治体系。坚持以"三全育人"指导课程规划,创新课程设计编排,把"育人本位"贯穿课程编排设计始终。结合职业师范教育特色和专业特点,讲解好理论知识,凝练课程思政元素,挖掘典型案例,激发学生情感共鸣,打造具有家国情怀、创新精神、实践能力的应用型人才。将专业知识与思政要素有机融合,形成课程思政教学资源联合体,打造专业素养与思政素养并重的育人模式。如在讲授"我国职业教育的发展"与"世界职业教育的发展概述"时,课前学生通过泛雅在线平台预习,课上教师从政治、经济、历史、文化等角度深入剖析我国及德国等具有代表性国家职业教育发展历程与趋势,将习近平新时代中国特色社会主义思想、社会主义核心价值观、中华优秀传统文化等融入教学内容中,引导学生全面、辩证地看待职业教育的发展,树立正确的职业教育观,培养科学意识,扩宽思维与眼界,适时更新教育观念,推进知识体系向信仰体系的转化,坚持价值性和知识性的统一。课后以学习小组形式,各小组选择一个课堂中未提及的国家,研究其职业教育特点和发展趋势,形成小组学习报告与全班同学分享学习成果,进一步强化学习内容。教师利用课余时间在教学平台与学生积极交流,及时解答问题,通过言传身教展现敬业精神,为学生树立鲜活榜样,引导学生用实际行动践行社会主义核心价值观。

(3)课程内容岗位衔接

课程内容与岗位需求对接,课程标准与岗位标准对接,及时更新课程内容,深入企业、职业院校调研,了解行业新规范、新技术、新工艺,掌握育人新要求、新理念、新方式,将它们融入课程,沿企业发展和职业院校育人两条路径,校企共同开发专业核心课程。企业发展路径将生产、经营、管理、研发、质检等典型工作任务层层分解融入高校和职业院校学科课程中,以项目形式让学生完成专业理论与实践的学习,同时,实现学科课程内容在中职、高职、应用型本科的螺旋递进,有效避免不同阶段课程内容衔接不畅、重复教学等问题。

(4)"赛""证"融通促进

以岗位能力和职业素养为培养目标,以各类竞赛为实践创新载体,以

"1+X"模式为抓手，构建"岗课赛证"职业教育融通课程体系。将学科、证书、竞赛、实践融入课程教学，学科知识技能为教育和专业实践、教师资格证书考试、专业技能竞赛等奠定基础。科学分解教育教学实践过程，通过智慧教室、微格教室、三笔字智慧实训室打磨教学基本功，以实践夯实理论。

5.5 广西依托支柱产业打造课程体系

中国和东盟国家同属大宗农产品进出口国家，农业生产和消费体量较大，是全球具有显著生产潜力和市场活力的农产品生产地与消费目的地。物联网等新兴技术在农业中应用的普及与深化，实现了传统农业向高效、精准、全程可视可控的无人化智慧农业的转变。农业产业结构的转型与升级，急需大量农业国际化综合应用人才。2022年1月，《区域全面经济伙伴关系协定》正式生效实施，开启了区域经贸合作的新篇章。大数据、人工智能、物联网、云计算等新兴技术在农业中应用的普及与深化，实现了从依靠大量人力、物力进行生产经营管理的传统农业向高效、精准、全程可视可控的无人化智慧农业的转变。农业是广西经济社会发展的"定海神针"，农业产业结构的转型与升级、智慧农业的快速发展，使得广西急需农业国际化综合应用人才，为农业发展提供有力的人力支撑。

课程集群建设与产业发展双向联动。课程集群建设紧密结合智慧农业发展趋势，不同类型、层次学校立足智慧农业国际化人才培养需求，突出学校育人特点制定专业人才培养方案，培养行业创新型领军人才、行业研发型人才和技术应用型人才，形成梯度化行业人才结构。以智慧农业为核心，依托多学科交融式课程平台，秉承开放、互促、共进的育人理念，打造多样化跨学科、跨区域、跨国智慧农业国际化育人联盟。企业拥有金融资本、技术资本和成果转化能力，为学校深度解析汇总多种与专业密切关联、行业所需的基本知识技能，把握专业建设和育人培养目标，提供实践教学环境和一线专家充实践教学内容，为学校教师开辟提升渠道，助力卓越工程师、智慧工匠型教师养成。学校利用人才资本优势，为企业产品服务创新、科技研发提供强有力支持；以行业企业发展趋势为教育教学重要参考，调整育人方向，以保证人才供给满足企业生产运营管理需求。根据学生学习需求，校内学习与行业实践并行。在学生实践过程中，企业为学生配备实践指导教师，学生直接参与产业日常一线生产，在不同岗位间轮换，当满足岗位所需的基本知识、能力要求后调至未实践过的其他岗位。在不同岗位的实践与轮换中，学生充分运用所学专业知识和技能，积累工作经验，提升职业素养，形成实际操作能力、综合应用能力，培养创新开拓精神。同时，在不同岗位实践过程中，学生对自己擅长哪些类型的工作有清晰的定位，不断完善自身职业生涯规划。企业指导教师全程指导、观察学生工作表现，为企业选拔适宜人才。企业将学生实习实践情况及时反馈给学校，为学校调整人才培养方案提供重要参考依据。例如，广西职业师范学院深入广西农垦糖业集团公司、广西南宁东亚糖业集团、南宁糖业股份有限公司等企业开展行业调研，立足广西糖业发展，建设物联网应用技术实验室、物联网行业应用实训室、物联网应用综合实训室、物联网开发实验室等。广西世纪飞龙集团有限公司为广西职业师范学院糖业物联网研究项目团队提供实践环境，实现人才培养链紧密连接产业链。

"四线融合"课程集群。"一线"以基础课程为导向的专业技能教育课程体系，为学生营造跨学科网格化教学环境；"二线"师生共同完成校企合作项目研发，基于项目研发需要的跨学科专业知识技能拓展深化；"三线"是将职业资格证书、学科竞赛、创新创业竞赛需求融入课程体系；"四线"是以课程思政主导的核心素养体系，在专业课程教学中融入课程思政元素，提升学生政治素养、培养家国情怀。跨学科、跨学校、跨区域、跨国搭建多学科交融式课程体系，制定各门课程的课程标准。围绕农业生产、农业经营、农业管理、农业技术、农业经济、国际农业发展等不同领域设置行业板块，行业板块全方位、全产业链覆盖智慧农业，每个行业板块分为理论研究型人才培养、技术技能型人才培养、科技研发型人才培养等职业发展路径，每个职业发展路径均有涵盖高、中、低不同层次需求的课程包，每个课程包通过剖析、整合本行业不同工作岗位对知识、能力、职业素养提出要求。打破学科壁垒，跨学科解析知识体系和技能，将农学、信息、管理、经济、法律等所涉及的理论与实践课程重新组合，最终形成若干标准化单元学习模块，每个模块均有学习要求和相应学分。

深化国际化育人机制。通过学生交流计划、访学研修、项目共研等途径，师生通过跨区域、跨国交流，汲取先进知识技能，开辟学科思维，更新农业理念。跨区域、跨国建立学校合作模式，通过引进、交换具有国际化智慧农业专业背景的教师，聘请国内外知名专家，横向扩宽、纵向延伸师资力量，打造国际化、多元化育人体系。建设课程教学资源库，以颗粒化专业教学资源为资源库建设之基，以结构化课程建设为资源库框架，设计资源库功能模块，动态更新教学资源，满足专业教学、项目研发、知识能力拓展、职业培训、职前培养、职业提升、职后培训、终身学习等需求。通过教学资源库以"线上自主学习、项目实践与分享、师生专题研讨、线上学习反馈"为核心展开教学活动，打破课堂教学时限，理论知识与实践实训有效融合，切实提升学生专业核心能力。资源库秉承开放、共建、共享的建设理念，根据不同类型用户给予知识链接。

5.6 实践案例

为推动复合创新型人才培养，华南师范大学以深化合作为重点，不断加大开放办学力度，搭建国际化育人平台、创新师范生培养体系，从办学理念、人才培养、师资队伍建设、科学研究等领域开展深层次、实质性、持续性创新改革。

（1）复合型人才培养举措

①多元人才培养

华南师范大学秉承追求卓越、培养具有自主发展能力的高素质人才的本科人才培养理念，始终以多元化、多样化的人才培养模式培养理想的学生，实现学生的理想。

在拔尖人才培养方面，开设综合人才培养实验班，培养跨学科创新型人才；开设勷勤创新班，培养专业学术创新人才；开设学科基地班，培养学科基础研究人才和应用研究型人才。在师范生培养方面，本科生中40%为师范生，学校组建的"华南师大-普通中小学"协同发展联盟，全省逾160所国家级示范性高中、省一级学校加盟，为师范生的实践提供稳定、优质的实践平台。与科研院所联合培养，签订人才联合培养协议，通过假期科研实践实训项目、交叉学科优秀学生培养计划等项目，开展与校内研究院之间的人才联合培养形式。

提供第二校园经历，2012年学校入选国家留学基金委"优秀本科生国际交流项目"，此外还有国内外联合培养项目、境内外交换学习项目和境内外暑假实习项目等。学校与美国辛辛那提大学、加州州立大学等高校进行本科联合培养；与境内外69所高校合作，为学生提供第二校园学习经历。

为学生提供转专业、双专业、双学位政策，本科生可在大一第二学期提出转专业申请，给予学生自主选择专业的权利。针对社会关注度高、应用面广的专业，如英语、汉语言文学、法学、经济学、计算机科学与技术等专业，开设选修、辅修、双专业、双学科课程，满足学生多样化、个性化、层次化需求。复合型人才培养路径具体如图5-5所示。

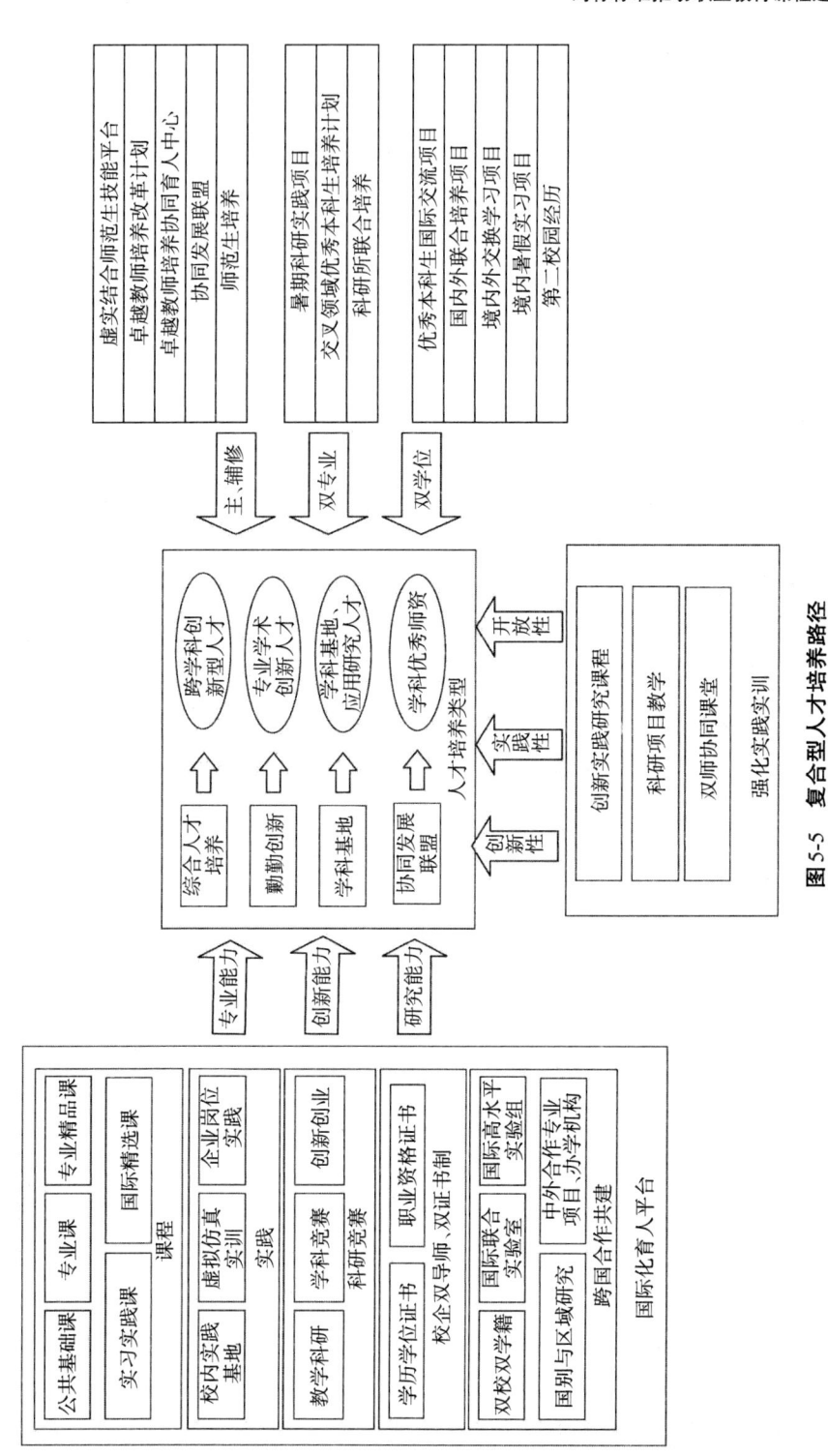

第五章
对标标准推动职业教育课程建设

图 5-5 复合型人才培养路径

②搭建国际化育人平台

以创新型人才培养为核心，专业知识与技术技能双轨并重，跨校、跨区域、跨国搭建"课程（公共基础课程、专业课程、专业精品课程、实习实践课程和国际精选课程）+实践（校内实践基地和虚拟仿真实训、企业岗位实践）+科研竞赛（教学科研项目、学科竞赛、创新创业大赛）"育人平台，校企双导师全程参与双证书（学历学位证书、职业资格证书）育人，培养集专业知识技能、创新能力、研究能力的复合型人才。

与国外多所大学开展多种形式的联合培养。例如，与英国阿伯丁大学开展"4+0"联合培养模式，为学生双校学籍注册，学生享有两所大学的学习资源。阿伯丁大学选派优秀教师到华南师范大学进行专业核心课程的讲授，课程教学采用先进教学形式和优质原版教材，进行全英文小班教学。学生完成学业、达到教学要求可同时获得两所大学的学位证书。

与国（境）外众多高等院校和科研机构建立了合作关系，与荷兰、瑞典、比利时等一流大学合作共建了多个国际联合实验室，加入了若干国际高水平实验组，获批了3个教育部国别与区域研究中心。与英国阿伯丁大学共建中外合作办学金融学本科专业项目和中外合作办学机构华南师范大学阿伯丁数据科学与人工智能学院。"十三五"期间，学校共派出学生4000多人次赴国（境）外交流，共接收来自125个国家共7756人次国际学生来校学习交流，共引进外籍专家和教学科研人员共123人，共派出3200多人次教师赴国（境）外交流。

③强化实践实训课程

采用创新实践研究课程、科研项目教学，强调教学活动创新性、开放性、实践性。明确规定实验实训课程学生学习总时长最低指标，规范实验实训研究报告标准内容，学生在完成实验实训课程的同时还需要发表专业论文、申请专利或获得专业奖励才能通过课程考核，实现学生从传统实验实践基础水平向科研型创新水平的转变。

在校师范生与外地学校进行远程结对，开展"双师协同课堂"线上教学实践活动。师范生完成了教育学、教育技术应用等教育基本原理与方法的学习后，通过学校信息化教学设备，由师范生作为主讲教师，结对学校的一线教师作为辅导教师，跨越时空界限共同开展真实教学场景的远程协同教学。课前由辅导教师引导师范生明确教学目标、掌握学情、确定教学内容、设计教学流程；课中，师范生不仅需要完成课程知识的讲授，同时需要借助远程教学设备观察学生学习情况，与辅导教师进行教学联动，与学生进行教学互动，激发学生学习积极性；课后，师范生回顾课程教学过程，结合辅导教师的评课反馈和学生的学习反馈，进行教学反思，切实提升信息化教学能力，培养创新教学思维，增强时代责任与职业担当。

④师范生培养体系

与各级各类学校建立育人协同发展共同体，共享优秀育人资源和教育教学实践环境，共同指导师范生培养、课堂教学改革、教师互派交流、教师职业发展等。实行双导师指导制度，大学教师与中小学教师共同承担师范生指导工作，为师范生提供全方位指导。

搭建实习实践育人平台，为学生实习提供典型教学案例、教学素材、虚拟仿真教学、说课视频、教学实录、教学软件等多样化资源，开辟交流板块，畅通师生互动交流渠道。完善师范技能实训平台，包括校级教育教学实训中心、"新师范"创新学习空间、师范生素养实验室、现实在线互动平台。校级教育教学实训中心全方位满足教师教学技能训练，同时与各二级学院具有不同学科特点的微格教学实训教室互联互补。"新师范"创新学习空间融合人工智能等技术，具备全息互动课堂、同步课堂、全程自动录播、学生学习过程记录等功能，为创新教学方式、智能化交互创设教学环境提供平台，师范生通过素养实验室训练，无缝对接使用中小学教学设备。师生在线互动平台具备优质教学资源、教学素材、教学技能训练视频等内容，师生、生生可通过平台完成指导、互动、交流等活动。

（2）人才培养成效与借鉴

华南师范大学的师范生专业知识扎实、职业素养高、创新能力和教育教学能力强，2008年至今在"中国师范大学理科师范生教学技能创新大赛"中每年均获奖，累计获奖人数和一等奖人数居全国第一；2013年至今在"全国师范院校师范生教学技能竞赛"中每年均获得优异成绩，获奖人数居全国第二。师范毕业生获得用人单位的一致好评。

学校通过课程、实践、科研、竞赛多维育人平台，培养专业知识扎实、实践能力强、具备学科思维和创新创业精神的复合型人才；利用师范技能实训平台有效提升师范生专业素养、教育教学素养，助力教师终身发展。

第六章 教育技术赋能职业师范教育教学改革

互联网、大数据、人工智能等新兴技术在教育中的应用，为课堂教学注入新的活力与生机，用教育技术改革教育教学成为当下教育发展的重要任务。为何需要教育技术的赋能教育、教育技术如何赋能教育、有哪些主要路径是实现教育技术赋能教学改革的三个重要问题。从教学模式、教学质量、教育公平性、教育资源与环境几方面思考教育技术赋能职业师范教育的内在机理，从转变传统教学理念、丰富教学样态、重塑评价模式实现教育技术赋能职业师范教育路径，最后探讨互联网技术、人工智能技术、虚拟仿真技术等新兴教育技术在教育中的应用。

6.1 教育技术赋能教学改革内在机理

教学模式亟待转变。传统课程使用频率最高的教学方式是讲授式教学，它又被称为"讲授-接受"式教学，是在课堂中通过教师讲授让学生获得知识，一般用于系统知识、理论知识、基本技能的传授，优点是能让学生在较短的时间内掌握大量的知识。教学过程偏重教师的"教"，学生更多处于被动地"学"的状态，师生缺乏对知识的交流互动，难以体现学生的主体性、难以激发学生学习的主动性。长期处在被动接受知识的环境中，学生的独立思考能力、探索精神、创新精神被逐渐消磨。随着产业的转型发展，行业对人才素养不断提出新要求，学生除了需要具备扎实的专业知识外，创新能力、独立思考能力、分析解决问题能力、沟通交流能力、团队协作能力等核心能力的培养同样重要。急需转变传统教学方式，借助教育技术创新开拓课堂教学路径，结合MOOC、SPOC、虚拟仿真等多样化教学形式，为学生量身定制适合的学习方案，实现差异化教学、多维度评价，发挥学生在学习中的主体性、主动性，让教师回归学习引导者角色。

第六章
教育技术赋能职业师范教育教学改革

教学质量有待提升。在教学中强调学生是教学的主体，教师是教学的主导，但受课程内容、课时等因素限制，为确保完成知识的高效传授，教师基于学生平均水平开展教学，难以满足学生个性化、差异化需求。这会导致学生在学习过程中参与性较低，知识内化程度不高。教师日常工作量大，除了备课、上课、批改作业外，还要管理班级、做好每一位学生的评定工作，能用于思考如何改进教学、提高教学质量、促进教学改革的时间所剩无几。借助教育技术，理论性、基础性的知识可以通过在线课程教学平台完成，教师只需要一次建课持续更新或在其他优秀教师的课程包基础上修改、更新，即可满足多个班级学生的线上学习。教育技术分担教师工作压力，让教师有时间投入教学革新中。下线课堂，教师组织学生通过小组合作、讨论分享等形式解决学习难点，调动学生学习积极性和主动性，培养核心素养。

教育公平性有待加强。教育尤其是职业教育受经济水平的制约，地区间教育发展水平存在较大差距，尤其是偏远地区在师资、办学条件等方面远落后于经济发达地区。教育技术是拉近地区间教育差距、促进教育均衡发展的重要抓手。利用在线课程教学平台、虚拟仿真技术，无论身处何处，只要有网络和基本设备，学生都可获得来自世界各国的优质教育资源，知识的汲取不再受地域教学条件的限制，实现优质教育资源公平共享。此外，教育技术有利于学生享有平等且有差异的教学资源。每位学生都有自身的学习经历和知识基础，面向全体的传统教育无法根据每位学生学习情况进行教学，利用教育技术，教学平台通过测试量表掌握学生知识能力基础、学习偏好、学习需求，为学生制定个性化学习方案；实时监测学习情况，调整学习进程和难度，让每位学生都能在适合自己的学习环境和学习节奏中完成知识的积累、能力的提升、情感态度价值观的养成；当学生学习遇到困惑，系统及时通知教师介入指导，让学生获得公平的教育关注。

教学资源、环境有待丰富。随着技术在教育中的应用，教学资源从早期的纸质书籍、教学道具、实物模型发展为视频、音频、电子书籍，丰富且提升了知识的表达效果。但知识的呈现方式依旧是抽象的，没有具象形态，需要学生自行想象，学生无法经历对教学资源的多维度感知，仅仅是通过视觉、听觉以旁观者身份理解知识。实践课程是教育重要组成部分，尤其是在科学类课程中，需要通过实验实践帮助学生理解知识。但不少实验需在特定实验环境下呈现，如分子和原子的结构、测量其他星球的重力加速度等现实世界难以达到。传统教学方式多为教师讲授、教具演示，需要学生具备一定的抽象思维能力、空间想象力，不利于知识的理解与掌握；信息往往由教师传递给学生单向流通，师生、生生间交流较少，难以碰撞出思想的火花，教学环境单一。不少实验实训室与真实的工作场景具有较大差异，学生通过实践教学依旧难以掌握岗位的具体工作要求。在教育技术的支撑下，学生能在虚拟仿真教学环境中获得知识的多重感官体验，能在虚拟的真实工作岗位进行实践操作。

6.2 教育技术创新教学改革路径

转变传统教学理念，具体如图6-1所示。人工智能、互联网、大数据等技术在教育中的运用，给教育带来翻天覆地的变化。在教育技术助力教育教学改革创新背景下，首当其冲是教学理念。教师要能够主动接受、认同教育技术赋能课堂教学的意义和价值，并非简单地认为新兴教育技术仅仅是将教材、课件、教学案例复制、移植，需要教师主动学习、认识、掌握各种新兴教育技术，综合学生学习需求、行业人才需求、学科传承创新需求等多元需求，运用适宜的教育技术获得更好的教学成效。在教学中强调学生的教学主体地位，利用教育技术为学生营造多样化、差异化教学环境；教师作为引导者参与其中，鼓励每一位学生自主学习，主动发现问题、探索知识、多途径解决问题，积极尝试，勇于创新，帮助学生树立终身学习理念，培养自学能力、独立思考能力、创新精神，以契合行业发展步调，如图6-1所示。

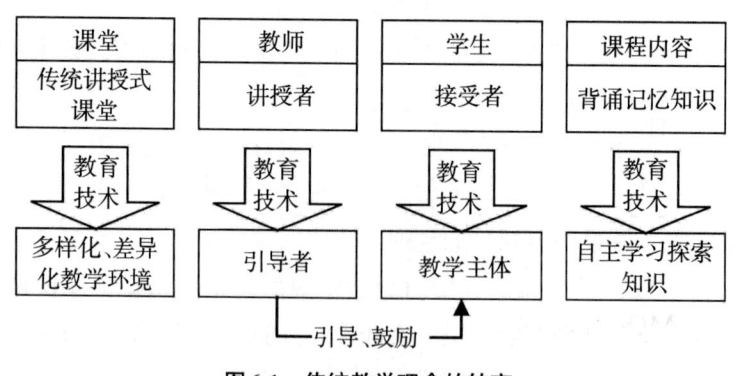

图6-1 传统教学理念的转变

丰富教学与评价样态，具体如图6-2所示。重新梳理教学内容，从对知识的刻板印象中脱离出来，用教育技术思维审视学科知识，将知识立体化，从文字描述、语言讲授转为模拟真实场景，知识单一传递变为多感官接收接触，强化学生对知识的理解，将教学疑难点打造为探秘、解密、游戏等趣味形式，激发学生主动探索知识。在学生学习之前，借助教育技术进行学情测评，全面、客观分析学生学习基础、学习能力和学习偏好、学习兴趣和学习需求，智能化选择组合知识模块，为学生制定个性化学习方案，打造丰富教学样态。通过教育技术实现师生一对一教学，每位学生配备虚拟教师，全程监督、引导学生，及时解决学生在学习过程中遇到的疑难问题，根据学习情况、学习进度，差异化帮助学生夯实基础知识或拓宽知识深度。当虚拟教师与学生沟通不畅时，会及时通知任课教师共同参与教学，以便每位学生均能获得良好的教学效果。

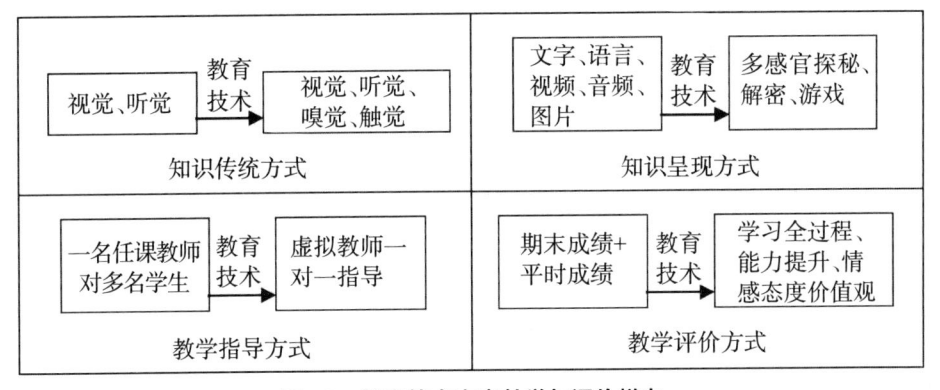

视觉、听觉 →教育技术→ 视觉、听觉、嗅觉、触觉	文字、语言、视频、音频、图片 →教育技术→ 多感官探秘、解密、游戏
知识传统方式	知识呈现方式
一名任课教师对多名学生 →教育技术→ 虚拟教师一对一指导	期末成绩+平时成绩 →教育技术→ 学习全过程、能力提升、情感态度价值观
教学指导方式	教学评价方式

图6-2　教育技术丰富教学与评价样态

重塑评价模式。传统教学评价由期末考核成绩和平时成绩两部分组成，平时成绩综合考虑学生出勤情况、学习积极性、课后作业完成度和作业成绩、课堂提问、课程讨论等内容。教育技术能够全面、动态、持续收集和分析学生学习情况，关注每位学生学习过程、学习结果、能力的提升、情感态度和价值观的转变等，多源数据联动，对学生精准画像，形成客观全面的学习评价。

6.3　教育技术赋能教学模式

6.3.1　MOOC教学

（1）MOOC发展概述

MOOC是Massive Open Online Course的缩写，通常译为"慕课"，即大

规模在线开放课程，是运用互联网、移动互联网技术发展而来的在线课程形式。它起源于开放教育资源运动和学习连接主义思潮，具有突破学校和时空壁垒，任何时间、任何地点、任何人均可通过在线平台满足学习需求的巨大优势而席卷全球，引发了教育的巨大变革。许多人认为它开始于2007年这一年，大卫·威利（David Wiley）教授在美国犹他州州立大学通过Wiki Pages面向全球创建了一门网络开放研究生课程"Intro to Open Education（INST 7150）"，任何有学习兴趣的人都能参与学习，该课程原先只面向校内学生，仅有5名研究生选修，面向全球开放后，来自8个国家50名学生加入课程学习。

MOOC的概念最早由加拿大学者戴夫·科米尔（Dave Cormier）和布莱恩·亚历山大（Bryan Alexander）于2008年提出。同年9月，加拿大学者乔治·西门子（George Siemens）和斯蒂芬·唐斯（Stephen Downes）应用这一概念设计了第一门真正意义上的MOOC课程：Connectivismand Connective Knowledge Online Course（CCK08）。2011年年底，斯坦福大学试探性地将3门课程免费发布到网上，其中一门课程是吴恩达教授的"机器学习"，超过10万名来自世界各地的学生注册了这门课程。还有一门是塞巴斯蒂安·特龙（Sebastian Thrun）教授和他的同事在Udacity平台上推出的免费在线课程"人工智能介绍"，吸引了190多个国家16万用户的关注。这两门课程奠定了MOOC模式的基础，获得全球教育界的广泛关注，掀起了颠覆传统教育的改革浪潮。2011年底，麻省理工学院发起一项开放式在线学习项目MITx，用于开发免费在线课程。2012年2月，斯坦福大学计算机教授Sebastian Thrun与其同事共同创办了MOOC营利性组织Udacity；4月，斯坦福大学教授达夫妮·科勒（Daphne Koller）和吴恩达共同创办了MOOC营利性机构Coursera；5月，麻省理工学院和哈佛大学以MITx为基础，合作创建了非营利性组织edX，旨在以开放与免费的形式向大众提供优质的在线课程。到2013年底，Coursera独揽近600万注册用户，平台上聚集了来自107所大学的558门课程，涵盖25个学科，汇集了英语、汉语、法语、俄语等12种语言；Udacity共开设33门课程，涵盖5个学科，用户数量为百万级；edX共开设125门用英语讲授的课程，涵盖25个学科，用户数量也在百万级。这三个美国三个典型的MOOC平台，是MOOC早期的探索者，亦是当前MOOC领域的三大巨头。普林斯顿大学、密歇根大学、宾夕法尼亚大学、华盛顿大学等外国高校纷纷发布MOOC课程，2012年被《纽约时报》称为"慕课元年"。2013年，英国开放大学联合20所大学共同组建的Future learn，英国大学与科技部部长大卫·韦立兹（David Willetts）希望通过创建Future learn平台保持英国在全球高等教育竞争中的地位。法国高等教育与科研部部长日娜维耶芙·菲奥拉（Geneviève Fioraso）宣布法国启动数字化校园项目——法国数字大学。澳大利亚开放大学发起Open2Study，半年内即推出超过50门课程并吸引9.4万名使用者，课程完成率为25%。此外，德国的iversity、法国的FUN、日本的JMOOC，巴西的VeDuca纷纷涌现。

2013年，MOOC引入中国并掀起发展高潮。2013年4月，香港科技大学纳巴哈尔·谢里夫（Naubahar Sharif）教授在Coursera平台发布的"中国的科学、科技与社会"课程，是亚洲第一门MOOC课程。2013年5月，北京大学、清华大学加入edX在线教育平台，同年7月上海交通大学、复旦大学宣布加入Coursera，10月清华大学正式推出国内首个大规模开放在线MOOC课程平台——"学堂在线"，越来越国内知名高校加入MOOC行列。2013年9月，华东师范大学成立慕课中心，以研究与开发基础教育、教师教育MOOC。华东师范大学慕课中心联合我国各知名高中、初中和小学，分别组建了C20慕课联盟（高中）、C20慕课联盟（初中）与C20慕课联盟（小学），将MOOC推广至基础教育。

（2）MOOC教育的优势

规模庞大。MOOC教育不受学校、时间、空间、学习者人数的限制，没有入学门槛，任何人、任何时间、任何地点，只要有网络和基本设备都能进行学习。它的教学规模庞大，截至2022年11月，上线MOOC数量超过6.19万门，注册用户4.02亿，学习人数达9.79亿人次，在校生获得MOOC学分认定3.52亿人次，中国MOOC数量和学习人数均居世界第一。

促进教育公平。MOOC打破了时空限制，拓展了学校的边界，MOOC平台实现了知识无远弗届地传播。以MOOC资源补齐区域和校际人才培养质量差异短板，偏远地区的学生通过MOOC与城市重点学校学生同步学习，共享优质教育资源。

资源丰富。基于MOOC的开放性，课程不仅仅归属于某个教师、某个学校、某个国家，只要征得授课教师或团队同意，在其他外界条件满足下，任何课程都能出现在在线课程平台上。平台不受学校限制，可以与世界各地的学校和教师合作，为学习者提供更广泛、更优质、更多样的课程内容，实现教育资源的共享。例如在某个在线教学平台，学习者可以学习清华大学、北京大学等多所顶尖学府的课程。

知识凝练。传统课程一节课时长约40分钟，涵盖多个知识点，知识点之间环环相扣，需要学习者全程全神贯注完成学习，一旦中途暂停可能就需要从头学习，否则知识难以衔接。MOOC面向社会开放，多数社会人员日常大部分时间被工作、家庭占据，难以经常拥有较长、不受外界打扰的学习时间。每节MOOC授课时间一般在10分钟左右，由授课教师经过梳理提炼后形成，每节课均有学习目标与内容要求，每完成一节课的学习即掌握了一个知识点，利于社会学习者利用工作、生活中的碎片时间完成知识点的学习。同时，授课时长较短，更有利于学习者集中注意力，获得更好的学习效果。

开放包容。无论任何年龄、性别、国籍、种族、学历，只要完成MOOC的注册，通过互联网和电子设备就能获得优质的教育资源，即便有些课程需要收取一定的学习费用，但与在学校就读相比费用低得多。通过MOOC学习者与授课教师之间、学习者与学习者之间均能自由互动，及时解决学习问题，交流心得体会。

反馈客观。学习者在MOOC中的学习记录，如视频学习时长、学习次数、作业完成情况、课程进展、参与交流讨论等均会被全程记录并分析，为授课教师提供课程报告。根据课程报告授课教师进一步调整课程设置，以获得更好的教学效果。相对传统教育，MOOC教育的优势如图6-3所示。

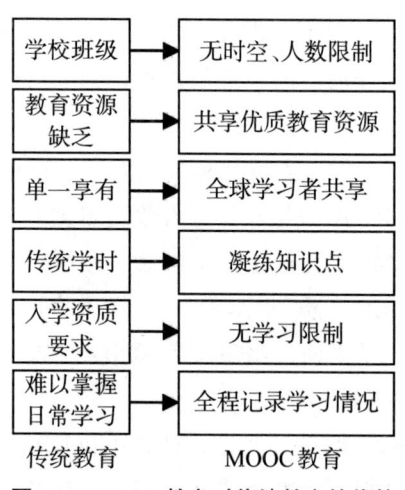

传统教育	MOOC教育
学校班级	无时空、人数限制
教育资源缺乏	共享优质教育资源
单一享有	全球学习者共享
传统学时	凝练知识点
入学资质要求	无学习限制
难以掌握日常学习	全程记录学习情况

图6-3 MOOC教育对传统教育的优势

（3）MOOC教育的不足

难以全面实现课程目标。课程目标由知识技能、过程与方法、情感态度和价值观三个维度组成，在强调掌握知识技能的同时，文化的浸润涵养、道德人格的塑造等方面亦同样重要。由于MOOC授课时长较短，教师在有限的授课时间里注重知识技能、过程方法的传授，道德教育、情感教育内容涉及较少，师生间的互动往往限于知识层面。

教学质量难以保证。MOOC对学习效果的评价往往由学习时长、学习频率、作业完成情况、作业与考试成绩综合而来。由于学习者和授课教师不处于同一时空，学习者是否观看或者认真观看教学视频、独立思考完成作业，教师无法得知。自我约束力强、学习动机强的学习者课程完成度高，能获得较好的学习成效；而自我约束力差、意志力薄弱的学习者往往会半途而废。

对实践类课程有局限性。由于目前虚拟仿真、增强现实等技术尚未能广泛使用，受物理条件的制约，在线课程平台难以实现实践类课程的教学，大多只能通过理论基础、教师演示视频完成，学习者缺乏教师在真实场景中的亲身指导，无法全面掌握技能技巧。

考核证明可信度有待提升。MOOC考试在线上进行，虽然各平台均有各种举措但依旧无法防止学习者不诚信行为，无法通过考试了解学习者是否达到课程要求。目前，MOOC考核尚未有统一标准，存在较大随意性，难以用于学分互认、资格证书认定、学位授予等方面。

6.3.2 SPOC教学

（1）SPOC概述

SPOC是英文Small Private Online Course的简称，即小规模限制性在线课程，由加州大学伯克利分校的阿曼德·福克斯（Armando Fox）教授最早提出和使用的，Small和Private是相对于MOOC中的Massive和Open而言，Small是指学生规模一般在几十人到几百人，Private是指对学生设置限制性准入条件，达到要求的申请者才能被纳入SPOC课程。

SPOC受众主要包括两类学习者：一类是针对围墙内的大学生，采用结合在线教学与线下课堂教学的混合式教学模式，教师首先将教学视频、课件等教学内容发布至在线课堂教学平台，在线下课堂学习之前，学生通过在线教学平台自主学习，完成对知识的基本了解，记录疑难点，线下课堂教师通过学生提问等形式，了解有哪些知识是学生通过线上自学已经掌握的、有哪些知识是存在自学困难的，教师根据学生学习情况、学习需要把握课程进度、教学方式和评价方法。另一类是面向社会学习者，根据事先制定的准入条件，从全球的申请者中选择符合申请条件的部分申请者（通常人数控制在

500人左右）纳入SPOC课程，入选的学习者必须确保课程学习时长和强度，完成课程作业和考试，参与师生在线交流讨论等，授课团队通过学习者各类学习活动掌握学习情况并予以指导，通过课程考核的学习者可获得课程证书。未能入选的学习者可以旁听课程，观看教学视频、完成课程作业、参与课程讨论，但不能获得课程团队的学习指导，完成课程学习后也不能获得课程证书。

（2）SPOC教学案例

①哈佛大学SPOC实验

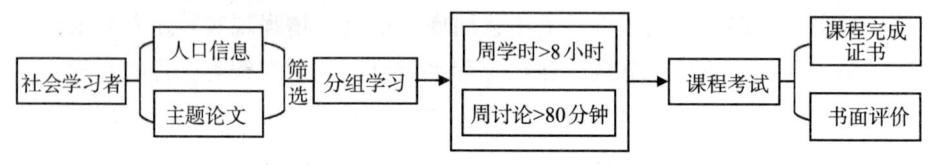

图6-4　哈佛大学SPOC实验流程

2013年，哈佛大学选取了3门课程进行SPOC实验。第一门是法学院在edX平台开设的为期12周的"版权法（Copyright）"课程，课程面向社会学习者，要求申请者提供个人的人口学信息，完成一篇论文，说明申请课程的原因及能够为完成课程付出的努力。申请者须保证每周学习累计学习时长不低于8小时，并能够参与每周80分钟的在线研讨。课程发布后，全球共4100名学习者申请，最终，500名学习者获准加入课程。"版权法（Copyright）"课程模仿传统的哈佛法学院课堂，将500名学习者分为若干项目组，每个项目组不超过25人，由助教组织各项目组成员展开讨论。课程结束后，500名学习者与哈佛大学法学院学生一样，须参加长达三小时的考试，考试通过者可获得课程完成证书和书面评价。哈佛大学具体SPOC实验流程如图6-4所示。课程结束后反响良好。第二门是肯尼迪政治学院开设的"美国国家安全、战略和媒体面临的主要挑战（Central Challenges of American National Security, Strategy and the Press: An Introduction）"，课程同时面向哈佛大学校内学生和500名社会学习者提供课程教学。社会学习者需提交关于美国政府应对叙利亚冲突话题的书面作业及他们的学业证明作为课程准入选拔参考。课程要求学生在课外观看课程视频，每周完成约75页的文献阅读，完成所有课程作业，参加助教组织的专题研讨。参与在线学生讨论及哈佛大学校园学生的讨论。课程结束后，满足课程要求的学生被授予HarvardX证书。第三门是为其新入学的研究生开设的"建筑学假想（The Architectural Imaginary）"SPOC课程。

②加州大学伯克利分校SPOC实验

加州大学伯克利分校选取学校品牌课程——"软件工程",进行SPOC实验。课程由福克斯教授在edX平台开设,同时以SPOC形式提供给伯克利校园的学生。校内外学生均要在在线课程平台上完成同样的学习任务。此外,校内学生还需要为真实客户制作软件。该课程特点是具有自动评分的功能,学生提交完整的编程作业或在云端配置完整的应用程序后,马上能获得平台详细的评分结果和翔实的反馈,并且允许学生多次提交,学生在不断尝试获得高分的同时也加深了对知识技能的掌握,培养思考解决问题的能力。传统线下课程受教师工作时间、精力限制,无法马上反馈作业情况,难以做到学生多次提交、教师多次批阅作业。由于课程教学成效显著,福克斯教授及其团队将这一模式迁移至宾汉姆顿大学、夏威夷太平洋大学、科罗拉多大学(科泉市)和北卡罗来纳大学(夏洛特市),每个学校由一名教师就"软件工程"课程开展SPOC教学。四名授课教师在上课之前都观看了加州大学伯克利分校的MOOC视频,三位教师使用了MOOC测试题,两位教师使用了MOOC作业自动评分功能,一位教师采用翻转课堂教学模式(学生课外观看MOOC课程视频,课上进行课程讨论)。

经过一个学期的SPOC实验,四所大学均显著提升了教学成效,自动评分功能减轻了教师的工作量,同时,强化了软件工程课程的"测试驱动开发(test driven development)"理念;课程教学视频内容丰富、翔实,涵盖最新软件工程技术和最前沿的开发方法;学生学习兴趣浓厚,学生可以根据自己学习需要多次重复学习知识点,满足个人学习需求,是高效的信息传递方式。通过MOOC课程平台,学生获得来自加州大学伯克利分校顶级计算机学科的教学,亦迎接了来自加州大学伯克利分校顶级计算机科学计划所提供的课程考核。

③应用麻省理工学院MOOC课程进行SPOC实验

MOOC课程的发展与应用曾被质疑会导致教学方式逐渐单一,福克斯认为,即使一门或几门课程在整个课程领域中占据统治地位,教师也可以利用MOOC课程资源进行教学方式的创新,将SPOC模式运用于学校教学中。MOOC并不会削弱教学方式的多样性,教师可以根据学生的需求和教学目标,将MOOC课程进行个性化的调整和改编。福克斯的观点提供了MOOC和传统学校课程之间的衔接点,使两者可以相互促进。加州硅谷地区的圣何塞州立大学和波士顿地区的邦克山社区学院分别使用麻省理工学院在edX平台上的课程进行了SPOC教学实验,取得了良好教学成效。考斯洛·甘地瑞

（Koslow Gandhri）教授将"模拟电路课程"课程分成三个阶段进行，在第一、第二阶段采用麻省理工学院的阿南特·阿加瓦尔（Anant Agarwal）教授创建的"电路与电子技术"在线课程讲座视频和课后作业，学生在课外完成视频的学习和课后作业，填写教师设计的在线课程学习情况调查，由此教师可了解学生已掌握的知识和存在的学习困难。在第三阶段，考斯洛·甘地瑞教授根据在线课程学习情况调查分析、汇总学生学习难点，将学生分成三人一组，以小组合作形式解决学习难点。最后，针对当天学习内容对学生进行独立的测试。该应用麻省理工学院MOOC课程进行的SPOC实验具体流程如图6-5所示。最初学生担心这样的课程教学方式会影响教学成效，但阶段测验与传统课堂教学的学生相比成绩不断提高，学生得到的"C"及其以上成绩的比例从59%提升到了91%，期末有91%的学生通过了课程考核。

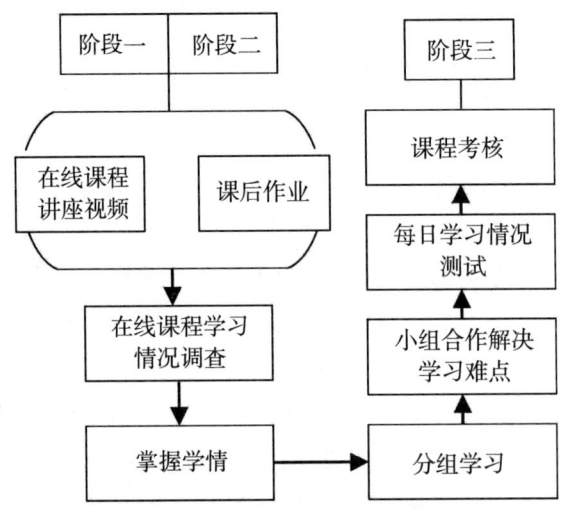

图6-5 应用麻省理工学院MOOC课程进行SPOC实验流程

"Python计算机编程语言"是麻省理工学院的教授为学校在校生开设的一门入门级课程，杰米·亨瑞（Jaime Henri）教授与edX合作，根据社区学院学生特点对课程进行调整，通过调整课程大纲、降低课程步调、改编课程资源等方式，将课程运用于社区学院学生教学中。经过一学期的学习，期末有50%的学生完成了课程的学习并获得B以上的成绩。由此可见，通过调整、改编MOOC课程可以以多种教学形式运用到不同层次的学生教学中。

④科罗拉多州立大学全球校园的微型SPOC实验

科罗拉多州立大学全球校园（Colorado State University-Global Campus，简称CSUGC）创办于2008年，是美国第一所提供100%线上教育、有全面认证资格的公立大学。CSUGC曾受邀为某跨国建筑公司的经理等领导层设计领导力培训项目，根据公司能力提升需求制定课程，将参与培训的学员规模控制在17~20人左右，按照课程目标开展教学，培训结束后，学员可获得领导力证书和大学学分。CSUGC还曾为美国最大的天然气生产和销售公司各分公司的员工提供商业管理学士学位课程。一家国际大学在其学位计划中也使用了CSUGC的课程。

（3）SPOC教学优势

创新教学模式。传统课堂教师承担着知识传授、能力培养、情感态度价值观养成等教学任务，为了在规定的课时内完成课程的讲授，教师多以讲授法为主，确保教学效率，难以开展多样化教学方式。使用MOOC课程资源，部分理论性教学内容可通过在线课程教学平台在课前完成，培养学生自学能力、独立思考能力、分析解决问题能力，学生亦可多次反复观看视频深化对知识的理解。课堂上，学生分组开展知识研讨，教师对每个学习小组进行差异化指导，引导学生通过思维碰撞、团队协作解决问题。SPOC为教师分担了部分沉重的教学任务，让教师有时间精力从事更有价值的教学工作，如思考如何改进创新教学模式，以获得更好的教学成效；让学生参与教师研究，扩宽学生知识面，培养其科研能力；辅导学生参加各类竞赛，以赛促教；等等。SPOC教学模式如图6-6所示。

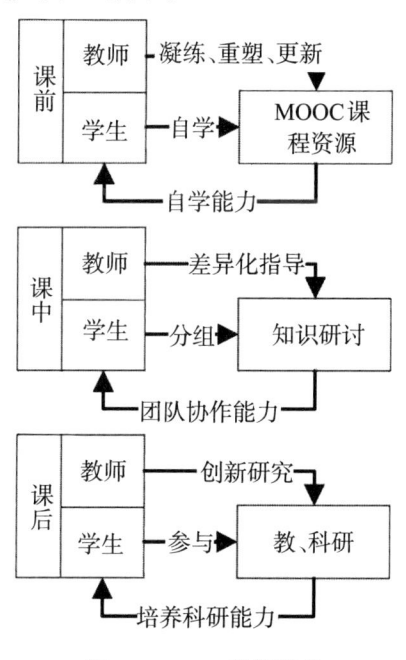

图6-6 SPOC教学模式

体现学生主体性。课前，学生通过在线课程平台观看课程微视频，学习课程内容，完成课程作业，增强自主学习意识，培养自学能力、独立思考能力、独立解决问题能力。教师通过在线课程平台学情统计、学习报告、成绩统计了解学生学习情况，掌握学生学习疑难点。课中，教师针对学生线上学习难点，通过提问、讨论、案例分析、项目实践、小组合作学习等形式以学生为主体，引导学生突破重难点、内化知识点，实现知识内化的同时培养学生团队协作能力、沟通交流能力、探索创新能力等。

实现差异化教学。在传统课堂教学中，教师根据学生平均水平把握教学进程，学习能力强的学生已经掌握知识，而学习能力弱的学生跟不上教师讲授进度，难免导致这两个层次学生在课堂学习中提不起学习兴趣。将基础性知识通过MOOC让学生在课外完成学习，学习能力强的学生可加快观看速度，并进一步通过平台知识拓展板块获取更深、更宽层面的知识；学习能力弱的学生针对自己觉得难以理解的部分可以反复观看，并通过平台与教师及时沟通解决知识难点；学习能力处于中等水平的学生可根据教师引导跟随正常的学习路径学习。不同学习能力的学生均能把握自己的学习进度，实现差异化教学。MOOC差异化教学模式如图6-7所示。

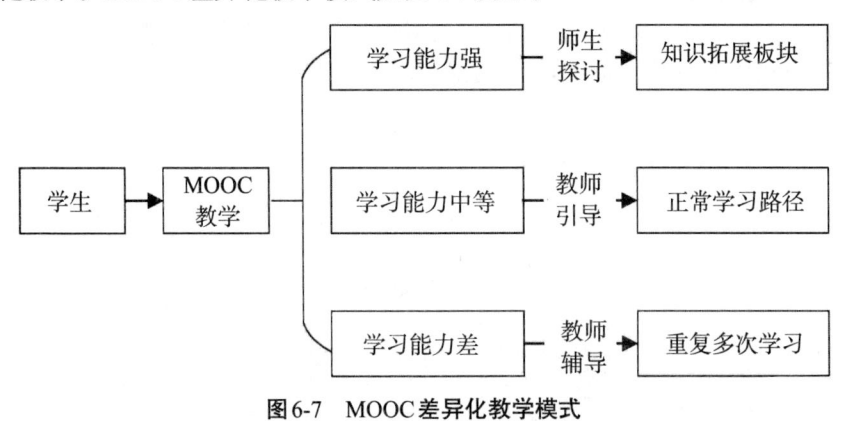

图6-7　MOOC差异化教学模式

6.3.3　虚拟仿真技术

（1）虚拟仿真技术概述

2021年，国务院印发了《"十四五"数字经济发展规划》，提出要深入推进智慧教育，构建高质量教育支撑体系，推动"互联网＋教育"持续健康发展等目标。2022年10月28日，工业和信息化部、教育部、文化和旅游部、国家广播电视总局、国家体育总局印发《虚拟现实与行业应用融合发展行动计划（2022—2026年）》提出要在中小学校、高等教育学校、职业学校建设一批虚拟现实课堂、教研室、实验室与虚拟仿真实训基地，推动教学模式向自主体验升级，打造支持自主探究、协作学习的沉浸式新课堂，推进"虚拟仿真实验教学2.0"建设。教育部高等教育司在2023年工作要点中提出，进一步纵深推进教育数字化战略行动，应进一步加快完善高等教育教学数字化体系、提升数字化应用能力、提升数字化治理能力、提升数字化国际影响力；要开发建设一批多介质、数字化、智能化、快速迭代的新形态教材；推进"虚拟仿真实验教学2.0"建设，强化"实验空间"平台应用。在新技术不断更迭、国家政策持续推进的当下，虚拟仿真技术为教育带来翻天覆地的变化，如何更好地将虚拟仿真技术融入教学，提供更为便捷、高效、真实的学习体验是时代新课题。

虚拟仿真是指利用计算机技术和虚拟现实技术，将客观世界的信息数字化后，再通过对数据的仿真呈现，使人获得身临其境的感官体验。虚拟仿真最初应用于军事领域，随着科技的不断发展，虚拟仿真技术逐渐向医疗、建筑、汽车、航空航天、电力、化工、教育等领域推广，适用于模拟各种复杂的场景进行训练和试验。

虚拟仿真技术包括仿真模拟技术和虚拟现实技术两个领域。仿真模拟技术是指使用仪器设备、模型、计算机虚拟技术，以及利用场地、环境的布置，模仿出真实工作程序、工作环境、技术指标、动作要求，进行科学研究、工业设计、模拟生产、教学训练和考核鉴定等的一项综合技术。虚拟现实技术（VR），是20世纪80年代新崛起的一种综合集成技术，涉及计算机图形学、人机交互技术、传感技术、人工智能等。它由计算机硬件、软件及各种传感器构成一个逼真的三维视觉、触觉、嗅觉等多种感官体验的虚拟世界，可以逼真地模拟现实世界（甚至是不存在的）的事物和环境，人可以通过使用各种特殊装置将自己投入这个环境中，有身临其境的感觉，并可亲自操作、控制环境，与虚拟环境进行交互。VR技术主要有三方面的含义：第一，是借助于计算机硬件、软件和各种传感器生成的环境是虚拟的；第二，虚拟环境给置于其中的人带来视觉、听觉、嗅觉、触觉等感官上的感受体验是逼真的；第三，人通过可穿戴VR设备以肢体语言、语言、眼睛转动等现实方式与这个虚拟的环境进行交互，虚拟环境能够实时给予回应。

（2）虚拟仿真技术在教育中的应用

赋予教学多元丰富的教学体验。传统教学课程内容主要以教师讲授、演示、示范等方式传递知识技能，学生通过听觉、视觉接收信息，单一的感官体验在长时间的学习中容易使人疲惫、厌倦、精神不集中。虚拟仿真平台助虚拟仿真技术，基于学生已有的专业理论知识和实践技能，选择适宜的教学内容、方法和手段，将抽象知识、原理、规律、问题生动具体化，让学生通过学习能够熟练掌握、使用各项实践操作技能。同时，通过实践操作铸牢理论知识，实现专业理论知识和实践操作能力双提升的教学目标。虚拟仿真技术通过计算机生成三维数字环境，利用各种软硬件同步结合人体感官，将知识可视化、立体化、多维化，为学习者提供更生动、形象、具体、直观的学习体验，通过给予学习者多种感官体验，实现知识的全方位展示。当学习者探索三维数字环境时，虚拟端会对学习者的语言、行为及时做出适当的响应，让学习者明确自己的行为会引发怎样的效果，通过互动式、沉浸式学习体验，促进学习者理解、内化知识，形成实践经验。如医学类课程，运用虚拟仿真技术将课程中的文字、图片、视频、音频在三维数字环境中呈现，让学生看见、听见的同时还能触碰、操作，为学生带来丰富的学习感受。某些行业涉及高危作业，在传统课堂中教师通过讲授、播放视频不断强调某些步骤的危险性来引起学生的重视；借助虚拟仿真技术，学生能亲身体验在虚拟环境中因操作不当引发诸如爆炸等惨重事故。亲身体验能让学生在今后的学习、工作时谨记安全操作规范，有效避免因操作不当产生严重后果。

　　让难以实现的实验实训活动变为可能。当前，不少学校尤其是经济欠发达地区的学校因为教学资金紧缺、实验设备陈旧、仪器设备数量不足等因素；学生人数过多难以获得完整的实验实训过程体验，严重影响实验实训课程成效；某些实验设备价格昂贵、实验耗材耗费量大，或者实验实训过程存在污染性、传染性和危险性风险，运用虚拟仿真技术可以有效解决上述问题。此外，某些实验实训周期长，需要若干天才能获得实验结果，借助虚拟仿真技术可以加速实验时间，短时间即可获得实验结果，便于学生多次采用不同方法探索实验路径。

　　推动教育高质量、均等化发展。很多专业在人才培养时涉及大量实验实训课程，通常要依靠学校建设实验室、实训基地，或者加强产教融合与企业共建实践基地。但是，不少学校由于资金、场地等原因，设备老旧、学生人均仪器设备量偏低，实验实训课程效果不理想。经济欠发达地区，工业企业发展不足，难以在校企合作中给予大量人力物力的支持。在多种因素的影响下，人才培养资源远落后于教育发达地区。借助虚拟仿真技术，数字化构建现代教学实践，极大减少了学校在实验实训设备设施上的投入，让教育欠发达地区学生享有同样的优质教育资源，赋能教育高质量、均等化发展。

6.4 教育技术提升信息化教学能力创"广西模式"

2008年，为了提升职业教育在整个教育体系中的地位，推动地方经济的持续健康发展，广西启动了职教攻坚计划。职教攻坚计划实施至今，高职院校的办学条件得到了极大提升，但是教师规模的急剧扩大与教师专业化高质量发展的内在矛盾日益突出，教师信息化教学能力作为教师专业发展的核心要素，成为影响高职教育教学水平的突出问题。

建立省域统筹机制，破解高职院校教师信息化教学能力提升难题。统筹"政、校、行、企"四方力量，通过联合教育行业知名企事业单位，协同省内多所高职院校，开展评审标准共同研究、教师共同培育、优秀作品共享、专业资源库共建等系列活动。优质校发挥示范引领作用，依托行业企业的技术支持，有效搭建"政、校、行、企"间的"共建、共育、共研、共享"桥梁，实现优质校带动一般校、落后校，让每所院校都能找到自己发展的坐标定位，让处于不同专业发展阶段的教师都能找到适合自己的成长路径，形成政府部门领导、专委会主导、院校为主体、行业企业共同参与的促进高职院校教师信息化教学能力提升的省域统筹机制。

制定本土高职院校教师信息化教学能力培养标准，确立能力提升规范。参照联合国教科文组织及美国、英国等国家的信息技术应用能力相关标准框架，立足高职院校教师信息化教学能力水平现状，从教师信息化教学能力结构理论与发展出发，建设以意识与态度、基础与技能、教学实践与职业实践、研究与发展四个维度为保障的"信息化教学新手—信息化教学骨干—信息化教学能手—信息化领军人物"四层级教师信息化教学能力标准，实现对高职院校教师信息化教学能力水平的测量和描述。基于教师信息化教学能力标准，设计信息化教学规范，制定信息化教学设计、混合式教学等的评审指标，形成了一套涵盖信息化教学能力标准、信息化教学条件建设标准、信息化课程建设标准、信息化比赛评审标准的职业院校教师信息化教学能力及教学应用的系列标准，为高职院校教师信息化教学能力培养指明了方向。

打通"教学新手—教学骨干—教学能手—领军人物"的发展之路。创造性地提出了"一徒一师、传帮带""标准引领、贯标培训""一系一坊、同伴互助"和"教赛融合、强化提升"四步提升的培养方式,以"转型—规范—熟练—强化"的培养路径实现对教师信息化教学能力的精确分析与施策。教学新手培养则以导师制为抓手,通过"传帮带"方式培养教学新手。刚刚进入职业教育领域的新进教师与具备一定资历的专业带头人或骨干教师以自愿方式确定"师徒"关系后,通过教育技术开展混合式课程建设、教学资源开发、听课等形式,定制符合"学徒"个性化需求的专属培养方案,在真实的教学情境中实现"传帮带"。新手则在通过教学设计方案、多媒体课件制作、课堂教学组织、课程说课等多方面考核合格后方能"出师",实现了角色转换和快速成长。教学骨干的培养过程则是将"规范"贯穿始终的典范。以培训项目为载体,以教育技术信息化专题报告、混合式"金课"等措施构建了"校、企、行"三方联动的培训机制。在培训过程中,则通过搭建培训平台、开发培训课程,针对信息化教学能力标准、信息化教学条件建设标准、信息化课程建设标准与信息化比赛评审标准进行专项培训,形成了"标准引领、平台支撑、线上线下相结合"的贯标培养模式,促进信息化教学新手向教学骨干的转变。"一系一坊"则是打造教学能手的摇篮。以二级学院、系(部)为单位成立教学工作坊,实施教师信息化教学能力培养的同伴互助学习计划。工作坊成员在"坊主"带领下,通过定期组织教学沙龙、同行互评听课、优秀案例经验分享等活动,构建多样化的同伴互助学习模式。依托国家精品共享资源课建设项目,利用超星、学习通、雨课堂等平台开展项目实施,充分发挥不同层级教师的信息化教学特长与个体优势,形成"项目贯穿、角色交替、平台支撑"的教师教学工作坊同伴互助运行机制。"教—赛—教"的螺旋式教赛融合机制很好地回应了教学领军人物的培养标准。依托"校级—省级—国家"三级大赛体系,教师从实际教学项目中遴选与教育技术信息化教学相关的优秀案例或成果参加大赛。通过对参赛作品的反复打磨,力求实现教学内容与设计、教学资源与开发、教学组织与实施、教学效果与评价的"四对接"大赛评审指标。从信息化教学意识、技能、实践、反思与改进五个维度使教师的信息化教学能力得到综合运用与强化提升,进一步推动信息化课堂教学的改革与应用创新,使教师通过历练成为教学的领军人物。

6.5 实践案例

广西职业师范学院围绕国家发展战略,立足区域特色,以促进师范教育和职业教育有机融合为抓手,优化课程建设,打造具有高阶性、创新性和挑战度的职业师范一流课程"金课"。课程建设团队运用现代教育技术，凝练特色学科方向推动课程教学改革创新，学科集群助推课程体系建设，"岗课赛证"职教融通育人体系助力专业产出，通过教育技术模式创新建构一流课程"金课"体系。

（1）课程建设举措

①特色发展推动改革创新

职业师范教育学在职业师范人才培养中占重要地位，是职业师范性的首要体现，具有理论性强、知识量大的特点，现行的教学模式教学效能偏低。课程团队将其作为课程改革的切入点，对标职业教师核心素养打造思政引领、线上自学、专题研讨、项目实践、反思深化的多元化教学模式采取"SPOC+MOOC"网络教学模式，课前学生通过线上教学平台预习知识，课上师生通过翻转课堂、项目实践、专题研讨等形式内化知识技能，课后通过线上章节测试、论坛交流、教师答疑、梳理重难点，扫除教学死角。坚持以立德树人为根本，课程思政融入课程教学全程，融合专业知识与价值引领，以知识认知促进价值认同，全方位推进知识体系向信仰体系的转化，引导青年学生坚定理想信念、厚植爱国情怀、树立崇高理想和远大追求。

2020年，职业师范教育学在线课程面向社会全面开放，通过课程教学、教师资格考试、学习拓展、章节测验、线上论坛等板块，满足不同层次、类型学生学习需求。每学期持续更新课程内容，通过在线教学平台畅通师生沟通交流渠道，有效地拉近了教师与学生之间、理论和实践之间的距离。2022年，该课程被认定为广西一流本科线上课程和广西课程思政示范课程，授课教师入选课程思政教学名师和教学团队名单。

②学科集群助推课程建设

职业教育是培养"大国工匠"的摇篮，职业师范教育是培养"大国工匠"的"工匠之师"的摇篮。职教师资的培养强调专业性、职业性和师范性的融合，职业师范教育学肩负着学生师范性养成的重任。结合学科特点及优势，建设以教育学原理、职业教育学、教育心理学为理论核心，以课程与教学论、现代教育技术为技能基础，以微格教学、教师职业道德与专业成长、教师资格考试实务为实践支撑的递进式学科专业集群。基于学科专业集群形成职业师范特色的教育学课程体系，依照"基础能力培养—专业能力培养—综合能力培养"培养规律创新课程体系。采取大班授课、小班研讨、小组实践的形式，运用教育技术改善教学环境，通过线上教学平台进行大班授课完成理论核心认知，筑牢理论根基；通过线下智慧教室进行小班研讨实现知识深化，掌握基础技能；通过教育虚拟仿真实训小组实践实现"理""实"融通，精进教学能力，有效扩大了职业师范教育学专业集群覆盖面和课程受众面，学生主动参与教学研究、积极参加教学技能竞赛，教师资格考试通过率逐年攀升。

③职教融通助力专业产出

以岗位能力和职业素养为培养目标，以各类竞赛为实践创新载体，以"1+X"模式为抓手，构建"岗课赛证"职教融通职业师范教育学育人体系。将学科、证书、竞赛、实践融入课程教学，学科知识技能为教育和专业实践、教师资格考试、专业技能竞赛等奠定基础。科学化分解教育教学实践过程，通过智慧教室、微格教室、三笔字智慧实训室，打磨教学基本功，以实践夯实理论。尊重学生兴趣与发展需求，师生双向选择结成多维发展团队，鼓励学生积极参与教师科研项目，以项目牵引、竞赛驱动为核心，以教师引导、成员互助、培训研讨为路径，拓展教学深广度，为学生提供丰富的实践环境。学生在进行科研工作过程中，接触行业前沿理论技术和先进仪器设备，感受科学研究精神。近三年，我校学生在师范生教学技能大赛、"挑战杯"大学生课外学术科技作品竞赛、"互联网+"大学生创新创业大赛、大学生创新创业训练计划等各类竞赛中屡获佳绩，其中获国家级奖项118项、省部级奖项232项，师生的专利、软件著作权、科技成果登记等106项，发表EI检索、国际学术会议论文23篇。一流课程"金课"建设架构如图6-8所示。

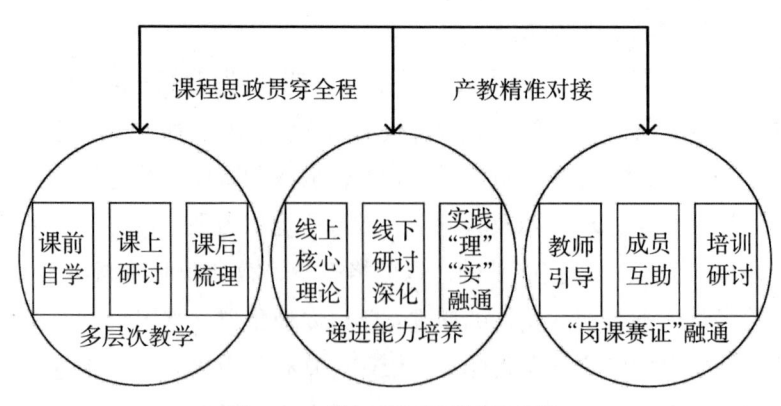

图6-8 一流课程"金课"建设架构

（2）培养成效及借鉴

广西职业师范学院打造的教育技术创新职业师范教育学一流课程模式，构建了具有职业师范特色的教育学课程体系，使教育学成为具备职业性、师范性、技术性"三性合一"的课程综合体，为职业师范课程建设提供了新思路，形成了一流课程、课程思政示范课、专著、论文、专利等系列课程实践成果，学生独立思考能力、团队协作能力、发现和解决问题能力等综合能力获得显著提升，实现专业素养、职业素养和科研素养的"三养成"。教育技术创新职业师范教育学一流课程模式为高校打造卓越"金课"提供参考与借鉴，具有推广价值。

第七章 共建职业师范教育生态圈

以技术技能为纽带，贯穿生产链、行业链、教育链、创新链，校企社共建集人才培养、团队建设、技术服务于一体，资源共享、机制灵活、产出高效的人才培养与技术创新平台，促进创新成果与核心技术产业化。围绕区域产业发展、行业企业革新和人才培养需求打造职业师范教育生态圈，针对行业企业技术工艺和科技研发需求，以解决区域主导产业提升、传统产业转型、行业企业发展中的实际问题和人才培养为根本目标，融合新兴技术思维驱动职业师范教育体系的变革，贯通学科孤岛，对接地区优势产业，突出需求和应用"双导向"。

7.1 技术技能平台推动教育资源均等化

7.1.1 建设职业师范教育教学资源库

"面向用户需求"和"集成设计"，围绕服务对象的真实需求，构建职业师范教育教学资源库，着重抓好以下五个原则，如图7-1所示。

贴近行业业态的现实需要。重视与区域核心产业的联系，掌握行业人力资源的现状。重点关注该行业的员工总数、员工受教育程度、员工专业能力水平、每年的新岗位数量等信息，对应专业的不同层次人才培养，把握不同层次学生的培养需求。

完善学校信息化建设保障机制。建立数字化课程、虚拟仿真课程、在线教学平台、数据信息库的技术管理团队，设立信息化教学资源建设专项资金，完善信息结构，营造多维融合教育技术的育人环境。以教育技术丰富教学资源，立体化教学环境，创新教学模式，完善管理体系和方法，完善规章制度，确保制度的执行。

第七章
共建职业师范教育生态圈

行业业态现实需求:员工总数、受教育程度、新岗位数、专业能力

信息化建设保障机制:技术管理团队、专项资金、完善信息结构、技术育人环境

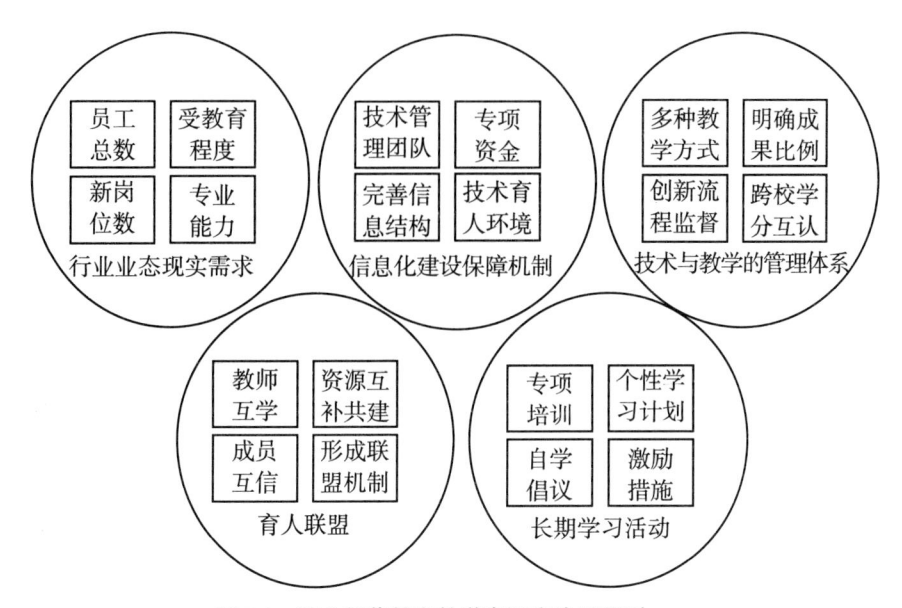

技术与教学的管理体系:多种教学方式、明确成果比例、创新流程监督、跨校学分互认

育人联盟:教师互学、资源互补共建、成员互信、形成联盟机制

长期学习活动:专项培训、个性学习计划、自学倡议、激励措施

图7-1 职业师范教育教学资源库建设原则

制定适合教育技术深度融合教学的管理体系。丰富教学形式和教学成果评定方法。如线上课程平台教学、线上线下混合式教学,明确课程中线上和线下学习成果的百分比,明确定义线上和线下学习内容和形式,并组织具体的学习内容。对于在线上课程教学平台完成课程学习并通过考试的学生,将颁发学习证书,并认可相应的学分。实施校际和跨专业学生学分互认政策。出台相关政策,鼓励校际教学和校际学习,改进流程监督及学分获取的流程,创新学习评价机制。

全力发挥育人联盟的效用。由学校、企业、政府、相关单位和行业共同组建育人联盟,是深化产教融合和校企合作的手段。开展国家认证体系的"1+X"试点工作,实现校校之间、校企之间优质资源的共同建设和共同分享。创建定时互通模式和相应的规章机制,建立利益资源互补机制,创建联盟内部成员之间的优质资源分享和互信模式,建立教师互学机制。在理念、方法、技能、能力等方面对团队成员进行指导和培训,保证资源数据库的水平和质量,以提高联盟内外资源的聚合、运用和普及的程度。

推广各种长期学习活动。开放性地开展各项活动,鼓励师生踊跃参加专项学习技能和培训活动,制定长期学习计划和激励措施。分别为不同的学生定制个性化并适合其发展的学习规划,完善课程内容,提出鼓励和强制结合

的自学倡议，并制定精神或物质层面的学习有效性激励措施。

7.1.2 教学资源库建设架构

整体规划职业教育教学资源库架构。围绕职业教育人才培养需求、学生可持续发展为内核的驱动，着眼于产业转型升级中对人才专业素养、职业核心素养的要求，剖析、整合岗位所需知识、能力和职业素养。职业教育教学资源库在框架设计上要具有行业发展前瞻性和发展性，基于职业教育专业集群学科、专业特色属性和教学特点，遵循教学规律，整体规划教学资源库。从满足专业教学、项目研发、知识能力拓展、职业培训、职前培养、职业提升、职后培训、终身学习等需求方面，设计资源库整体架构、资源分类、资源模块。契合行业岗位能力需求，开发动态教学资源，不断拓展资源内容对专业知识、岗位技能的覆盖面，动态更新教学资源，及时将行业前沿技术、理念、最新成果融入教学资源中。

搭建互动式教学平台。以使用者为中心，搭建涵盖"教"与"学"双系统的互动教学平台。教学系统包括教学资源、教学管理、实践实训管理、评价管理等板块，学习系统包括个性化课程定制、学习记录、学业档案、学习评价等。满足使用者备课、教学、学习、实训、练习、考试、管理等多样需求。通过互动式教学平台，课前教师围绕课程内容设置教学目标、选择教学素材、组织教学内容、设置教学评价与学习评价标准，形成教学模块。学生在课前通过教学模块，完成基础知识的学习，学习过程中可随时与教师进行提问与答疑互动。课中，师生围绕课程重难点，通过师生互动问答、项目设计等方式实现知识、技能的拓展深化。课后，学生以小组合作形式进行项目实践开发，教师全程指导，各小组分享项目成果，进行小组答疑、互评，教师引导学生对项目实现过程、项目成果的反思与完善。借助互动教学平台，打破课堂教学时限，理论知识与实践实训有效融合，切实提升学生专业核心能力。

优质育人资源共建共享。各种教学资源在开发过程中，跨校、跨行业、跨区域、跨国组建教学资源开发团队，以全区多学科融合的教学资源开发理念、系统化和结构化的资源库顶层设计，融合区域、国际行业企业人才需求，多方面参考、借鉴优秀育人资源，动态融合行业领域前沿技术、理论，根据标准的制作流程，打造专业化、国际化、区域特色化的优质专业教学资源。职业教育教学资源库秉承开放、共建、共享的建设理念，以资源元为资源基本构成单位，根据不同类型用户的自定义逻辑，用户具有不同程度的资源元选择、编辑、更新、定制的权利。

7.1.3 建设教学资源库

（1）课程资源库

课程资源库包括理论课程资源库和实践课程资源库。每门理论课程按统一的课程标准建设，包括课程简介、课程定位、课程标准、课程目标、学习指南、教学设计。理论教学跨学科梳理、重塑教学内容，将课程知识拆分为数个知识点，知识点由学习目标、课程内容、课件、典型案例、习题、知识拓展等内容组成，通过文字、视频、音频、动画等形式呈现。典型案例教学资源由工作任务、工作过程、教学指导视频、评价与考核标准等素材组成。理论课程资源库架构如图7-2所示。实践课程教学结合理论教学内容，分析各岗位技能，形成覆盖专业集群所有岗位技能的职业技能网。职业技能网由若干技能点组成，基于技能点设计实践课程，由实践实训指南、实训资源配置、实训能力目标、操作流程、操作视频、虚拟操作演示、虚拟实训教师、实训考核等部分组成。实践课程资源库架构如图7-3所示。实验课程教学资源由实验指南、实验资源配置、实验能力目标、实验操作视频、虚拟实验教师、实验报告等内容组成。

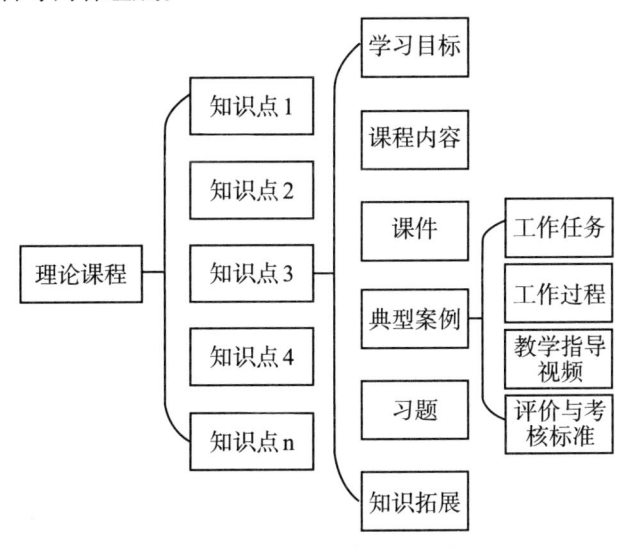

图7-2 理论课程资源库架构

```
                          ┌─ 实践实训指南
                          ├─ 实训资源配置
              ┌─ 技能点1 ─┤
              │           ├─ 实训能力目标
              ├─ 技能点2  │
              │           ├─ 操作流程
   职业技能网 ┼─ 技能点3  ┤
              │           ├─ 操作视频
              ├─ 技能点4  │
              │           ├─ 虚拟操作演示
              └─ 技能点n ─┤
                          ├─ 虚拟实训教师
                          └─ 实训考核
```

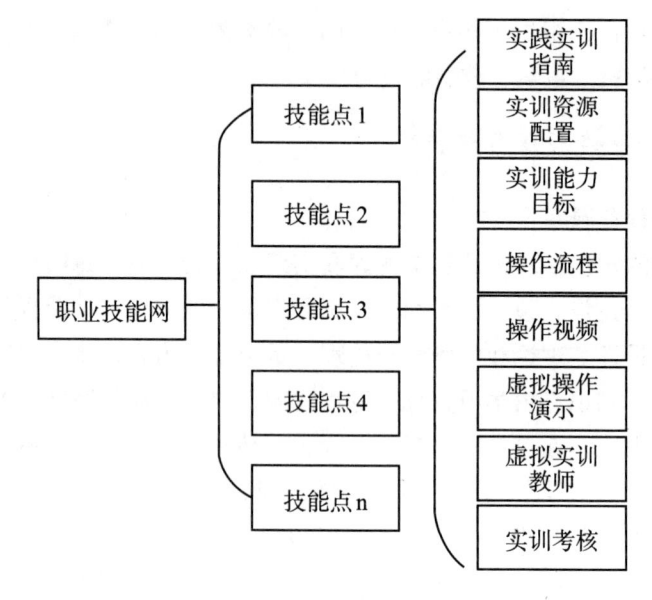

图7-3　实践课程资源库架构

（2）微课资源库

配合课程资源库，为每一门课程制作微课程，以课程知识点、技能点为制作基础，围绕知识点、技能点的重难点和关键点设计微课。制定微课制作标准，要求每节微课时长控制在5～10分钟，主题鲜明，表述简洁、清晰、明确。每个知识点和技能点的导学、重难点精讲、典型案例讲解、例题解析、考点梳理、课程小结、知识技能拓展、操作经验分享等内容，是课程教学的重要补充和拓展。

（3）素材资源库

素材资源库分为教师素材资源库和学生素材资源库。教师素材资源库面向专业集群相关的教师、企业从业人员、行业协会、科研机构等，包括国内外物联网专业集群教学、科研的电子教科书、教学案例、精品课件、教学素材、题库、课程软件、名家教学视频、专家访谈、行业发展报道、研究成果等内容，开设留言、讨论区等沟通板块，畅通国内外行业专家、学校教师、一线工作人员交流渠道。学生素材资源库面向学生，包括电子教材、教学课件、案例解析、教学视频、操作视频、虚拟操作演示、习题库、试题库等内容，设置学习讨论区，实现师生、生生间的无障碍沟通。具体素材资源库架构如图7-4所示。

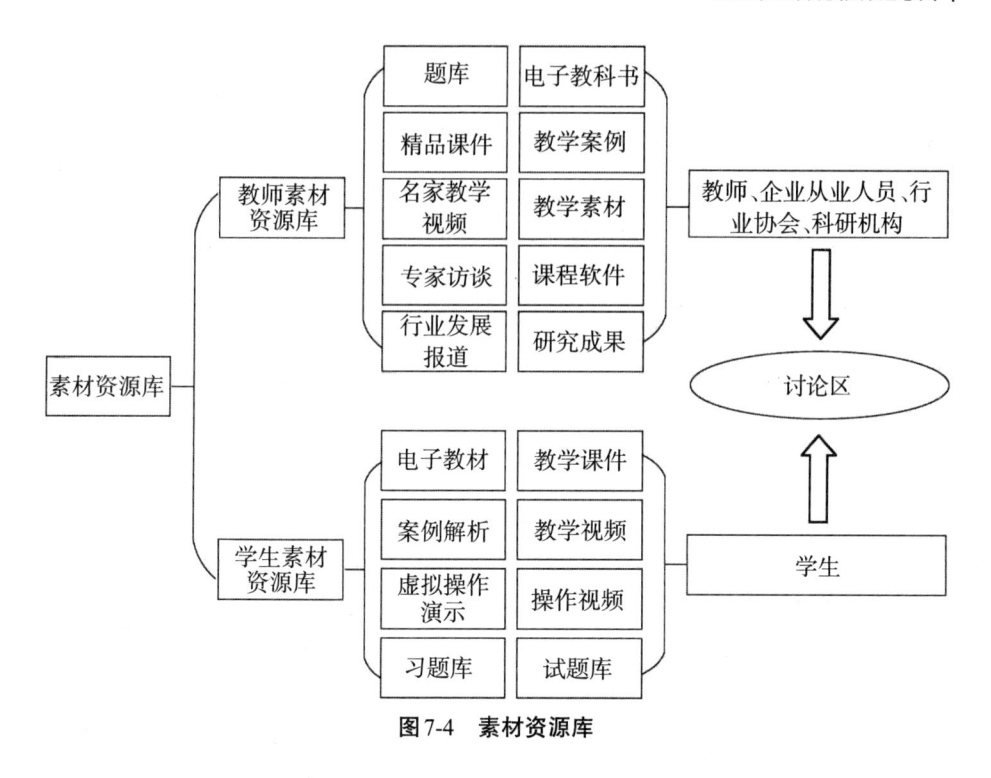

```
素材资源库 ─┬─ 教师素材资源库 ─┬─ 题库
           │                 ├─ 精品课件
           │                 ├─ 名家教学视频
           │                 ├─ 专家访谈
           │                 ├─ 行业发展报道
           │                 ├─ 电子教科书
           │                 ├─ 教学案例
           │                 ├─ 教学素材
           │                 ├─ 课程软件
           │                 └─ 研究成果         → 教师、企业从业人员、行业协会、科研机构 ⇩ 讨论区 ⇧
           └─ 学生素材资源库 ─┬─ 电子教材
                             ├─ 案例解析
                             ├─ 虚拟操作演示
                             ├─ 习题库
                             ├─ 教学课件
                             ├─ 教学视频
                             ├─ 操作视频
                             └─ 试题库           → 学生
```

图7-4 素材资源库

（4）专业集群培训资源库

分竞赛培训资源库和职业资格培训资源库。竞赛培训资源库涵盖专业技能大赛、创新创业大赛、学术科技竞赛、专业设计大赛等各级各类专业集群竞赛，主要资源包括竞赛标准、竞赛章程、竞赛环境、竞赛方案、获奖案例、竞赛试题库、竞赛虚拟仿真系统、实操虚拟仿真系统、在线模拟竞赛等。职业资格培训资源库包括国家相关政策法规、职业资格标准、各级各类职业资格考试培训包、备考学习指南、考务指南、培训教学视频、历年真题库、在线测试、在线论坛等。

7.1.4 构建产教一体化培训平台

构建职业教育院校产教一体化培训平台，成为改进学校硬件条件、素质教育和社会工作需求能力的核心重点，是职业师范院校教育改革的难题。为了提高培训平台建设水平，科学构建职业教育培训教学体系，完善培训平台功能，应从以下几个方面入手。

完善机制建设及运行管理模式。制定和完善平台管理制度，明确校企合作权责，正确处理教育培训及生产培育的冲突，建立校企合作教育，利益各方联合管理分享模式及合作创新模式，整合优质资源，推动企业全程参与人才培养，实现人才培育和现实市场需求的高度交融。培训平台协作运营行政办公室承担落实及改进关于培训的各种规章制度、与外部合作单位沟通等日常业务的管理、培训平台信息管理系统的开发，以提高管理效率，实现平台管理的规范化、体制化、细致化。所有类型培训的请求及审批都在网上进行操作。该网站配有各种数字培训资源库，以此来满足学员在线学习需求。

学校、企业混合教师编制，提升培训师资力量。建立教师定期交流机制，改进和完善师资培训、聘请任用、灵活兼任及考察评估机制。落实"双师双能型"教师工程，培育实践训练型师资，举办多样化的培训，提升专职教师的实训技能。提高职业教育聘用兼职实践教师比例，提高兼任教师的素质，提升职业教育院校实训教学的品质。

基于学习过程，构建"三层次、五阶段"实训教学体系，如图7-5所示。根据职业教育的客观规律，搭建三个层次、五个阶段的实训培育体系。基础层强调感知和功能，这是培养素质能力的基础。培训内容根据项目模块设置。核心层根据中级、高级技能培训的要求，自下而上设置，从个人技能到复合技能，从专业标准规定的核心技能到现代企业所需的高科技和复合技能。扩展层以可选培训模块的形式设计，用于指导科技项目、工具和设备开发、生产实践、大学研究项目及学生自行设计的主题。

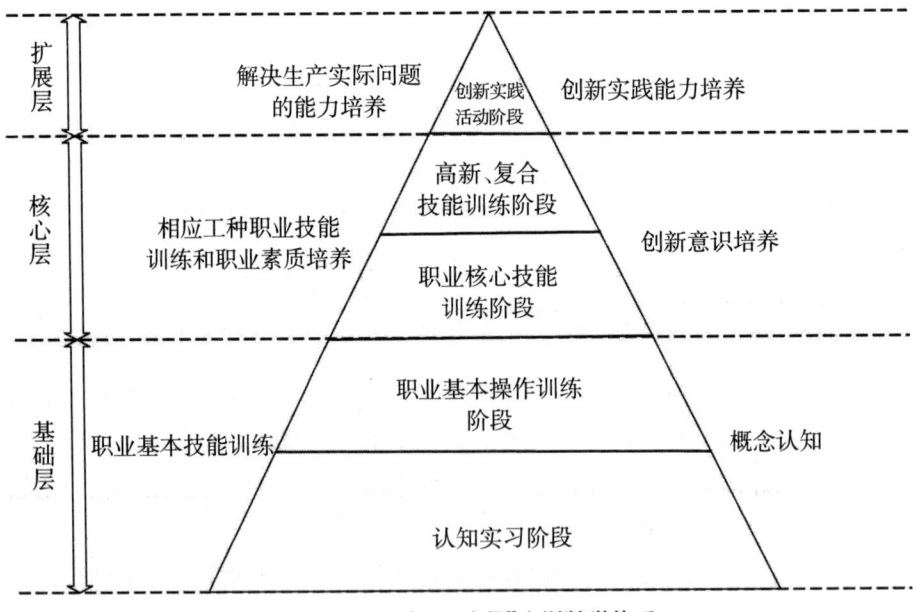

图7-5 "三层次、五阶段"实训教学体系

不断更新实训项目，优化培训和教学资源库。以学生专业能力培养为核心，在行业专家的参与和指导下，以专业行动指南为基础，构建以现场实际项目为载体的基础课程；不断加强教学培训管理系统、控制中心、触摸屏、旋转显示屏等软件资源和硬件平台建设，建立培训和教学资源数据库。

7.1.5 孵化专业技术集群

通过技术与教育学科、专业与课程的连锁反应，形成跨学科、跨专业的技术集群，将专业课程与学校科学研究项目和商业应用项目结合起来，作为一种资源，促进学生从知识和技能的学习者转变为知识和技术的创造者。

一是改进职业教育院校组织架构，建立全新跨学科机制，建设综合性核心专业团队。院校通过产业新的技术、工艺改进院校组织架构，搭建整合不同学科的新型机构，有利于展现院校特长和独特的专业集群设置，为跨学科培育新型人才提供组织支持，积极探索建设新兴的跨学科机制。

二是积极修订人才培养计划，深化课程体系和教育内容改革。随着云计算、大数据、物联网、人工智能等技术的革命性发展，世界制造业进行了新的科技改革和产业变革。为了满足各行各业发展的需要，必须革新教学课程体系，以此达成课程体系与市场需求的耦合，尤其在创造意识、团队精神、实训技能等方面。以培养具有国际视野、创造精神及实训技能的创造型人才为目标，对教学体系进行革新，形成跨学科和四年制实训的应用教学体系。

三是探索"产学研结合、协作育才"的人才培育机制。积极创建合格的实用型技能人才的培育方式，创建提升实训技能为目标的人才培育流程，实施"优秀工程师培养计划"，通过产学结合，确立"校企合作、地方学校合作、学校合作"和"产学研结合"的人才培养方式，落实衔接专业链及产业链的教学内容和专业准则、教学过程和生产过程，加强实践教学，建立实践培训和实践质量保证机制。通过订单式人才培养方式，全方位深入探究校企分工合作的人才培育方式。在教学实训的过程中，增强院校学生的自学意识，实行以学生为中心具有启发性、合作性、参与性的教学实训活动。

四是抓好师资队伍建设，建立适应人才培养需要的师资队伍。教师是教育教学的基础资源，要大力加强教师队伍建设，着力创建一支"双师双能型"的师资队伍，确保合理的资格结构、合理的年龄结构、合理的师生比例，认真落实教师队伍建设设计方案。

7.2 共筑职业师范教育育人共生圈

整合校、企、社优质资源，推动职业师范教育创新，连接学科孤岛，连接区域优势产业，突出需求与应用的"双驱动"。学校、政府、行业等多主体共筑职业师范育人共生圈，落实资源综合利用、人才培育、技术革新、产品研发、决策咨询、技术服务等一体化职业教育技术生态系统的整合。有效促进传统产业优化升级，促进支柱产业不断发展，促进地方高新技术产业快速增长，创新制造业、服务业发展新模式。

7.2.1 产教主体差异性分析

产业与教育自为体系，存在着巨大差异。通过分解剖析每个体系的要素，从行为主体、主导体系、核心目标、运行准则四个维度分析产业体系与教育系统的差异，是有效解决企业与学校深层内化产教融合的突破口。

行为主体不同。产业由企业构成，企业是基本组成单位。产业发展为企业的发展方向、生产经营范围、运作模式提供参考。同时，具备领先科技、创新能力且品牌价值不断攀升的企业会成为产业中的革命者，引发革新浪潮，给产业带来颠覆性改变，推动产业与行业不断前行。各级各类学校是教育系统重要的基本组成细胞，也是教育系统运行的行为主体，教育系统决策的实施、育人目标的实现均依靠学校完成。教育资源的有机整合、产业发展态势、知识的更迭与融合、人工智能现代技术的出现、人口结构变化等影响着学校的产生与分化。学校作为教育系统的基本单元，是支撑教育系统运行的原动力，为智慧教育体系"供血"和提供保护屏障。区域教育系统是学校的"掌舵者"和"领航员"，根据区域需求制定发展规划，决定学校的设立、规模和层次。

主导体系不同。产业体系以市场为主导，资源配置、产业布局与结构、发展趋势等均由市场"无形之手"掌控，产业体系根据市场需求和预测趋势调整生产经营活动，以尽可能低的成本实现生产效率和生产收益的"双高双提升"。由于市场存在诸如资源分配不均、自发调控能力有限等先天缺失，仍需要政府通过条例制度维持秩序。学校以上层管理者即政府为主导，政府从教育资源配置、整体和区域布局、教育形式层次占比、教育均等化、人才储备与经济步调契合程度、政策引导和财政支持等方面对教育体系进行引导和掌控。同时，市场在教育系统发展中也起到不可或缺的作用，人才资源与市场需求匹配程度决定了产业能否转型升级和经济能否健康发展。

核心目标不同。产业体系以逐利为核心宗旨，盈利是行业诞生的根源和发展的根本动力。同时，能否持续营利、营利空间决定了产业是否具备发展前景和存在必要。企业运营框架、人力资本、经营方向、技术创新研发等产业运作行为最终目的是谋求利润最大化，以维持企业生存，拓宽企业发展渠道，与全球经济和区域经济发展适应协同，为产业迭代更新创造可能。教育系统以育人和帮助个体建构知识技能体系为核心目标，依托教育资源和非营利性、公共性教育环境、搭建教育场景，让个体在满足基本生存条件的基础上，实现个性化创新发展及个人资本螺旋递进式增值，推进教育均等化、终身化发展，教育供给侧与需求侧均衡发展，提升国家核心竞争力。

运行准则不同。产业体系以低耗高效为运行准则，重视单位投入与产出比例，产业结构调整、生产资源配置、人力资本优化、运营模块调整均为了不断降低产业运营成本、提升产业效能。在此过程中，产业自身利益被置于首位，公共利益往往被忽视。全民教育、教育均等化是教育系统运行准则，人人均有接受教育的权利和义务。在义务教育的基础上，借助人工智能、互联网等技术打造"人人皆学、处处能学、时时可学"的智能化教育环境，打破时空限制和地区经济发展局限，跨学科拓宽教育资源共享圈，逐步缩短区域、城乡育人差距，阶梯式全区域提升教育均等化水平。

7.2.2 产教差异化融合路径

学校与企业在资源组成、主体结构、运作环境、发展走向等方面存在诸多不同，是两个处于不同圈层的封闭完整体，巨大的差异化导致产教融合容易停留于表层。政府引领政策资金多方保障激励措施实施，有助于整合校企资源，使育人标准与行业标准全方位渗透对接，打造校企资源互通平台，以资质认证、融合评定、人员交流等形式优化产教差异化融合发展。

发挥政府主导作用，以政策激励、资金引导、社会资源整合等方式催化产教融合。教育与产业存在不同的利益导向，基于生存发展空间的考量，影响了产教融合程度。制定相关激励政策，设立校企合作专项资金用于补贴、试错和风险投资，大力支持企业、学校积极深入参与校企合作，从策划、研发、生产、经营、管理等层面探索产教融合新途径。对企业参与人才培养耗费的人力、物力成本进行适当补贴，给予学校学生校企实践专项补贴等经费帮扶。以靶向性、精细化政策、多维度引导资金等方式搭建校企合作桥梁，从人力资源输出、科技创新研发、资源互补共享等层面引导、挖掘、培育校企融合互促的利益共同点。政府给予产品、服务、专利、成果归属界定和保护，与校企共担产教融合风险，尽可能规避不利因素的影响，从情感维系融合转向利益和发展融合，激发校企合作内生动力，使技术与学科相互促进、相互支撑，使生产、研发渗透互促，从根源夯实产教融合机制。产教差异化融合示意图如图7-6所示。

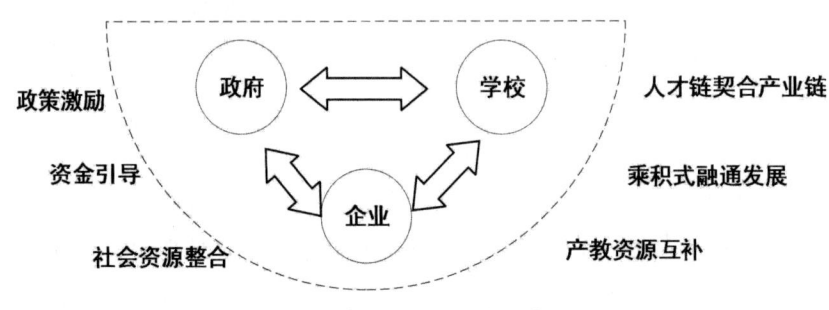

图7-6 产教差异化融合示意图

搭建校企资源互通平台，乘积式融通发展。教育系统拥有最新理论知识、前沿核心技术、丰富的科研成果和覆盖全学科的高层次人才等学术科研资本。产业体系拥有经济资本、敏锐的行业走势洞察力、产能转化力，具备完善的生产经营设备、实践经验丰富的员工和产业原料等行业资本。学校和企业均为主体，补齐学校教育实践短板和产业科技创新短板，开辟产教融合新格局。学校为企业提供研发成果、理论支撑、技术帮扶和一流科技研发指导团队，坚实提升企业核心竞争力，实现企业产品服务升级转型；企业为学校明晰人才培养目标、方向和路径，为学校提供真实的生产运营实践场景，补齐学校教育欠缺的实践经验、实操技能、职业体验和工匠精神具体化，为学校师生提供行业体验。实现人才培养方向与产业人才需求相契合、学校科技研究与企业生产研发相契合，发挥教育推动产业经济高质高效发展的引擎作用。

人才培养与需求侧契合,产教融合推动供给侧动态均衡。以创新创业为驱动,校、企、社多方共同拟定育人方向和维度,围绕岗位标准、人才需求共同制定人才培养规划和教学体系,搭建产教融合管理机制,将多方核心需求植入人才培养课程体系。育人标准与行业标准全方位渗透对接,敏锐调整教学内容、方法与评价准则,使教育教学、人才培养与企业发展、产业布局步调一致;围绕产业链进行多维全覆盖专业集群建设,实现人才培养供给侧与需求侧相契合。去除学科屏障,实现跨界链式融通,通过裂变式连锁反应,创造性激活技术创新、理论创新、应用创新,将单一专业、单一学科、单一知识点综合应用于策划方案、产品研发,由点及面地从学校、企业封闭独立体向校企融合发展。在人才培养各环节注入人工智能创新、产品研发、价值锻造,使产业发展与育人立体融合,共同促进行业发展与人才培养。

资质认证、融合评定、人员交流多管齐下,确保产教融合生态化发展。设立校企资质认证,从源头规避如专项资金不到位等引发的不良后果。制定产教融合评定标准,以教育成果的企业产品化、企业产品的教学实践化为标尺检验产教融合成效,创新驱动成果转化。对有效助力创新工匠型人才培养、产业革新发展的行业、企业、学校、社会团体、研发机构等给予形式多样的奖励,并对其所采用的产教融合模式大力推广。鼓励企业、学校、社会团体、研究机构间人员的交流,实施多岗位交互任职,以实现学校教师与企业员工理论知识、技术技能、业务水平双促进,推动人才优势互补,打造产学研共同体。

7.2.3 产教融合差异化配置

学校拥有丰富的学术科研资本,掌握前沿理论知识,但研究成果难以转化为经济价值;企业拥有金融资本和现实成果转化能力,其短板在于理论的与时俱进和创新研发。通过"教育—科研—产业"利益生态共荣圈(如图7-7所示),联合学科集群与产业集群,使人员流动,实现教育与产业的耦合和产教融合资源差异化配置。

```
          协同创新
   ┌─────────────────────┐
   │      互动融合        │
   │   ┌──────────────┐  │
   ↓   ↓              ↓  ↓
 ┌─────┐  ┌─────┐  ┌─────┐
 │产业群│  │企业群│  │专业群│
 └─────┘  └─────┘  └─────┘
```

| 人才需求、岗位标准、生产工艺、技术研发、经营管理 | 校企互派互认、实训实践、岗位实习、就业服务 | 通识教育、专业教育、核心素养 |

"教育—科研—产业"利益生态共荣圈

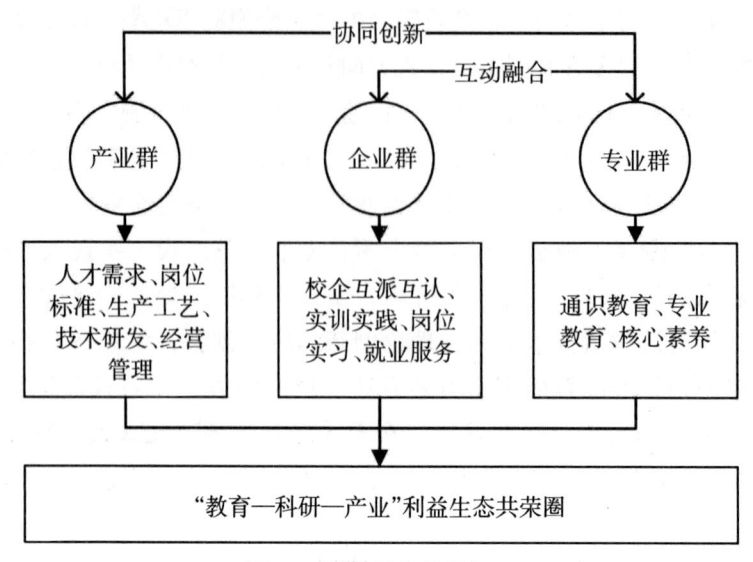

图7-7　产教融合差异化配

树立产教共促共荣理念。形成大局观，把职业院校的供给侧结构性改革放在经济社会发展的宏观背景下考虑，积极顺应经济社会发展的需要，跟上经济体制改革的脚步，适应并不断更新职业院校的人才供给结构，完成为国民经济社会发展培育技术技能人才和合格人才的重任。建立供给意识。在职业院校供给侧结构性改革过程中，建立供给意识，从供给侧方面考察现代经济社会快速发展的需要。例如，在职业院校的专业培训和适应过程中，不仅要结合当前产业适应的需要，合理预测今后产业发展态势和需要，持续提高技术人才供给品质，确保技术人才和合格人才的供给效率，为技术革新发展服务。增强公众对差异化供应的意识。基于现代经济社会发展的需要和特征，供应多样化、定制化的职业教育模式和体制。从职业院校供给侧结构性改革的维度切入，剔除跟不上区域经济社会发展的学科和课程，积极解决职业院校发展过程中的各种难题，落实转变传统被动式发展的形势，不断培育职业教育发展的新源泉。

构建"教育—科研—产业"利益生态共荣圈，实现学术科研资本和产业金融资本间的有机转化，有效提升知识生产能力。高等学校走在科研创新前沿，跨学科知识生产迅猛，学术资本丰厚，尖端科研成果丰硕，但由于缺少产业化金融资本的支持，研究成果现实转化率低。企业具备强大的研究成果转化能力，依靠新科技实现产品服务的推陈出新提升企业核心竞争力，但研发是其薄弱环节,缺乏科研创新能力。学校与企业亟待科研成果转化维度耦合。打造"教育—科研—金融—产业"生态共荣圈,以协同育人、产教创新研发、科研成果转化为核心,以协同双创为"催化酶",以科技连接金融为介质,点燃产教双主体融合热情,化解校企封闭结界,拆分独立保守思维框架,重塑教育链、锻造产业链、焕新价值链,实现学术科研资本与产业金融资本的良性循环。

打造产业集群与学科集群融合创新联盟,使产业集群与学科集群互动形塑融合。以全区域为整体圈层,根据集群内外关联度及发展趋向,匹配优势学科群与产业集群形成学科产业融合创新联盟,消除传统校企合作单一、短暂、粗放的弊端,使学科产业整体融合、互为支撑、携手共进。以提升融合创新联盟核心竞争力为导向,以科技创新成果转化以实现校企共赢为动因,以行业发展需求为指引,调整、优化区域内学科集群,避免"学科漂移",实现产业诉求与科研育人体系内涵交融,优势学科集群与产业集群全方位创新协同发展。优势学科集群和产业集群经联结、融合、裂变,使学科产业差异化融合程度提升,同时也提高了知识的技术力和产业附加值;发挥学科"动力源"作用,加快产业集群转型升级;学科集群迭代创新,筑牢区域产业集群科技基础,为学科理论技术颠覆性创新提供契机。

建立学校企业"互派互认"交互任职机制,通过"校企双导师"等多渠道驱动智慧工匠与卓越教师提升。高校教师、企业员工大多将个人发展聚焦于自有学科知识和行业技能更新上,学校教师长期沉浸于理论研究,具备与时俱进的理论素养和多维度教学能力,但缺乏企业工作经历,实践经验不足;行业专家有丰富行业经验和实践技能,但缺乏前沿理论知识和技术的获取方式。"互派互认"交互任职机制为学校教师和企业员工搭建了理论知识与实践技能交融并进的桥梁,鼓励学校教师和企业专家深度参与教学与产业活动,发挥学科理论知识在实际生产经营中的运用价值,并从中内化"工匠精神"以提升实践业务能力、创新研发能力。让学校教师有机会接触行业生产研发,熟悉行业运作经营模式,提升实践技能;使企业专家通过学校环境丰满理论体系、提升理论水平,从内心深处增强跨学科行业认同感,实现学校教师和企业专家知识体系自我完善和更新,实现智慧工匠和卓越教师的培养。

7.3 畅通延伸合作交流渠道

7.3.1 人才供给侧和需求侧畅通对接

（1）职业院校人才培养现状

对市场定位的理解滞后。职业院校对人才市场定位的认识落后，市场的人才需求与职业院校的人才供应之间存在不畅通现象。这导致了市场需要的技术人才与职业教育院校培育的人才供需严重失衡。

调节乏力，行政管理效果甚微。职业院校的教学方法和入学率通常由学校本身决定，教研部门通常不参与。当市场上专业人才短缺时，这个专业的毕业生就会供不应求。随后，许多职业院校会拓宽该专业的招生渠道，形成毕业生遍地的局面。但是，许多职业院校会忽视教师力量、硬件条件和实训设备是否符合现实需求，而是先考虑招生。

校企融合依赖性过强。在校企合作过程中，由于市场的影响，企业的发展呈现出很大的波动性和许多不确定性，时刻都面对着由于规划改变而引发的减员困局，学校应想好应对之策。在双方合作过程中，由于职业院校和企业的文化差异，学校和企业对学生理论学习和实践技能的培养可能存在管理责任不明确、教育目标不确定、部分学生对企业的适应性差的情况。

（2）职业院校人才培养改革对策

职业院校应对人才供给进行充分的宏观调整，对人才供给结构进行合理的微观调整。

合理进行教育资源配置。对职业教育资源进行合理配置是体制改革的核心内容。必须淘汰一批硬件结构不完善、师资力量薄弱的职业院校或专业，壮大一批师资力量雄厚、教育结构完善、社会声誉良好、对区域经济增长贡献率较高的职业院校。通过职业教育资源的合理配置，政府可以优化本地区职业教育的分配结构，将闲置资源变现，提升实验和实训设备的效能，落实优化配置和二次利用资源，推动高素质技术人才培育提升。

及时、科学地调整专业结构。职业院校毕业生就业难的主要原因在于专业结构设置不科学，专业结构的协调涉及职业院校对今后信息产业和当地市场人才需求的科学研究和判断，涉及教师的二次培训和培训设施的翻新。实施动态发展的职业教育人才培养结构将是职业院校发展的新举措。职业院校人才培养的供给侧结构性改革要从专业设置入手，与市场实时对接，以满足人才供给和市场需求的平衡。

培训与返岗弥补市场缺陷。经济社会转型升级所造成的人才资源问题，促使学校对社会工作人员进行培训甚至二次培训，并通过培训使他们重新融入社会。职业院校的管理形式应多样化：长学制与短学制混合实施，学术教育和短期培训相辅相成。职业院校运用现有教学资源为社会工作人员提供实训服务，最大限度地利用教育资源，提高学校的经济效益。科学运用培训资源使学员的道德规范、职业技能得到提升。

行政管理驱动供给侧结构性改革合理实施。在职业院校实施人才培养供给侧结构性改革不能脱离政府的参与。政府科学履行行政职能，协同学校和合作企业、教育发展和改革委员会决定职业院校人才培养供给侧结构性改革的方向，共同改进职业教育供给侧结构性改革的模式和手段，实现各层次功能服务协同，打造职业院校供给侧结构性改革统一体，搭建管理、运行、使用的立体改革框架。

职业院校人才培养现状及改革对策如图7-8所示。

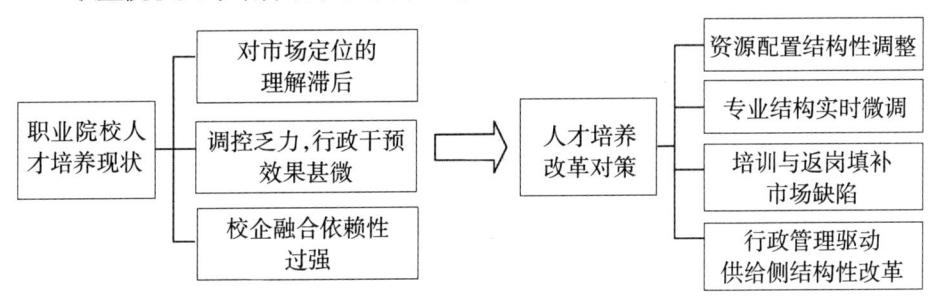

图7-8 职业院校人才培养现状及改革对策

7.4 国际化人才培养与创新

7.4.1 形成职业师范教育国际化育人模式

放眼全球产业发展，国际化人才需求呈持续上升态势，但当前人才培养标准、学校管理制度尚未与国际全面接轨。政府、企业、学校需进一步加强跨区域、跨国育人合作交流，通过学生交流计划、访学研修、项目共研等方式深化联合育人机制。师生通过跨区域、跨国交流，在学习实践中亲身体会、感受不同地区行业发展特点，汲取先进知识技能，开辟学科思维，焕新理念。跨区域、跨国建立学校合作模式，通过引进、交换具有国际化专业背景的教师，聘请国内外知名专家，横向扩宽、纵向延伸师资力量，打造国际化、多元化育人体系。开设如全球农业、资源环境与可持续发展、世界经济等国际化课程或系列专题讲座，让学生有机会接触国际前沿理论与技术，以国际化视角思考、探索专业领域。

职业师范教育国际化是指多个国家的行业、企业、机构、组织等共同参与职业师资培养，共享优质育人资源。职业教育作为一种和现代经济社会发展有密切关联的教育，要科学合理搭建国际交流平台、营造国际合作氛围、增进国际协作来培育具有国际视野的技术人才。职业教育培训和教育资源的国际交流将促进观念、技术、学科、教师、学生、合作标准和方法的国际化。未来，职业师范教育培训的国际发展，应基于共建"一带一路"的需要和国际公认的培养国际技术人才的标准。加强中国职业师范教育的国际认可。一是充分利用国际平台，扩大跨国职业师范教育实力；第二，通过政治对话和共识，构建国际职业师范教育网络；三是设立各类专业岗位，激发国际师范职业教育活力；第四，深化学校管理合作，打破多元文化壁垒；第五，打造坚实的中国制造模式，充分发挥中国品牌的影响力。

7.4.2 职业师范教育国际化人才培养路径

（1）构建专业集群建设与产业发展双向联动机制

专业集群建设紧密结合产业发展趋势，涉及区域人才培养目标。不同类型、不同层次学校基于区域人才培养目标，结合学校自身办学定位、办学特色、办学条件、优势学科制定专业人才培养方案，培养行业创新型领军人才、复合应用型人才和技术技能型人才，实现区域行业人才梯度化发展。搭建政府、行业、企业、学校多主体循环发展协同育人圈层，通过校企共建研究中心、实践基地、实验室等形式，实现人才共育、资源共建、科技共研、成果共享。专业集群建设融合产业链需求的人才培养、行业发展、科技研发、社会服务。

（2）搭建多学科交融式课程平台

跨学科、跨学校、跨区域、跨国搭建多学科交融式课程平台，制定各门课程统一的课程建设标准。平台围绕不同领域设置行业板块，行业板块全方位覆盖产业链。每个行业板块分为理论研究型人才培养、技术技能型人才培养、科技研发型人才培养等职业发展路径，每个职业发展路径均有涵盖高、中、低不同层次需求的课程包，课程包需要剖析、整合本行业不同工作岗位对知识、能力、职业素养的需求。打破学科壁垒，跨学科解析知识体系和技能，将农学、信息、管理、经济、法律等所涉及的理论与实践课程重新组合，最终形成若干标准化单元学习模块，每个模块均有学习要求和相应学分。学生首次登录平台后，平台通过多维度调查问卷分析学生已有的知识基础，了解学生学习需求，智能化为学生推荐个性化学习方案，学生根据自身兴趣和发展需求，结合个性化学习方案，灵活选择课程包进行学习。平台全程追踪学生学习情况，根据知识、能力掌握进度和学生学习意愿，及时调整学习单元模块内容和实践场景。多学科交融式课程平台架构如图7-9所示。

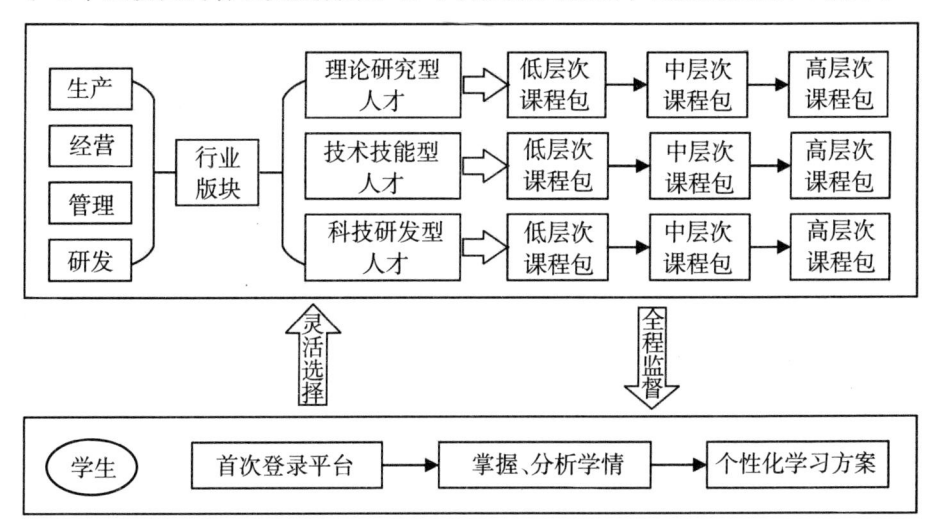

图7-9 多学科交融式课程平台架构

（3）多元合作促进产教融合内涵发展

以特色产业、优势产业为核心，依托多学科交融式课程平台，秉承开放、互促、共进的育人理念，打造多样化、国际化育人联盟。企业拥有金融资本、技术资本和成果转化能力，为学校深度解析、汇总相关行业所需的基本知识技能，给学校的专业建设和育人目标提出建议，提供实践教学环境和一线专家充实教学内容，为学校教师开辟提升渠道，助力卓越工程师、智慧工匠型教师的培养。学校利用人才优势，为企业产品服务创新、科技研发提供强有力支持，以行业企业发展趋势为教育教学重要参考，调整育人方向，以保证人才供给满足企业生产需求。根据学生学习需求，校内学习与行业实践并行，在学生实践过程中，企业为学生配备实践指导教师，学生直接参与企业日常一线生产，在不同岗位间轮换，当满足岗位所需的基本知识、能力要求后换至未实践过的其他岗位。通过在不同岗位的实践与轮换，学生充分运用所学专业知识和技能，积累工作经验，提升职业素养，形成实际操作能力、综合应用能力，培养创新开拓能力。同时，在不同岗位实践轮换过程中，学生对自己擅长哪些类型的工作有日益清晰的定位，不断完善自身职业生涯规划。实践指导教师全程指导、观察学生工作表现，为企业选拔适宜人才。企业将学生实习实践情况及时反馈给学校，为学校调整人才培养方案提供重要参考依据。

传统学校教育资源建设多为学校个体行为，资源建设广度、深度均受单一主体条件所限，育人资源参差不齐，专业学科发展不均衡，往往仅能够集中力量发展个别学科。摒弃传统学校自筹自建教育资源模式，整合政府、企业、学校、行业协会等多方优质资源，汇聚不同地区、不同国家特色资源，融合多学科知识、技能和学科属性育人模式，最大限度地发挥各要素的协同作用，为学生提供丰富、全面、多元的学习空间和学习资源。统一技术标准，利用教育技术资源网格化、信息化、数字化实现区域间、国家间教育资源一体化配置，打造教育资源实践应用共同体，共享教育资源，减少人力、物力、财力的重复投入，提升教育资源利用率，有效降低教育资源浪费。

（4）形成职业教育国际化育人模式

加强跨区域、跨国育人合作交流，通过学生交流计划、访学研修、项目共研等途径深化联合育人机制。师生通过跨区域、跨国交流，在学习实践中亲身体会、感受产业特点，汲取先进知识技能，开辟学科思维，焕新职业理念。跨区域、跨国建立学校合作模式，通过引进、交换具有国际化专业背景的教师，聘请国内外知名专家，横向扩宽、纵向延伸师资力量，打造国际化、多元化育人体系。开设如全球农业、资源环境与可持续发展、世界经济等国际化课程或系列专题讲座，让学生有机会接触国际前沿行业理论与技术，以国际化视角思考、探索专业领域。

（5）"赛教融通"培养学生能力

"以赛促教"是当前各级各类院校进行教育改革的重要举措，是提升学生创新创业能力，培养创新型、技术技能型人才的重要途径。专业理论知识在教学中以教师讲授为主，学生通过教师讲解、典型案例分析、机械背诵记忆等方式掌握理论内容，缺乏理论指导实践操作的能力。专业竞赛和创新创业竞赛为学生搭建了知识运用的真实场景。通过参加专业竞赛和创新创业竞赛，学生从被动接受学习转为主动探索、获取、应用知识，自主将各学科课程融会贯通，不断完善自身知识体系，培养创新精神、独立思考能力、协作能力、实践能力。通过"赛教融通"培养学生能力的示意图如图7-10所示。

第七章
共建职业师范教育生态圈

图7-10 "赛教融通"培养学生能力的示意图

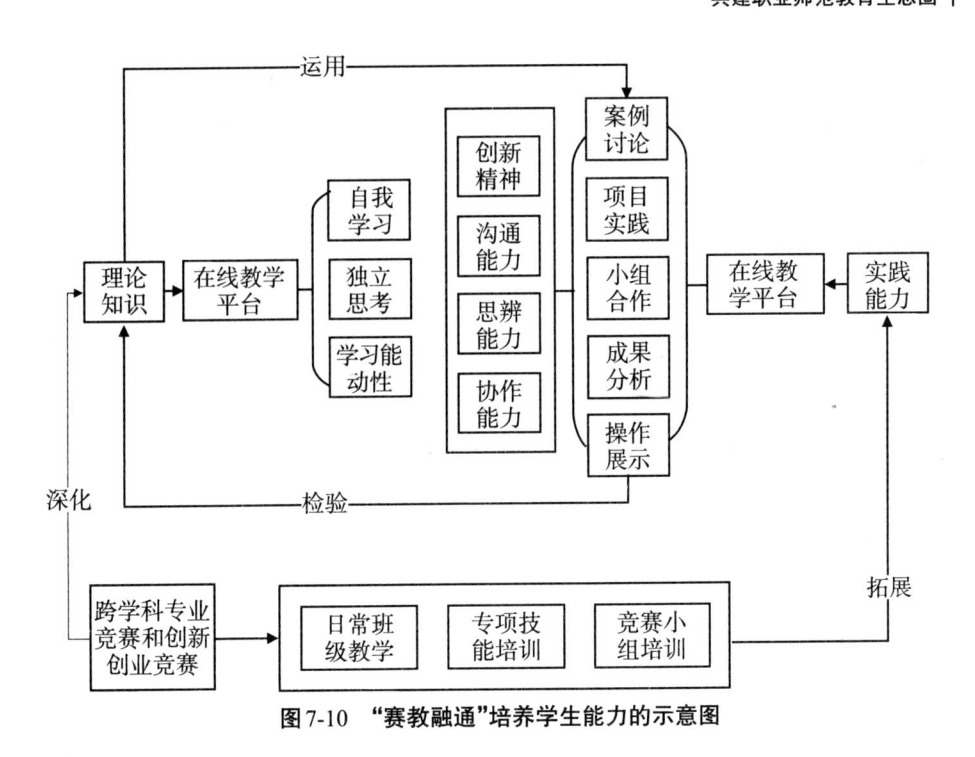

将专业竞赛和创新创业竞赛融入职业教育日常教学。转变传统教学模式，通过"线上+线下"混合式教学、翻转课堂、项目教学等形式，发挥学生学习能动性，课前学生通过专业教学资源库、在线教学平台等完成理论知识的学习，培养学生自我学习、独立获取知识信息的能力。线下教学采用案例讨论、项目实践、小组合作、学习成果分享、实践操作展示等形式，着重培养学生运用知识的能力和解决实际问题的能力。让每一位学生参与其中，教师引导学生将线上掌握的理论知识运用到线下课堂活动中，使知识内化的同时个人创新精神、沟通能力、思辨能力、合作能力均获得发展。在日常教学中融入专业竞赛和创新创业竞赛，基于课程内容，为学生安排多样化课程项目，以小组形式完成项目前期调研、资料搜集查找、撰写项目申报书与创业策划书、项目讨论完善等，培养学生创新创业能力。

以专业竞赛和创新创业竞赛培养综合能力。合格的复合型应用型人才要具备扎实的专业知识、良好的专业技能，能够胜任所学专业集群和相关领域的岗位工作。任何工种、任何岗位对人才的需求不仅仅在于专业知识和技能，更需要多元专业知识和能力的综合呈现。专业竞赛和创新创业竞赛需要学生以团队的形式参赛，基于专业竞赛和创新企业竞赛的特点，团队成员由不同专业学生组成，在备战比赛的过程中，通过紧密交流，让团队成员体会不同的专业思维方式，感受不同专业领域的魅力，主动更新知识体系，拓宽认知边界。多学科的交叉、融合、渗透，潜移默化间引导学生树立创新意识和创新思维，能够多学科和多维度认识、分析、解决问题。

"专业集群-培养线-项目组（实训项目组、竞赛项目组）"点面并进育人模式。以"日常班级教学+专项技能培训+竞赛项目小组培训"的形式满足学生个性化发展需要。围绕专业集群打造如物联网电子协会、计算机协会等学生社团，教师利用课余时间组织、引导学生进行专项技能培训，通过第二课堂进一步拓宽、深化课堂教学内容；选取相关教师科研项目让学生参与其中，拓宽专业实践渠道，将理论知识与实践开发有效融合。鼓励学生积极参与各级各类竞赛，成立项目、竞赛小组，每个小组根据学生竞赛方向和主题安排两名指导老师，对项目选题、申报书或策划书撰写、系统开发、软件测试、路演答辩等方面全程指导。

7.4.3 职业教育师资队伍建设

师资队伍是学校人才培养最关键、核心的要素，决定了学校人才培养质量和办学水平的高低，处于学校发展的战略地位。近年来，教师队伍不断扩充，从供需失衡逐渐朝供需平衡迈进，师资质量显著提升，教师年龄结构、学历结构、职称结构从金字塔形向梯形结构转变。虽然师资队伍建设取得了长足的进步，但仍存在教师来源单一化，来源渠道有待拓宽；教师培养培训对教师实质性提升较低；教师职业发展多为单一个人，较少以团队形式互补互促，或团队未能很好发挥团队效应；教师评聘标准、形式较少，难以体现教师专业化发展。

（1）多样一体化师资培训体系

转变传统在职培训群体化形式，分层（新手教师、熟练型教师、骨干教师、专家型教师）、分级（国家级、省级、地市级、校本级）、分类（公共基础课程、专业课程、实训实验课程）、分专业集群构建多样一体化师资培训体系，满足培训范围的全员覆盖和需求差异化。使教师行业任职常态化、制度化：基于学校教学需求制定教师行业任职制度，明确任职时长、考核评定、成果认定等内容。委派教师定期到行业内不同企业、不同层级岗位轮换实践，参与企业项目合作研发，明晰专业理论与技能在不同岗位、技术研发中的侧重点，感受同行业不同企业运营特点，深入了解企业对人才职业能力和职业素养的需求。在常态化行业实践中升华教师理论知识，更新教师专业技能，提升教师专业素养，积累行业经验并转化为育人经验，提升专业教学成效。

（2）多渠道师资引进

围绕学校办学需求和专业发展需要，制定针对性强、指向鲜明的学历、能力、经历、职称多维度人才引进标准与弹性政策，通过引进行业专家、教学名师、优秀教学团队、特色科研团队等形式，快速、高效提升师资队伍水平，以点及面地带动师资队伍专业素养、科研能力的全面提升，逐步形成学历层次高、从业经验丰富、教学能力突出、科研水平显著的师资队伍。聘请行业专家、一线岗位能手、知名专家学者、教学或科研成绩斐然的教授担任专、兼职教师，为学校师资队伍提供有力支撑。

（3）以团队带动师资水平提升

秉承提升教师教学、科研能力，推动专业建设、课程改革和科研产出的迭代发展，培养教学、科研领军人才的建设理念，搭建涵盖助教、讲师、副教授、教授多层次教学团队。在教学方面，专业核心课程集体备课，统一要求教案撰写和课件制作质量，教学方法与教学模式统一设计指导。形成团队日常听课制度，安排团队中教学经验丰富的教师每周随机听取青年教师课堂授课，使青年教师及时改进授课中存在的不足，帮助青年教师有效提升教学能力、形成个人教学风格。鼓励青年教师积极参与各类教师教学技能大赛，团队集体备战，从确定参赛内容、选择教学素材、设计教学方法、撰写教案、制作教学课件到教学节奏的把握、语言的表述等，全方位全员全程参与。借助参赛培训的打磨，夯实青年教师教学基本功。跨专业组建教师团队，我校高水平创新团队成员有物联网信息技术、电子信息技术、人工智能、计算机网络技术、教育技术、物流管理、工商管理、教育学、会计电算化等多样化专业背景教师组成。团队成员立足于产业发展需求，在团队共同研究的项目基础上，从自身专业发展出发，开展多维度研究，形成团队系列研究成果。

（4）共享优秀育人资源

当前，师资共享程度普遍较低，全球教师资源整体不足的同时，也存在部分学校教师资源利用率较低的现象。打破资源共享壁垒，跨校、跨区域、跨国打造师资共享圈。了解当地经济发展趋势、国家产业结构和人才需求、区域支柱产业和新技术需求，实现"双赢"，使中国高职院校成为其他国家发展不可或缺的推动力。因此，专业院校人才培养的跨境合作可以在建设自身优势专业集群的基础上，设立专业，设计培训项目，探究与各方利益相对应的国际教育资源协作共享方式，科学传输中国教育力求服务世界贸易的观念，发挥中国职业教育国际品牌效应。将国际协作项目作为交流平台，引入国际的优质教育培训资源，协同实施专业设置、学分相互认定、师生出国交流培训，举办国际职业培训会议，搭建世界专业竞赛和全球培训基地，建立应用型双语课程，衍变成具有中国特色的本土化系统课程、教案、人才培育模式和学科建设标准。制定标准化师资共享制度，对跨校进行教学、科研工作的教师的授课课时、教学质量、参与项目研究、教学科研成果、指导学生情况、获奖情况等形成统一规范，明确教师和学校的权利、义务。鼓励教师在完成所在学校工作任务的同时，在其他学校兼职，通过授课、专题讲座、专业培训等形式，缓解教师资源的紧缺。各学校以建设主体身份积极参与教学联盟平台的建设，借助互联网、人工智能、虚拟仿真的技术，实现远程同步教学和师生实时交流；教师一门课程的讲授，不同学校、相似教学层次的学生可同时观看，以线上形式参与教学，有效提升教学效率。

7.5 广西"特高"引领多形式合作办学创新服务

广西充分发挥与东盟各国文化相近、地缘相邻的独特优势，通过跨国、跨区域联动，打造具有广西特色的职业教育国际化合作特色品牌，构建产业、教育、智库三位一体融合平台，建成立足广西、面向东盟、服务共建"一带一路"的职业教育对外开放合作创新高地。

打造"技术+语言"教学特色留学生育人模式。"岗课赛证"融通，重构专业集群，将语言教育与专业技术技能教育有机融合，打造"技术+语言"留学生教学模式。第一学年学生完成汉语的基础学习，将民族文化、中国传统文化融入汉语文化实践活动课程中，通过剪纸、陶艺、传统手工艺、舞狮等激发学生学习兴趣；走出课堂参加各类国际赛事，强化文化交流，引导学生主动参与汉语文化实践活动，培养基本汉语言能力；第二学年，学生进入专业课程学习，通过各类专业技能竞赛夯实专业知识和技术技能；第三学年，学生进入企业实习实践，综合运用、强化语言与专业知识技能。

"特高"引领形成国际化课程教学标准。跨国带动共建"一带一路"国家职业教育，贡献中国职业教育力量。如，南宁职业技术学院与老挝巴巴萨技术学院签订协议，在专业集群建设、课程开发、师资培养等方面展开深层次交流与合作，成立师资培训班，围绕职业教育育人理念、人才培养规格与目标、专业集群建设、课程体系构建、专业教材、产教融合开发等内容全方位多维度培训；通过师资互派、跟岗实践、培训交流、线上教学等形式，以点带面，切实帮助师资力量薄弱学校提升师资素质素养。引入并融合职业教育国际标准，建设与国际接轨的教学管理体系和质量监控体系，创新构建"岗课赛证"相融相通的来华留学生课程体系，实现校内生产性实践教学模式和工学交替社会实践模式新突破。共同开发、制定国际化育人标准，构建以支柱型产业、特色产业真实岗位为载体的专业课程体系，共建共享专业课程资源库，实现双主体办学、双体系建设、双导师引导、双身份学习、多元化评价。截至目前，南宁职业技术学院已经为老挝建设教学标准、课程标准达21项，共建6项专业教学标准，以及"室内设计手绘表现技法""酒店市场营销""跨境电商网店运营基础"等15门课程的课程标准。

跨国、跨区域深入合作交流。联合东盟国家高校、行业企业，在广西高校建设10个左右中国—东盟技术创新学院，在东盟国家共建10个左右中国—东盟现代工匠学院；建设中国—东盟生产教育发展智库，创办《中国—东盟职业教育研究》学术期刊；在中国—东盟博览会框架下，部区共建升级中国—东盟职业教育联展暨论坛。开展院校交流合作，共同开发课程项目，引进国际资格证书课程与学校专业课程相融合。学生通过课程学习积累专业知识、能力的同时，亦能通过考核获得国际资格证书。依托孵化基地探索工学结合、商学交替的产教深度融合模式，培养适应产业发展需求的以数字创业为导向的创新创业型人才。

多形式合作办学模式如图7-11所示。

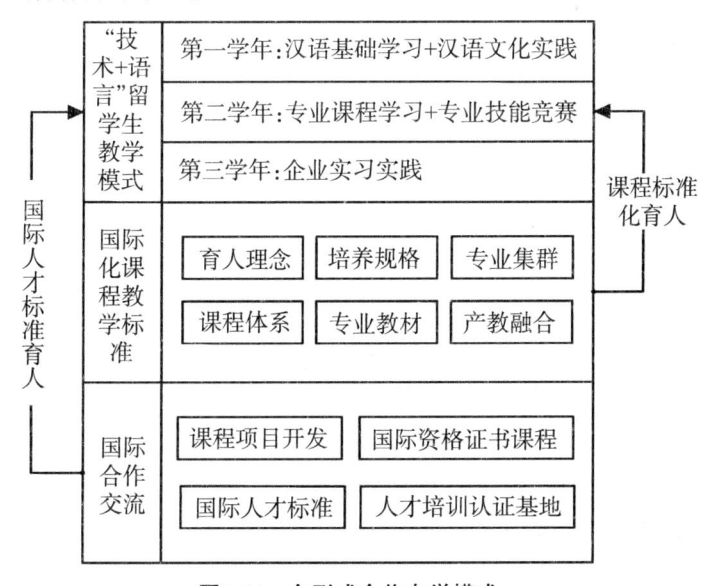

图7-11 多形式合作办学模式

7.6 实践案例

7.6.1 国际化协同育人机制

北京师范大学扎根中国大地，在彰显中国育人特色的同时，不断推进国际化教学，重视具有国际胜任力的复合型人才培养。多维度、多渠道满足学生多样化发展需求，培养具有扎实专业知识、文理思维、国际化视野、独立思考能力和创新精神，能够从事教学、科研、管理等适应社会发展和多方面需求的高素质精英人才。搭建跨国、跨区域育人平台，开展多种形式人才交流、联合育人活动，通过多学科交融发展，创新人才培养。

（1）国际化育人举措（如图7-12所示）

①"三自主"人才培养模式

构建学生自主选择专业、自主选择课程、自主构建培养计划的"三自主"人才培养模式。实行新生全员导师制，由教授、副教授等担任导师，为每一位新生安排专业导师就专业学习、日常生活进行一对一指导，引导学生了解专业内容和发展前景、适应和熟悉学校生活、融入专业学习中。学生完成两年公共课和基础专业课程的学习后，自主选择心仪的专业继续学业。不设置转专业门槛，大一、大二学生均可提出转专业申请，通过相关学院考核即可转专业，为学生铺设尽可能帮助他们实现个人发展需求的多元专业路径。

重视小班化教学，鼓励教师创新教学方式，强调教学活动中师生的互动，在传承创新专业知识技能的同时提升学生素质素养与社会核心能力。全校80%以上的课程教学班级人数均控制在60人以内，50%以上的课程教学班级人数控制在30人以内。小班化教学有利于师生课堂互动，使绝大多数的学生都有参与课堂活动的机会，有效拓宽师生交流空间，有利于教师了解学生学习情况、学习倾向，为学生提供有针对性的学习建议。

跨专业辅修双学位制度，学生在主修本专业的同时，可根据自身需求跨专业、跨院系辅修双学位课程。设置自由选修学分，学生可根据兴趣爱好、发展规划跨年级、跨专业选择各类课程。面向本科生开设高层次拓展课程，将部分研究生阶段的基础课程向本科生开放，满足有进一步深化拓展学习的学生的需求。平均每年有20%的毕业生获得辅修证书。

细化通识教育课程，强化理想信念、家国情怀、社会主义核心价值观、公民责任与义务、社会发展、国际化视角、历史文化传承、人类文明、审美

第七章
共建职业师范教育生态圈

教育等育人内容。通识课程分为基础通识课程和拓展通识课程，基础通识课程为各学科引导课程和专业入门课程，是各院系重点建设的优质通识课程，目的在于激发学生对专业的兴趣与热爱、开阔专业视野、夯实专业基础。基础通识课程面向学科大类专业大一学生开发，面向全校其他专业的大二及以上年级学生开放。拓展通识课程以选修课程为主，要求学生具备一定的课程基础，从大二开始向学生开放。

②国际化培养格局

结合当下人工智能、大数据等新兴技术，聚焦可持续与创新发展领域，打破传统单一学科人才培养模式，建立国内、国外合作，学校、企业协同的多样化新型人才培养体系。建立了成熟的海外交流机制，结合联合培养、外派交流、外专课程、平台学习与实践等形式，使越来越多的学生能够有机会出国深造，逐步推进国际学习和交流，使学生获得国际联合培养资格、在读期间出国参加学术交流与国际会议等活动等赴境外交流学习的机会逐年增加。除了学期交换，每个寒暑假派出大量学生进行短期出境交流，交流院校遍及美国、加拿大、英国、德国等多个国家及港台地区。与亚洲、美洲、欧洲、澳洲等多所国外大学开展多样化实质性人才培养，与国外一流大学、一流学科、一流教科研团队联合搭建育人平台，共建联合育人课程群，共同设计、实施人才培养计划，通过交换生、短期培训、专业实习、访问学者、项目共研、联合培养等形式深化人才交流，学生可自主选择国际交流形式。开设大量国际前沿知识技术专题讲座、国际交流论坛，拓宽学生学术视野，在多元文化、世界优秀大学育人环境中让思维与研究连接国际发展。

③交叉学科育人机制

打破学科壁垒，立足全球行业发展趋势和新兴技术，开设交叉学科专业，搭建优质跨学科产学研平台，加强学科之间的交流融合，以学科交叉带动多学科的全面发展。为实现复合型人才培养，北京师范大学鼓励学生多学科、多专业学习交流，让文科类学生接触人工智能、物联网等信息技术，让理科类学生了解文学、哲学、心理学，激发学生对知识、对世界的探索热情，培养终身学习的能力与习惯。开辟特色研究领域，以创新驱动研究，鼓励学生积极参与校级、省级、国家级科研项目。具备跨学科思维、国际化视野的同时，不断提升学生家国情怀，为祖国繁荣发展贡献力量。

④本研博一体化培养

创新本硕博一体化人才衔接培养模式，深化课程改革打造本硕博相互衔接、逐级递进的丰富立体课程体系。在课程设置中，以突出通识与方法、深化专业特色为追求，由公共必修课、学位基础课、学位专业课、专业方向课及社会实践等必修环节组成立体和纵深的课程体系，力求在视野与方法、宽度与深度上实现最佳配置。依托国家基础学科拔尖学生培养基地，完善学科学术型人才培养，跨学科、跨校、跨国协同育人，建立公共必修方法课程群、一级学科方法课程群。

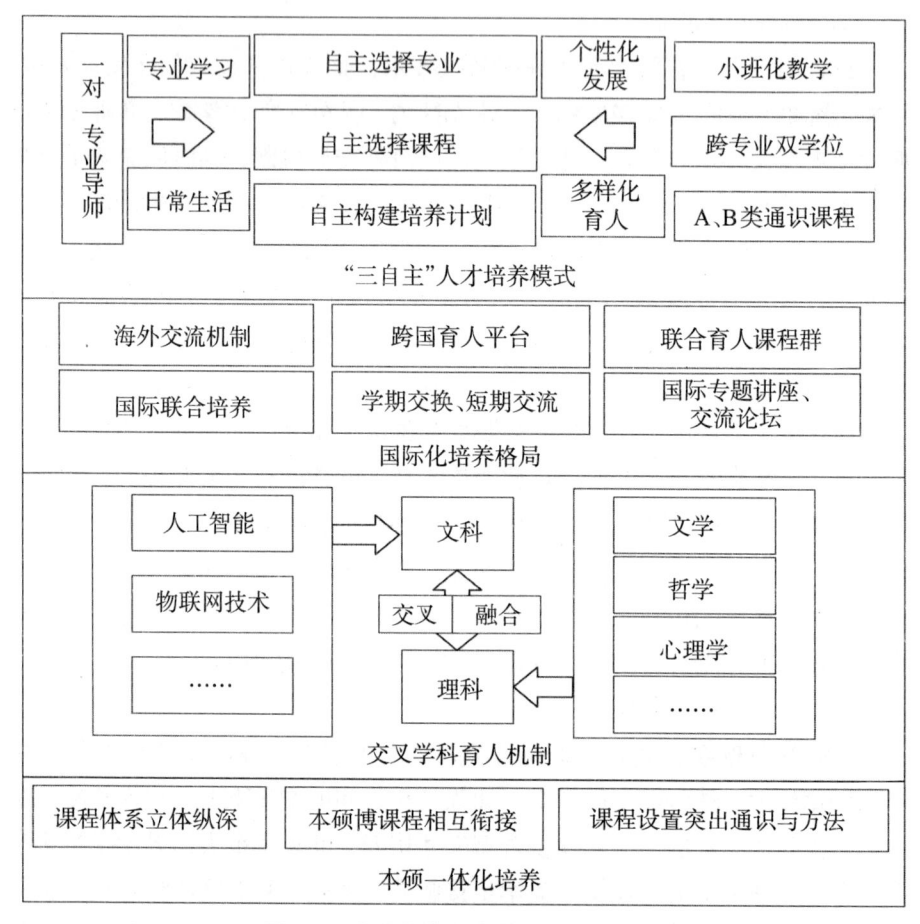

图7-12 北京师范大学国际化育人举措

（2）培养成效与借鉴

北京师范大学着力提升学生国际化水平，培养具有国际视野和国际化专业素养的复合型人才，全程、全员、全域、多层次、多类型协同育人，有效拓宽学生就业领域、增强就业优势。近年来，学生在教育、信息技术、医疗卫生、社会工作等应用性领域就业人数不断增加。学生科研实训成果显著，在国际遗传工程机器大赛、国际大学生程序设计竞赛、大学生数学建模竞赛等诸多国内外竞赛中获奖。

北京师范大学通过"三自主"培养模式为学生创设自主选择专业、自主选择课程、自主制订个人培养计划、自主选择专业导师等多维度、个性化育人环境，有效发挥学生主体性、能动性、创造性。交叉学科育人机制，打破文理学科、专业壁垒，让文科专业学生具备理性思维能力，让理科专业学生具备人文素养，实现复合型人才培养。在育人过程中注重人才国际化能力培养，通过与国外知名大学联合培养、交换学生、项目共研、短期交流等形式为学生创设多样化国际交流渠道，全面实现学生国际化交流，拓宽学生视野。面向一级学科设置交叉学科课程群，有效解决知识广度与深度问题，助力学生多元化发展，通过递进式课程模式，满足不同层次人才个性化培养需求。打造本硕博一体化人才培养体系，课程有效衔接，贯通人才培养体系路径。

7.6.2 新时代的国际化人才培养模式

北京理工大学立足多层次、多样化人才培养，对标国际化人才需求，持续深入改革育人模式。以跨校跨国形式培养多样化人才、跨学科融合专业课程重构课程体系、多学科共享课程群、竞赛驱动、"一对一"师生共促培养机制等多项举措，打造人才培养新生态。

（1）国际化人才培养措施（如图7-13所示）

①多样化国际人才培养

开设双学位，鼓励学生通过双学位项目跨学科、跨专业发展，与海外大学共建"2+2"双学位培养模式。注重人才培养与国际化接轨，选择部分专业开设全英文授课班级。选修课全面多样，涵盖艺术、军事、自然科学、行业前沿科技、文学等领域，同时与多所学校结成12校联合体，各学校间实行课程互选、学分互认转换机制。依托优势学科、一流学科和国家级一流专业，实行精工人才、特色人才、拔尖创新人才等多元人才培养。与58个国家、几百所大学签订校级合作协议，不断拓宽学生出国交流渠道。

②强协同、强智慧"双创"育人模式

坚持立德树人，育人全程融入智慧教育理念、技术和方法。将课程思政与学科建设、专业革新、教育教学、科学研究紧密融合，跨学院、跨学科、

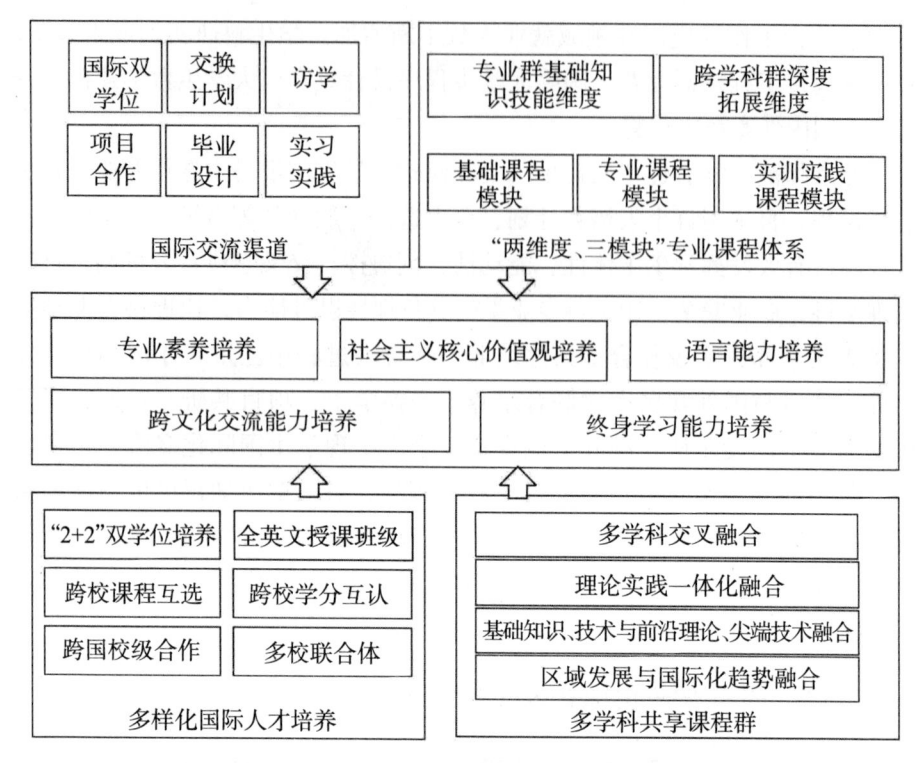

图7-13 北京理工大学国际化人才培养措施

跨专业实现学科发展、教学科研、产教协同等多元协同。整合优质资源聚焦拔尖创新型人才培养，成立徐特立学院、未来精工技术学院等人才培养特区，系统推进专业大类化、培养个性化等人才培养创新举措。跨学科、融合专业群课程，重构"两维度、三模块"专业课程体系结构："两维度"为专业群基础知识技能维度与跨学科群深度拓展维度；"三模块"为基础课程模块、专业课程模块和实训实践课程模块。通过"两维度"和"三模块"的不同组合模式，满足各级、各类人才培养需求。

③打造多学科共享课程群

对标国际化人才培养标准，通过多学科交叉融合，理论实践一体化融合，基础知识、技术与前沿理论、尖端技术融合，区域发展与国际化趋势融合等多维度融合，打造多学科共享课程群。课程群均涵盖专业素养培养、核心价值观培养、语言能力培养、跨文化交流能力培养、终身学习能力培养。对研究型课程全面改造升级，选取"小、精、专"研创项目、校企前沿探索项目，搭建"一对一"个性化培养机制，以师生双选、双层导师全程跟进、

第七章
共建职业师范教育生态圈

项目制学习形式，强化学术引导、学业指导，打破学科壁垒，有效实现基础性系统知识供给侧革新。智慧教育赋能人才培养，搭建智慧育人平台，面向联盟高校、大学城高校开放精品课程，共享优质教育资源。

④构建创新人才培养链

强化学术创新意识，深化创新创业教育，构建融合专业、课程、平台的"三融合"创新人才培养链。将系列重要科研成果融入创新创业课程，将多个国家科技一等奖项目创新点融入创新创业教材，整合政、校、企等多方资源，成立创客中心，为各类学科、创新创业竞赛提供场地、实验实训仪器设备、校企指导教师、经费支持、竞赛奖励等全面保障，营造科技创新氛围，鼓励学生全员积极参与竞赛。开展国际化视野人才培养，跨区域、跨国共建大学，学校与70多个国家300多所高校共同签订育人协议，与国外100多所高校共同开设学生交换项目，通过学期交换、寒暑假短期交流、项目合作共研、国际论坛讲座等形式开展多样化合作育人。

对不同年级学生开展阶梯递进式竞赛项目培训，确保人才培养不断层。从大一开始进行竞赛宣传，围绕各类学科竞赛、创新创业竞赛宗旨，整合竞赛能力需求，对学生进行核心能力的培养，提升竞赛能力，激发竞赛热情，为竞赛储备人才；面向大二、大三学生开展多种竞赛专题培训和实践实训，学生自主选择竞赛项目参与其中，培养竞赛骨干；大三学生为竞赛主力，针对性开展竞赛实战演练，以竞赛为纽带联结各年级学生，实现创新人才培养的连续性、延续性。不同专业的学生在参与竞赛过程中获得了知识面的拓展和综合能力的全方位提升。

（2）培养成效及借鉴

北京理工大学育人成果丰硕，"十三五"期间获国家级教学成果奖6项，获全国优秀教材奖7项，获批国家级一流课程39门，新增北京市教学名师20人，研究生获全国学会优秀学位论文96篇；获批建设国家级双创示范基地，累计获中国国际"互联网+"大学生创新创业大赛总冠军2次、金奖22项，累计获"挑战杯"全国大学生课外学术科技作品竞赛特等奖7项、一等奖17项，累计获"挑战杯"中国大学生创业计划竞赛金奖13项。

北京理工大学与多所大学合作，集结学校优势专业和办学资源，搭建协同育人平台，构筑协同育人新范式，创新开展具有明显特色和亮点的联合学士学位项目，为学生个性化、多元化发展搭建跨学科、跨校学习桥梁，培养厚基础、重实践、强能力，兼具国际胜任力和家国情怀的新时代战略性复合型人才。每年组织各类出国交流项目150多个，每年有30%以上的学生出国参加多样化学生交流活动。获批多项国家留学基金优秀本科生国际交流项目，多名学生获得国家资助。

思政引领师生共同成长。以价值观、知识观、能力观为纽带，以报效祖国、服务人民为共同人生使命，搭建学生成长与教师成才协同发展新途径。建立"师–师""师–生"导师制，为青年教师、学生个性化发展提供有力支撑。师生协同，教师指导学生教学和科技创新，学生参与各类竞赛和教师科研项目，激发"团队—成果—育人"双向发展。北京理工大学在多项国内外学科竞赛、创新创业大赛中名列前茅，在卫星发射、仿人工机器人研究、无人机通信、固液界面等多个研究领域取得重要进展。

北京理工大学注重培养具有国际视野多样化复合型人才，打破学校壁垒、学科壁垒，跨校、跨国共育人才，为学生创设涵盖艺术、军事、自然科学、行业前沿科技、文学等领域的国际化课程。发挥优势专业、高水平教师团队引领作用，共享共建优势资源，通过跨专业、跨学科、跨校、跨区域、跨国进行教学联动及骨干教师交流示范提升师资水平。打造多学科共享课程群，强调专业素养培养、社会主义核心价值观培养、语言能力培养、跨文化交流能力培养、终身学习能力培养。依托多样化学分互认、联合学位培养、学生分层跨校学习、师生国际交流等途径拓宽国际化人才培养路径。通过师生互选、"一对一"人才培养，教师对学生进行差异化学业指导，学生深入参与教师教学科研活动，提升专业素养与实践能力。组织阶梯式竞赛培训，实现竞赛全员参与、全方位覆盖。

参 考 文 献

[1] 邵云飞,何伟,刘磊. 高校协同创新机制与人才培养模式研究[M]. 北京:清华大学出版社,2015.

[2] 于伟. 我国欠发达地区农村职业教育问题研究[M]. 长春:东北师范大学出版社,2015.

[3] 联合国教科文组织. 反思教育:向"全球共同利益"的理念转变[M]. 联合国教科文组织总部中文科,译. 北京:教育科学出版社,2017.

[4] 张诗亚. 民族地区教育优先发展研究[M]. 北京:经济科学出版社,2014.

[5] 李韧. 自适应学习:人工智能时代的教育革命[M]. 北京:清华大学出版社,2019.

[6] 奥恩. 教育的未来:人工智能时代的教育变革[M]. 李海燕,王秦辉,译. 北京:机械工业出版社,2018.

[7] 卡尔. 玻璃笼子:自动化时代和我们的未来[M]. 杨柳,译. 北京:中信出版社,2015.

[8] 陈玉琨,代蕊华,杨晓江,等. 高等教育质量保障体系概论[M]. 北京:北京师范大学出版社,2004.

[9] 张屹,周平红,范福兰,等. 教育技术学研究方法[M]. 北京:北京大学出版社,2013.

[10] 陈玉琨. 课程改革与课程评价[M]. 北京:教育科学出版社,2001.

[11] 李仁涵. 智能时代高等教育模式研究[M]. 上海:上海大学出版社,2019.

[12] 陈时见. 教师教育一体化改革与体制创新[M]. 重庆:西南师范大学出版社,2017.

[13] 杜才平. 地方性本科高校专业结构调整与人才培养[M]. 重庆:西南师范大学出版社,2013.

[14] 皮克林. 作为实践和文化的科学[M]. 柯文,伊梅,译. 北京:中国人民大学出版社,2006.

[15] 布迪厄. 实践感[M]. 蒋梓骅,译. 南京:译林出版社,2009.

[16] 孟庆国,曹晔,杨大伟.中国职业技术师范教育史[M].北京:教育科学出版社,2016.

[17] 叶澜.教师角色与教师发展新探[M].北京:教育科学出版社,2001.

[18] 钟启泉,高文,赵中建.多维视角下的教育理论与思潮[M].北京:教育科学出版社,2004.

[19] 周光明,李远蓉,黄梅.新教师教育课程体系建构[M].北京:科学出版社,2014.

[20] 付守永.新工匠精神:人工智能挑战下如何成为稀缺人才[M].北京:机械工业出版社,2018.

[21] 何克抗.信息技术与课程深层次整合理论[M].北京:北京师范大学出版社,2008.

[22] 葛洛曼,劳耐尔.国际视野下的职业教育师资培养[M].石伟平,译.北京:外语教学与研究出版社,2011.

[23] 赛尔登,阿比多耶.第四次教育革命:人工智能如何改变教育[M].吕晓志,译.北京:机械工业出版社,2019.

[24] 胡中峰.教育评价学[M].北京:中国人民大学出版社,2013.

[25] 丁晓昌.高等教育质量保障体系研究[M].南京:江苏教育出版社,2008.

[26] 何克抗,李克东.教育技术学研究方法[M].北京:北京师范大学出版社,2003.

[27] 韩桂凤.现代教学论[M].北京:北京体育大学出版社,2003.

[28] 周志刚.职业教育质量评价体系研究[M].北京:经济科学出版社,2018.

[29] 卢奇.人工智能(第2版)[M].林赐,译.北京:人民邮电出版社,2018.

[30] 国家中长期教育改革和发展规划纲要(2010—2020年)[M].北京:人民出版社,2010.

[31] 陈祝林,徐朔,王建初.职教师资培养的国际比较[M].上海:同济大学出版社,2004.

[32] 艾斯纳.教育想象——学校课程设计与评价[M].李雁冰,译.北京:教育科学出版社,2008.

[33] 匡瑛.比较高等职业教育:发展与变革[M].上海:上海教育出版社,2006.

[34] 教育部教师工作司.教师教育课程标准(试行)解读[M].北京:北京师范大学出版社,2013.

[35] 刘育峰.面向世界的职业教育新探索[M].北京:北京理工大学出版社,2009.

[36] 程良宏.教育变革中的教师发展路径与逻辑[M].西安:陕西师范大学出版社,2018.

[37] 葛洛曼.国际视野下的职业教育师资培养[M].石伟平,译.北京:外语教学与研究出版社,2011.

[38] 陈祝林,徐朔,王建初.职教师资培养的国际比较[M].上海:同济大学出版社,2004.

[39] 徐梦文.产教融合视域下高职院校专业群建设研究[D].南宁:南宁师范大学,2020.

[40] 喻晶晶.英国"三段融合"高职教师培养模式研究[D].桂林:广西师范大学,2020.

[41] 方桂霞.不同层次师范类院校体育教育专业教师教育类课程设置研究[D].武汉:华中师范大学,2020.

[42] 徐撒撒.教师学习理论视角下教师教育课程设计研究[D].上海:上海师范大学,2020.

[43] 程宇.中国职业教育与经济发展互动效应研究[D].长春:吉林大学.2020.

[44] 许朝山.地方产业转型升级背景下高职院校专业设置及优化机制研究[D].合肥:中国科学技术大学.2020.

[45] 张豆豆.我国护士教练培训课程内容的初步构建研究[D].太原:山西医科大学,2021.

[46] 陈沛酉.从就业导向到生涯导向:高等职业院校组织转型研究[D].天津:天津大学.2019(01)

[47] 刘晓莉.高职院校学生就业质量问题及对策研究[D].天津:天津大学.2018.

[48] 杨昆昆.产出导向下高师院校教师教育课程评价改革研究——以D大学为例[D].长春:东北师范大学,2021.

[49] 李薪茹.面向产业需求的我国高职院校专业结构调整研究——以人工智能(类)专业为例[D].天津:天津大学.2020.

[50] 教育部财政部关于实施国家示范性高等职业院校建设计划加快高等职业教育改革与发展的意见[J].中国职业技术教育,2006(35):5-6+18.

[51] 孙爱娟.职教领域虚拟仿真教学资源建设与应用探析[J].中国电化教育,2012(11):109-112.

[52] 李冰.移动学习和高校教学的融合认识[J].信息与电脑(理论版),2018(2):234-236.

[53] 焦小英.应用型高校人才培养方案的理念与框架设计[J].大学教育,2016(5):10-12.

[54] 王静.基于智慧教育云平台的区域教育资源共享建设研究[J].教育现代化,2018(22):119-121+149.

[55] 康叶钦.在线教育的"后MOOC时代"——SPOC解析[J].清华大学教育研究,2014,35(1):85-93.

[56] 姜大源,董刚,胡正明,等.中国特色高水平高职院校建设(笔谈)[J].中国高教研究,2018(6):98-102.

[57] 周建松.高水平高职学校建设的理念与思路研究[J].职教论坛,2018(1):6-10.

[58] 黎加厚.极简教育技术在基础教育领域的兴起[J].中国电化教育,2019,(2):6-9.

[59] 沈宏兴.教育信息化2.0时代高校教育技术工作创新与实践[J].实验室研究与探索,2019,38(6):128-132.

[60] 潘海生.中国特色高水平专业群建设的核心任务与建设路径[J].大学教育科学,2020(1):116-119.

[61] 王兴,陈长英.新时期特色高水平职业院校建设的若干关键问题研究[J].中国职业技术教育,2019(13)5-11.

[62] 张红.高职院校高水平专业群建设路径选择[J].中国高教研究,2019(6):105-108.

[63] 朱厚望,龚添妙.我国高职院校一流专业群建设的发展轨迹与推进策略[J].教育与职业,2018(21):47-51.

[64] 罗三桂.高职院校特色专业群建设路径选择[J].中国职业技术教育,2018(28):71-75.

[65] 张栋科,闫广芬.高职专业群建设:政策、框架与展望[J].职业技术教育,2017,38(28):38-43.

[66] 吴升刚,郭庆志.高职专业群建设的基本内涵与重点任务[J].现代教育管理,2019(6):101-105.

[67] 徐国庆.智能化时代职业教育人才培养模式的根本转型[J].教育研究,2016,37(3):72-78.

[68] 郝天聪,石伟平.职前阶段我国高技能人才培养的误区及路径新探——基于高技能人才成长的视角[J].河北师范大学学报(教育科学版),2017,19(6):67-72.

[69] 张剑.基于高素质技术技能人才培养目标的高职课程考核困境与出路[J].教育与职业,2020(15):92-97.

[70] 马绪鹏,周京,李扬.高职院校校企合作体制下精准化人才培养反馈机制的构建[J].模具工业,2020(6):74-79.

[71] 张祺午.服务"中国制造2025"培养高素质技术技能型人才[J].中国高等教育,2018(22):63-65.

[72] 张海燕,王傲冰."一体三面":高职教育人才培养逻辑建构与实施路径[J].教育与职业,2019(22):5-11.

[73] 秦华伟,陈光."双高计划"实施背景下"三教"改革[J].中国职业技术教育,2019(33):35-38.

[74] 丁金昌,陈宇.高职院校"双高计划"建设问题与路径选择[J].中国职业技术教育,2020(19):60-65.

[75] 陈本锋."双高计划"背景下的高职院校建设研究[J].职教通讯,2020(8):9-15.

[76] 李梦卿,邢晓."双高计划"背景下高职院校专业建设的路径[J].高等教育研究,2020,41(5):72-79.

[77] 杨勇,商译彤."双高计划"下高职教育高质量发展的逻辑、向度与路径[J].职业技术教育,2020(16):6-11.

[78] 周建松.基于双高视阈的高素质技术技能人才培养思路研究[J].职教论坛,2020(3):62-68.

[79] 周建松.以"双高计划"引领高职教育高质量发展的思考[J].现代教育管理,2019(9):91-95.

[80] 马成荣;孙杨."双高计划"视域下高职院校专业结构优化调整的路径与策略[J].职业技术教育,2019,40(24):12-17.

[81] 郭天平,陈友力."双高计划"建设视域下高水平教师队伍分类管理培育机制研究[J].现代教育管理,2019(8):66-70.

[82] 许景润.校企合作视角下高职院校师资队伍建设的路径[J].智库时代,2019(39):110+118.

[83] 徐国庆."双高计划"高职院校建设应主要面向高职教育发展的重难点[J].职教发展研究,2020(1):1-7.

[84] 匡瑛."双高计划"背景下高职高等性意涵及其实现[J].高等工程教育研究,2020(1):148-152.

[85] 潘海生,周柯,王佳昕."双高计划"背景下高职院校战略定位与建设逻辑[J].高等工程教育研究,2020(1):142-147.

[86] 任君庆,胡晓霞.打造高水平双师队伍高质量实施"双高"建设[J].职教论坛,2019(4):30-32.

[87] 钟世潋.论习近平系列讲话与职业教育发展[J].职业技术教育,2017(16):8-12.

[88] 汪忠明.深化"三教"改革提升技术技能人才培养质量[J].中国职业技术教育,2019(7):108-110.

[89] 井文,匡瑛.五大发展理念引领下我国职业教育现代化建设研究[J].教育与职业,2019(1):5-10.

[90] 母中旭.新发展理念下西部欠发达地区优质高职院校建设探究[J].教育与职业,2017(15):47-52.

[91] 辛宪章,许峰,张岩松.新发展理念引领下完善职业教育和培训体系的高职定位与策略[J].教育与职业,2021(1):44-49.

[92] 王磊.提高教师专业发展模式的探究——以校本培训为例[J].中国多媒体与网络教学学报(中旬刊),2020(7):62-63.

[93] 范双喜,杨永杰,李凌.乡村振兴战略背景下农业职业教育角色定位研究[J].北京农业职业学院学报,2022,36(1):5-11.

[94] 孙静.新发展理念下高职学生绿色创业教育实证研究[J].商业文化,2021(5):48-49.

[95] 刘晓.高职学校高水平专业群建设:组群逻辑与行动方略[J].中国高教研究,2020(6):104-108.

[96] 林克松,许丽丽.课程秩序重构:高职高水平专业群建设的逻辑、架构与机制[J].高等工程教育研究,2019(6):125-131.

[97] 楼世洲,岑建.产教融合视角下高职院校"双师型"教师团队建设的创新机制[J].职业技术教育,2020,41(3):7-11.

[98] 张弋.基于专业群建设的高职英语教师专业学习共同体构建研究[J].湖北函授大学学报,2016,29(1):177-178+190.

[99] 田静,石伟平.走向共生:高职专业群课程体系的问题反思与重构路径[J].职业技术教育,2020,41(20):45-49.

[100] 刘晶晶,和震."双高计划"背景下高等职业教育的建设预期与推进策略[J].现代教育管理,2020(1):115-122.

[101] 左和平."三性统一"和"三新"融入:职业技术师范教育的重构[J].职教论坛,2006(6):95-99.

[102] 徐芳、陶宇.欧美职教"双师型"教师培养的成效、经验及启示[J].教育与职业,2021(9):68-75.

[103] 于杨、薄依萍.德国职业学院教师培养模式的发展历程及其主要特征[J].外国教育研究,2021(12):86-98.

[104] 徐惠强.英国职业教育教师培养研究[J].宁波职业技术学院学报,2021(5):67-76.

[105] 张亚兰.英国《职业教育教师培训》的内容、特征及其启示[J].职业教育研究,2016(2):86-91.

[106] 喻超凤.英国职前教师培训对我国的启示——基于《对早期职业教师的入职培训》的分析[J].武汉职业技术学院学报,2022(3):49-54.

[107] 孙颖超、蓝欣.美国职业教育教师培养模式及对我国的启示[J].河北职业教育,2018(1):88-91.

[108] 何静.美国明尼苏达州职业教育教师资格认证制度浅探[J].文教资料,2020(35):173-175.

[109] 党涵.澳大利亚职教师资培养培训的经验与启示[J].职业核心教育,2012(12):76-77.

[110] 李海.英、美、德、澳职业院校双师型教师胜任力要求比较分析[J].职教通讯,2017(34):23-29.

[111] 邹菁.德国的职业教师培养体系及启示[J].中国成人教育,2018(16):113-115.

[112] 杨大伟.民国时期职业师范教育制度的演进[J].职教史话,2015(7):93-96.

[113] 沈中彦.中国式职业教育现代化的演进逻辑、基本经验与时代特征[J].职业技术教育,2023(1):14-20.

[114] 来文静,路宝利.职业技术师范教育的百年演进与历史经验[J].上海第二工业大学学报,2023(3):82-88.

[115] 周明星.中国职业技术师范教育论纲[J].河北师范大学学报(教育科学版),2013(7):72-76.

[116] 王文辉.自适应学习系统的开发与实践[J].现代教学,2019(5):21-23.

[117] 马慧华.语文教学拓展设计策略[J].现代教学,2019(5):34-35.

[118] 杨现民,李新,吴焕庆,等.区块链技术在教育领域的应用模式与现实挑战[J].现代远程教育研究,2017(3):34-45.

[119] 周彧.区块链撬动各领域变革[J].科学新闻,2018(2):26-31.

[120] 周继平,陈虹,叶正茂.基于区块链的教育资源共享平台开发及在学分银行建设中的应用[J].中国职业技术教育,2020(10):41-47.

[121] 苟建华,董华英.基于专业群理念的经管类专业实践教学问题的改革探讨[J].无锡商业职业技术学院学报,2010(8):70-73.

[122] 王春阳.新文科建设背景下师范院校中文专业卓越教师培养策略研究[J].南阳师范学院学报,2022(9):51-55.

[123] 李青,王涛.MOOC:一种基于连通主义的巨型开放课程模式[J].中国远程教育,2012(3):30-36.

[124] 曾明星,周清平,蔡国民,等.基于MOOC的翻转课堂教学模式研究[J].中国电化教育,2015(4):102-108.

[125] 李娟.我国高校整合优质开放学习资源的问题与对策[J].信阳师范学院学报(哲学社会科学版),2016(7):81-84.

[126] 奚振海,梁乾胜.我区2023年职业教育活动周启动[N].广西日报,2023-05-19(4).

[127] 奚振海.技能让生活更美好——广西2023年职业教育活动周见闻[N].广西日报,2023-05-24(7).

[128] 国务院.关于加快发展现代职业教育的决定[EB/OL].(2014-06-22)[2023-06-02].https://www.gov.cn/zhengce/content/2014/06/22/content_8901.htm.

[129] 教育部,国家发展改革委,财政部,等.现代职业教育体系建设规划[EB/OL].(2014-06-16)[2023-06-02].https://www.kfu.edu.cn/cjxyx/info/1128/1564.htm.

[130] 教育部.关于深化职业教育教学改革全面提高人才培养质量的若干意见[EB/OL].(2015-07-29)[2023-06-08].http://www.moe.gov.cn/srcsite/A07/moe_953/201508/t20150817_200583.html.

[131] 教育部,财政部.关于实施中国特色高水平高职学校和专业建设计划的意见[EB/OL].（2019-04-01）[2023-06-08]. http://www. moe. gov. cn/srcsite/A07/moe_737/s3876_qt/201904/t20190402_376471. html.

[132] 教育部,国家发展改革委,财政部,等.教师教育振兴行动计划（2018—2022年）[EB/OL].（2018-03-22）[2023-06-08]. http://www. moe. gov. cn/srcsite/A10/s7034/201803/t20180323_331063. html.

[133] 教育部,财政部.关于实施中国特色高水平高职学校和专业建设计划的意见[EB/OL].（2019-04-01）[2023-06-12]. http://www. moe. gov. cn/srcsite/A07/moe_737/s3876_qt/201904/t20190402_376471. html.

[134] 中共中央组织部,人力资源和社会保障部.高技能人才队伍建设中长期规划（2010—2020年）[EB/OL].（2011-09-05）[2023-06-12]. https://career. nankai. edu. cn/news/content/id/20. html.

[135] 国务院.国家职业教育改革实施方案[EB/OL].（2019-01-24）[2023-06-20]. https://www.gov.cn/zhengce/zhengceku/2019-02/13/content_5365341. htm.

[136] Rupietta C, Backes-Gellner U. How firms' participation in apprenticeship training fosters knowledge diffusion and innovation[J]. Journal of Business Economics,2019,89(5):569-597.

[137] Koch B, Muehlemann S, Pfeifer H. Do works councils improve the quality of apprenticeship training? Evidence from German workplacedata[J]. Journal of Participation and Employee Ownership,2019,2(1):47-59.

[138] Fürstenau B, Pilz M, Gonon P. The Dual System of Vocational Education and Training in Germany — What Can Be Learnt About Education for (Other) Professions[M/OL]// Billett S, Harteis C, Gruber H. International Handbook of Research in Professional and Practice-based Learning. Springer International Handbooks of Education. Berlin: Springer,2014:427-460.

[139] Reinhold M, Thomsen S. The changing situation of labor market entrants in Germany [J]. Journal for Labour Market Research,2017,50(1):161-174.

[140] Haasler S R. The German system of vocational education and training: challenges of gender, academisation and the integration of low-achieving youth [J]. European Review of Labour and and Research,2020(1):57-71.

[141] Nourpanah S. Drive-By Education: The Role of Vocational Courses in the Migration Projects of Foreign Nurses in Canada[J]. Journal of International Migration and Integration,2019(2):995-1011.

[142] Ertl H. Dual study programmes in Germany: blurring the boundaries between higher education and vocational training?[J]. Oxford Review of Education,2020,46(1):79-95

[143] Kim J. Problematizing global educational governance of oecd Pisa: Student achievement, categorization, and social inclusion and exclusion[J]. Educational Philosophy and Theory,2020,52(14):1483-1492.

[144] Chalhoub J, Ayer S K, Ariaratnam S T. Augmented reality for enabling un- and under-trained individuals to complete specialty construction tasks[J]. Journal of Information Technology in Construction, 2021(8):128-143.

[145] Strachan R, Dele-Ajayi O, Stonehouse J, et al. Lets diversify by changing culture and challenging stereotypes: a case study from professional construction higher education programmes[J]. Higher Education Pedagogies, 2020,5(1):327-339.

[146] Kirchknopf S. Career Adaptability and Vocational Identity of Commercial Apprentices in the German Dual System[J]. Vocations and Learning,2020, 13(3):503-526.

[147] Emmenegger P, Graf L, Trampusch C. The governance of decentralised cooperation in collective training systems: a review and conceptualisation[J]. Journal of Vocational Education and Training, 2018(2):1-25.

[148] Pyliavets M, Protas O, Martynets L, et al. A Comparative Analysis of Peculiarities of Vocational Education in Ukraine and Germany[J]. Revista Romaneasca pentru Educatie Multidimensionala, 2020,12(3):200-212.

[149] Remington T F, Yang P. Public-private partnerships for skill development in the United States, Russia, and China[J]. Post-Soviet Affairs, 2020, 36 (5-6):495-514.

[150] Satdykov A I. Comparative analysis of enterprise's participation in the process of labor training in USA, Great Britain and Russia[J]. Contemporary problems of social work,2019,5(2):21-29.

[151] Hodge S, Mavin T, Kearns S. Hermeneutic Dimensions of Competency-Based Education and Training[J]. Vocations and Learning, 2020, 13(3): 27-46.

[152] Heusdens W T, Baartman L K J, Bruijn E D. Knowing everything from soup to dessert: an exploratory study to describe what characterises students' vocational knowledge[J]. Journal of Vocational Education and Training, 2018, 70(3): 1-20.

[153] Zilic I. General versus vocational education: Lessons from a quasi-experiment in Croatia[J]. Economics of Education Review, 2018, 62(2): 1-11.

[154] Dashper K, Fletcher T. 'Don't call me an academic': Professional identity and struggles for legitimacy within the vocational field of events management higher education[J]. The Journal of Hospitality Leisure Sport and Tourism, 2019, 25(11): 100-201.